VERMEHRUNG VON TERRARIENTIEREN · LURCHE

VERMEHRUNG VON TERRARIENTIEREN
LURCHE

Dr. Günter Masurat und Dr. Wolf-Rüdiger Große

URANIA-VERLAG
LEIPZIG · JENA · BERLIN

Wissenschaftlicher Koordinator des Gesamtwerkes »Vermehrung von Terrarientieren«:
Dr. sc. Dieter Schmidt

Einband: Laubfrosch *(Hyla arborea)*, ♂
Seite 2: *Osteopilus septentrionalis*, unterschiedliche Größe der Geschlechter

Vermehrung von Terrarientieren. – Leipzig ;
Jena ; Berlin : Urania-Verl.
ISBN 3-332-00270-8
Lurche / Günter Masurat und Wolf-Rüdiger Große.
1. Aufl. – 1991.
NE: Masurat, Günter   ISBN 3-332-00380-1

Bisher erschienen:
Band »Schlangen«   ISBN 3-332-00269-4
Band »Schildkröten« ISBN 3-332-00345-3
Band »Echsen«   ISBN 3-332-00321-6

ISBN 3-332-00380-1

1. Auflage 1991
Alle Rechte vorbehalten
© Urania-Verlagsgesellschaft mbH, Leipzig
Urania-Verlag Leipzig · Jena · Berlin
Lektor: Annette Bromma
Zeichnungen: Michael Lissmann/Hasso Seyferth
Buchgestaltung: Horst Adler
Satz und Reproduktion:
Förster & Borries Satz-Repro-GmbH Zwickau
Druck und Buchbinderei:
Chemnitzer Verlag und Druck GmbH
Grafische Werke Zwickau
Printed in Germany

Inhalt

Vorwort 7

Kennzeichnung der Lurche 9

Geographische Verbreitung 9
    Schwanzlurche 9
    Froschlurche 10

Die Haltung von Lurchen im Terrarium – ein historischer Überblick 11

Lebensraum Terrarium 13
    Aufstellungsort 13
    Behältertypen 14
    Terrariengruppierung nach Biotopen 15
    Sonderformen 15
    Einrichtung 16
    Klimaverhältnisse 17
    Betrieb und Wartung der Behälter 21

Ernährung und Fütterung 21

Fortpflanzung und Entwicklung 24
    Vermehrung, Zucht oder Züchtung? 24
    Äußere Geschlechtsunterschiede 25
    Geschlechtsorgane 27
    Fortpflanzungsstrategien 28
    Paarungsverhalten 29
    Eiablage und Brutpflege 31
    Ei- und Embryonalentwicklung 36
    Jugendentwicklung 37

Praxis der Vermehrung und Aufzucht von Lurchen im Terrarium 39
    Versorgung der Eier 41
    Betreuung der Larven 42
    Aufzucht der Jungtiere 46

Krankheiten 48
    Infektionskrankheiten 48
    Parasitäre Krankheiten 48
    Stoffwechselkrankheiten 49
    Sonstige Erkrankungen 49

Dokumentation 52

Die Vermehrung von Lurchen – Artenbeispiele 58

Schleichenlurche, Blindwühlen 58

Schwanzlurche 58
    Winkelzahnmolche (Hynobiidae) 59
        Hynobius 59
        Krallenmolche *(Onychodactylus)* 60
        Gebirgsmolche *(Batrachuperus)* 60
        Froschzahnmolche *(Ranodon)* 61
    Querzahnsalamander (Ambystomatidae) 61
        Querzahnsalamander *(Ambystoma)* 61
    Lungenlose Salamander (Plethodontidae) 64
        Rotsalamander *(Pseudotriton)* 64
        Bachsalamander *(Desmognathus)* 65
        Gelbsalamander *(Eurycea)* 66
        Waldsalamander *(Plethodon)* 66
        Gyrinophilus 68
        Baumsalamander *(Aneides)* 69
        Ensatina 70
        Batrachoseps 70
        Bolitoglossa 70
        Hydromantes 70
    Salamander und Molche (Salamandridae) 70
        Wassermolche *(Notophthalmus)* 71
        Rippenmolche *(Pleurodeles)* 72
        Feuerbauchmolche *(Cynops)* 73
        Gebirgsmolche *(Euproctus)* 74
        Krokodilmolche *(Tylototriton)* 75
        Gelbbauchmolche *(Taricha)* 78
        Salamander *(Salamandra)* 78
        Wassermolche *(Triturus)* 80
        Bergmolche *(Neurergus)* 82

    Salamandrina 83
    Paramesotriton 83
    Pachytriton 84
Aalmolche (Amphiumidae) 84
Olme (Proteidae) 84
Armmolche (Sirenidae) 84
Riesensalamander (Cryptobranchidae) 85

Froschlurche
Zungenlose (Pipidae) 85
    Wabenkröten *(Pipa)* 85
    Krallenfrösche *(Xenopus)* 88
    Zwergkrallenfrösche *(Hymenochirus)* 89
Scheibenzüngler (Discoglossidae) 90
    Unken *(Bombina)* 90
    Scheibenzüngler *(Discoglossus)* 92
Krötenfrösche (Pelobatidae) 92
    Schaufelkröten *(Pelobates)* 92
    Zipfelfrösche *(Megophrys)* 93
    Schaufelfußkröten *(Scaphiopus)* 95
Schlammtaucher (Pelodytidae) 95
    Schlammtaucher *(Pelodytes)* 95
Echte Frösche (Ranidae) 95
    Rana 95
    Grabfrösche *(Pyxicephalus)* 97
    Mantella 97
    Pfützenfrösche *(Phrynobatrachus)* 99
Baumsteiger (Dendrobatidae) 99
    Colostethus 99
    Blattsteiger *(Phyllobates)* 100
    Baumsteiger *(Dendrobates)* 103
Ruderfrösche (Rhacophoridae) 108
    Flugfrösche *(Rhacophorus, Polypedates)* 108
    Greiffrösche *(Chiromantes)* 109
Riedfrösche *(Hyperoliidae)* 110
    Bananenfrösche *(Afrixalus)* 110
    Rennfrösche *(Kassina)* 110
    Riedfrösche *(Hyperolius)* 110
    Gelbschenkelfrösche *(Phlyctimantis)* 111
    Waldsteigerfrösche *(Leptopelis)* 111
Engmaulfrösche (Microhylidae) 112
    Asiatische Ochsenfrösche *(Kaloula)* 112
    Tomatenfrösche *(Dyscophus)* 112
Kröten (Bufonidae) 113
    Kröten *(Bufo)* 113
    Stummelfrösche *(Atelopus)* 116

Laubfrösche (Hylidae) 117
    Laubfrösche *(Hyla)* 117
    Antillenlaubfrösche *(Osteopilus)* 120
    Knickzehenlaubfrösche *(Ololygon)* 121
    Australische Laubfrösche *(Litoria)* 121
    Osteocephalus 122
    Phyllodytes 123
    Baumfrösche *(Smilisca)* 123
    Beutelfrösche *(Gastrotheca)* 124
    Schüsselrückenlaubfrösche *(Fritziana)* 126
    Rotaugenfrösche *(Agalychnis)* 126
    Greif- und Makifrösche *(Phyllomedusa)* 128
    Gespenstfrosch *(Pachymedusa)* 129
    Heuschrecken-, Grillenfrösche *(Acris)* 130
    Kronenlaubfrösche *(Anotheca)* 130
    Helmkopffrösche *(Hemiphractus)* 130
    Krötenlaubfrösche *(Phrynohyas)* 130
Südfrösche (Leptodactylidae) 130
    Hornfrösche *(Ceratophrys)* 130
    Antillen-Pfeiffrösche *(Eleutherodactylus)* 133
    Pfeif- oder Südfrösche *(Leptodactylus)* 133
    Augenkröten *(Pleurodema)* 133
    Physalaemus 133
Myobatrachidae 133
    Australische Sumpffrösche *(Limnodynastes)* 134
    Adelotus 134
Schwanzfrösche (Ascaphidae) 135
Nasen-, Grabkröten (Rhinophrynidae) 135
Nasenfrösche (Rhinodermatidae) 135
Harlekinfrösche (Pseudidae) 135
Glasfrösche (Centrolenidae) 135
Ferkel-, Schaufelnasenfrösche (Hemisidae) 135

Quellenverzeichnis und weiterführende Literatur 136

Anhang 137
    Tierhaltung und Artenschutz 137
    Bildnachweis 139
    Danksagung 140

Gesetzliche Bestimmungen in der Bundesrepublik Deutschland 141

Register 156

> »Wir müssen ... der Vermehrung unserer Pfleglinge
> eindeutig den Vorrang vor der bloßen ›Haltung‹ geben
> und dabei kooperieren, wie das vor allem für die
> Terraristik bald eine Lebensnotwendigkeit wird.«
>
> H. G. PETZOLD

Vorwort

»Die Heimtierhaltung ist ein ernstzunehmender Erziehungsfaktor. Sie nimmt in dem Maße an Bedeutung zu, in dem sich eine verstädterte Menschheit der Natur entfremdet«.

Diese Worte des bekannten Verhaltensforschers Konrad Lorenz umreißen die komplizierten Zusammenhänge von Natur, Kultur und Gesellschaft bei der Expansion der künstlichen Umwelt und Reduzierung des natürlichen Lebensraumes von Pflanze und Tier. Die zunehmende Verstädterung und die damit wachsende Sehnsucht nach der Natur führen dazu, daß immer mehr Menschen versuchen, Pflanzen und Tiere in ihr Heim einzubeziehen. Die Beschäftigung mit diesen Lebewesen, die damit verbundene Verantwortung und der sich daraus ergebende Wissenszuwachs nützen der Persönlichkeitsentwicklung des einzelnen und öffnen den Weitblick für die mannigfaltigen Probleme in unserer Umwelt. Das wachsende Interesse an der Heimtierhaltung, wie es vor allem in vielen Industrieländern zu beobachten ist, macht auch vor den sonst oft geschmähten Reptilien und Amphibien nicht halt. Die Beschaffung dieser Tiere erfolgt meist durch den Fang von Wildtieren, ihre kontinuierliche Vermehrung stellt noch die Ausnahme dar.

Viele Arten sind durch Veränderungen in den natürlichen Biotopen zunehmend gefährdet. Das hat terraristische Organisationen verschiedener Länder veranlaßt, die Vermehrung der in den Terrarien bereits vorhandenen Arten und die begrenzte Einführung für die Vermehrung geeignet erscheinender Arten zur Devise ihrer Arbeit zu erheben. Bei engagierten Terrarianern hat sich so ein generelles Umdenken vollzogen. Neben der Pflege ist mehr und mehr auch die Vermehrung der Tiere in Terrarien in den Mittelpunkt der Bemühungen gerückt. Viele Erfahrungen und Erfolge liegen bereits vor.

Das vorliegende Buch über die Vermehrung von Lurchen ist das letzte einer vierteiligen Serie, die sich mit der Vermehrung von Terrarientieren befaßt. Bereits erschienen sind die Bände über Schildkröten, Schlangen und Echsen.

Auch im vorliegenden Titel wenden sich die Autoren, selbst langjährig aktive Terrarianer, sowohl an den terraristischen Anfänger als auch in besonderem Maße an den Fortgeschrittenen. Im speziellen Teil wurden alle eigenen Erfahrungen der Autoren sowie die von anderen Terrarianern, soweit sie dankenswerterweise zur Verfügung gestellt wurden bzw. durch Veröffentlichungen zugänglich sind, zusammengetragen. Verschiedene Fragen blieben offen, manche Angabe fehlt noch. Neue Erkenntnisse werden sich in schneller Folge einstellen. Die Autoren nehmen Hinweise, die die Aussage des Buches erhöhen und zur Präzisierung der Angaben beitragen, dankbar entgegen.

Dem Verlag, der die Erarbeitung des Manuskriptes unterstützte und die Herausgabe des Buches ermöglichte, sei für seine Bemühungen gedankt.

Die Autoren

Kennzeichnung der Lurche

Lurche sind Wirbeltiere, die im zoologischen System zwischen den Fischen (Pisces) und den Kriechtieren (Reptilia) stehen. Es sind ebenfalls wechselwarme Tiere. Ihre Haut ist nackt und drüsenreich, dem Leben im Wasser oder zumindest hoher Luftfeuchtigkeit angepaßt.

Für die Entwicklung der Lurche sind Eier (Laich) sowie im Wasser lebende Larven typisch, die sich durch besondere, nur in diesem Stadium ausgebildete Organe wie Kiemen, Mund mit Hornschnabel, Hautsäume und seitlich abgeplatteter Ruderschwanz auszeichnen.

Am Ende der Larvenentwicklung findet ein weitgehender Umbau der Körperstruktur statt, die Tiere nehmen die Gestalt der Eltern an. Bei der Umbildung der inneren Organe ist besonders die Entwicklung der Lunge und der Geschlechtsorgane von Bedeutung. Mit dieser Metamorphose ist in der Regel der Übergang zum Landleben verbunden. Die sowohl im Wasser wie auf dem Lande mögliche amphibische Lebensweise war Grundlage für die Bezeichnung Amphibien.

Im zoologischen System wird zwischen Schleichenlurchen oder Blindwühlen (Gymnophiona oder Apoda), Schwanzlurchen (Urodela oder Caudata) und Froschlurchen (Salientia oder Anura) unterschieden.

Geographische Verbreitung

Schwanzlurche

Die Verbreitungsgebiete der Schwanzlurche sind im wesentlichen auf der Nordhalbkugel der Erde zu finden und erstrecken sich dort mit wenigen Ausnahmen bis in die gemäßigten, kühlen Klimate. In wärmeren Gebieten bis hin zu tropischen Regionen leben sie im Wasser oder in Gebirgen. Nur wenige Formen besiedeln feuchtwarme Niederungen. Aus dieser allgemeinen Charakteristik der Verbreitung lassen sich bereits zwei wichtige Biotopansprüche der Urodela ableiten: Die Tiere meiden höhere Temperaturen und Trockenheit.

In der orientalischen Region ist lediglich der Chinesische Zwergmolch *(Cynops chinensis)* verbreitet, der bis Südchina vorkommt. Weiter südlicher, in der australischen und äthiopischen Region, sind keine Schwanzlurche anzutreffen. Eine große Artenfülle bietet auf der Nordhalbkugel die paläarktische Region. Die niederen Schwanzlurche haben keine große Artenvielfalt entwickelt. Aus der Familie der Riesensalamander (Cryptobranchidae) ist in Ostasien die Gattung *Andrias* vertreten. In nördlichen und mittleren Teilen Ostasiens kommen die Winkelzahnmolche (Familie Hynobiidae) weit verbreitet vor. Wichtige Gattungen sind hier *Hynobius, Pachypalaminus, Onychodactylus, Ranodon* und *Batrachoseps. Salamandrella* erreicht als einzige Gattung der Winkelzahnmolche das äußerste Osteuropa. Von den höheren Schwanzlurchen ist in der Paläarktis im wesentlichen die Familie der Salamander (Salamandrinae) anzutreffen.

Während in Mitteleuropa die Gattungen *Salamandra* und *Triturus* dominieren, sind für SO-Asien *Tylototriton, Pachytriton, Paramesotriton, Hypselotriton* und *Cynops* zu nennen. Alle anderen Gattungen und Arten sind meist inselartig verbreitet und bewohnen oft Randgebiete der genannten Regionen *(Chioglossa, Mertensiella, Neurergus, Salamandrina, Pleurodeles* und *Euproctus)*.

Tiergeographisch hochinteressant ist das Auftreten von zwei Arten der Schleuderzungensalamander (*Hydromantes genei* und *H. italicus*) auf Sardinien und in Mittelitalien. Diese Tiere gehören zu den lungenlosen Salamandern (Familie Bolitoglossidae), deren Hauptverbreitungsgebiet in Nordamerika liegt. Ein inselartiges Vorkommen zeichnet auch den Grottenolm *(Proteus anguinus)* aus der Familie Proteidae aus, der in den Höhlen des adriatischen Karsts zu Hause ist.

Die nearktische Region weist die größte Vielfalt der Urodelen auf. Von den niederen Schwanzlurchen ist die Familie Cryptobranchidae mit dem Schlammteufel *(Cryptobranchus alleganiensis)* im östlichen Nordamerika zu finden. Die höheren Schwanzlurche werden von mehreren Familien vertreten. Dabei nehmen die Querzahnsalamander (Ambystomatidae) eine führende Rolle ein. Die Gattung *Ambystoma* ist mit vielen Arten in Ost-, Mittel- und Westamerika verbreitet und bildet dabei viele lokale Rassen aus. Daneben finden sich die Gattungen *Rhyacosiredon, Dicamptodon* und *Rhyacotriton*. Die lungenlosen Salamander (Plethodontidae) kommen in Nordamerika ebenfalls in vielen Gattungen vor. Als wichtigste wären hier *Desmognathus, Phaeognathus, Aneides, Batrachoseps, Bolitoglossa, Ensatina, Eurycea, Gyrinophilus, Hydromantes, Oedipina, Plethodon, Thorius* und *Typhlomolge* zu nennen. Die Proteidae sind mit der Gattung der Furchenmolche *(Necturus)* vertreten. Die Salamandrinae haben in Nordamerika nicht die Vielfalt erreicht (*Notophthalmus* und *Taricha*) wie in Europa.

Des weiteren finden sich in der nordamerikanischen Schwanzlurchfauna die Aalmolche (Amphiumidae) und die Armmolche (Sirenidae). Letztere werden nach neueren systematischen Ansichten als selbständige Ordnung gefaßt.

Die neotropische Region hat vorwiegend in ihrem nördlichen Teil Schwanzlurche aufzuweisen. Bekannt sind die Gattungen *Bolitoglossa, Ambystoma, Chiropterotriton, Pseudoeurycea* und *Thorius*.

Froschlurche

Im Gegensatz zu den Schwanzlurchen liegt das Hauptverbreitungsgebiet der Froschlurche in den Tropen und Subtropen. Sie haben dort eine außerordentliche Artenfülle entwickelt. Einige Familien sind nur in tropischen Regionen verbreitet, wie Zungenlose (Pipidae), Baumsteiger (Dendrobatidae), Ruderfrösche (Rhacophoridae), Südfrösche (Leptodactylidae), Riedfrösche (Hyperoliidae).

Einige der in den Tropen vorhandenen artenreichen Familien erstrecken ihr Verbreitungsgebiet bis in die gemäßigten Zonen der Holarktis, z. B. die Echten Frösche (Ranidae), Kröten (Bufonidae) und Laubfrösche (Hylidae), und sind somit weltweit (mit Ausnahme der Hyliden, die im äthiopisch-orientalischen Raum fehlen) anzutreffen. Der Artenreichtum nimmt allerdings mit zunehmender Entfernung von den tropisch-subtropischen Gebieten ab.

Bei einigen wenigen Familien liegt analog zu den Schwanzlurchen das Hauptverbreitungsgebiet in den gemäßigten Zonen. Das trifft für die Schwanzfrösche (Ascaphidae) und Schlammtaucher (Pelodytidae) zu. Die Artenzahl ist meist nicht sehr groß.

Froschlurche fehlen lediglich auf einigen Inseln der Weltmeere und in Dauerfrostgebieten. In der Paläarktis wird der Grasfrosch *(Rana temporaria)* am weitesten nördlich angetroffen (nördlich des nördlichen Polarkreises bis zum Nordkap), in der Nearktis entsprechend der Waldfrosch *(Rana silvatica)*. Auf der Südhalbkugel ist es *Pleurodema bufonia*, dessen Verbreitung in Chile die südliche Grenze der neotropischen Region (52° s. Br.) erreicht.

Analog zur weltweiten Verbreitung der Frösche sind auch die besiedelten Lebensräume sehr mannigfaltig. Dabei werden trotz der an sich engen Bindung der Amphibien an das Wasser z.T. auch Extreme nicht gemieden.

Von den bewaldeten Gebieten der Erde weisen den größten Artenreichtum die immergrünen tropischen Regenwälder auf. Hier leben vorrangig kletternde Arten: Baumsteiger (Dendrobatidae), Laubfrösche (Hylidae), Ruderfrösche (Rhacophoridae). In gewissem Maße gilt der Artenreichtum auch für die Bergregenwälder und halbimmergrünen Regenwälder.

Mit abnehmender Bewaldungsdichte und Übergang zu lichten Gehölz- und Graslandgebieten nimmt die Anzahl der bodenbewohnenden Froschlurcharten zu. Die meist enge Bindung an Wasser bewirkt die vorrangige Besiedlung von Feuchtgebieten. Typische Vertreter sind die Echten Frösche (Ranidae), Kröten (Bufonidae) und Südfrösche (Leptodactylidae). Ausgeprägtes Jahreszeitenklima mit Trocken- und Regenzeiten, vielfach auch Tag- und Nachtunterschieden, wirkt zunehmend bestimmend auf den Lebensrhythmus der Tiere. Einige Arten leben verborgen im Erdreich.

Vegetationsarmut, hohe Temperaturen und langandauernde Trockenheit zeichnen die Halbwüsten und Wüsten aus. Auch diese Bereiche wurden von einigen Froschlurchen erobert, doch verbringen sie die Trockenzeiten monatelang im Boden, nur bei Niederschlägen erscheinen sie zur Eiablage. Beispiele sind Schaufelfußkröten (*Scaphiopus* spec.) und Wendehalsfrösche (*Phrynomerus* spec.). Daß die Besiedlung durch die Frösche bis in die Hochgebirge reicht, beweisen z.B. Arten der Antillenfrösche (*Eleutherodactylus* spec.).

Die Haltung von Lurchen im Terrarium – ein historischer Überblick

Im 19. Jahrhundert war die Haltung von Lurchen im Terrarium noch eine relativ seltene Erscheinung. Schildkröten, Echsen und Schlangen fanden leichter das öffentliche und private Interesse. Nach den Anfängen der Aquaristik waren es J.M. Bechstein (1757 bis 1822) sowie E.A. Roßmäßler (1806 bis 1867), die in ihren Büchern »Naturgeschichte der Stubenthiere« (1797) bzw. »Das Süßwasseraquarium« (1857) als Tiere für die Haltung im Zimmer auch Laubfrösche, Unken und Molche empfahlen, doch war die Auswirkung nicht sehr nachhaltig. Nur Kinder und Jugendliche zeigten gelegentlich Interesse an Lurchen. Beim Tümpeln nach Wasserflöhen und Fischen gingen auch einmal Molche oder Kaulquappen ins Netz, wurden mitgenommen und einige Zeit zu Hause beobachtet. Jahrzehntelang war das Marmeladenglas mit einem Molch oder das Gurkenglas mit Leiter und dem »Wetterprophet« Laubfrosch typisch. Da sich bei diesen Haltungsbedingungen trotz der Anspruchslosigkeit der Tiere keine große Lebenserwartung einstellte, erlosch das Interesse bald oder wandte sich anderen Tiergruppen zu.

Es sind nur wenige Fälle bekannt, in denen die Entwicklung einen anderen Verlauf nahm. So befaßte sich Willy Wolterstorff (1864 bis 1943) unter anderem mit der Haltung von Schwanzlurchen. Der Beginn der artgemäßen Froschhaltung ist eng mit dem Namen Richard Oeser (1891 bis 1974) verbunden. Dieser biologisch sehr interessierte und weitgereiste Arzt war der erste, der unter Gewächshausbedingungen Frösche zusammen mit Bromelien und Orchideen unter naturähnlichen Bedingungen hielt, beobachtete und z.T. auch vermehrte, Erfolge, die erst Jahrzehnte später wieder erreicht wurden.

Motivierung und Zielstellung der privaten Haltung von Lurchen im Terrarium haben sich im Laufe der Zeit stark gewandelt. Am Beginn stand meist nur der Wunsch, ein Tier zu halten, es zu besitzen. Bald ging das Interesse von einheimischen zu fremdländischen Tieren über, wobei die Einzeltierhaltung dominierte. Nicht selten spielten dabei Äußerlichkeiten wie Größe, Farbe, Gefährlichkeit eine Rolle. Ziel war, das Tier möglichst lange zu halten, um damit den Beweis guter Pflege zu demonstrieren. Unter diesen Gesichtspunkten der Haltung von Terrarientieren erschien auch 1844 das wohl erste Terrarienbuch von Johann v. Fischer.

Zur guten Pflege gehörte bald nicht nur die Versorgung mit artgerechtem Futter, sondern auch eine möglichst artgerechte Unterbringung. Aus dem reinen Zweckbehälter wurde das weitgehend biotopgerecht eingerichtete Terrarium. Die Entwicklung ging vom Terrarium über die Vitrine, das Terrarienzimmer, den verglasten Balkon bis zum Gewächshaus und Freilandterrarium.

An gezielte Nachzucht dachte man anfangs nicht. Auch Wilhelm Klingelhöffer (1871 bis 1953), ein versierter Terrarianer und Verfechter einer biotopgerechten Einrichtung von Terrarien, beschränkte sich in seiner »Terrarienkunde« (1931) auf die Haltung. Es herrschte vielfach die Ansicht, daß die Gefangenschaftshaltung von Wildtieren notgedrungen zur Sterilität führt. Das am Aspekt der Fortpflanzung bestehende Interesse führte lediglich dahin, sich beispielsweise Froschlaich aus dem Freien zu holen und die Entwicklung zu Hause zu verfolgen. Mitunter erhielt man auch durch laichbereite Frischfänge zufällig Eier und Larven, die aber vielfach durch Unkenntnis nicht zur Weiterentwicklung zu bringen waren.

Ein grundsätzlicher Wandel bahnte sich erst in den 30er Jahren an. Er ist mit wenigen Namen engagierter, biologisch besonders interessierter Terrarianer verbunden. Wolterstorff hielt nicht nur eine Vielzahl von Schwanzlurcharten, sondern konnte eine Reihe von ihnen auch zur Fortpflanzung bringen. Die ersten Froschnachzuchten gelangen Oeser. Es begann mit *Polypedates leucomystax* (1929) und *Dendrobates auratus* (1932). In den Folgejahren hatte er mit 35 Froscharten Nachzuchterfolge und ist damit als »Herr der Frösche« in die Geschichte der Terraristik eingegangen. Die nachgezogenen Arten gehörten den Gattungen *Acris, Afrixalus, Arthroleptis, Crinia, Engystomops, Flectonotus, Gastrotheca, Hyla, Hyperolius, Leptodactylus, Limnodynastes, Phrynobatrachus* und *Rana* an, z.T. also schwierigen und auch später selten nachgezogenen Gruppen.

Als weitere Herpetologen, die in dieser Zeit Erfolge mit Nachzuchten hatten, sind vor allem zu nennen Senfft *(Xenopus, Leptodactylus, Dendrobates)*, Klingelhöffer *(Bombina, Bufo, Hyla)*, Mertens *(Rana, Osteopilus, Hyla)* sowie Rehacek, Weber, Dessmann, Zernecke und Geyer (alle *Limnodynastes*).

Der zweite Weltkrieg unterbrach diese Entwicklung, die nur etwa ein Jahrzehnt gedauert hatte. In den 50er Jahren setzten einige der erfolgreichen Terrarianer ihre Arbeit fort, fanden Nachahmer, und bald setzte sich das Prinzip, Amphibien im Terrarium vor allem zum Zwecke der Nachzucht zu halten, als allgemeine Zielstellung durch. Spiegelbild dessen war, daß die Anzahl der Veröffentlichungen in Fachzeitschriften, in denen über erfolgreiche Nachzuchten berichtet wurde (in den 70er Jahren vor allem zur Dendrobatiden-Vermehrung), ganz beträchtlich zunahm.

In den etwa 100 Jahren Amphibienhaltung im Terrarium hat sich eine beachtliche Entwicklung vollzogen. Die Etappen der jeweils angestrebten Ziele waren Erstfang – Haltungsversuche – Erstimport – dauerhafte Haltung – Fortpflanzungsversuche – Erstzucht – problemlose Haltung der Nachzuchttiere – Weiterzucht über mehrere Generationen. Wenn die Terraristik als sinnvolle, wissenschaftlich orientierte Freizeitbeschäftigung auch ausgangs des 20. Jahrhunderts unter den immer komplizierter werdenden Umweltbedingungen weiterhin möglich und berechtigt sein soll, dann nur unter der Voraussetzung, daß durch planmäßige und sichere Nachzucht terrariengeeigneter Arten die Entnahme von Tieren aus der Natur auf ein Mindestmaß reduziert werden kann.

Lebensraum Terrarium

Als Behälter für die Pflege von Lurchen sind Aquarien und Terrarien sowie alle erforderlichen Zwischenstufen geeignet. Für eine optimale Haltung, die den natürlichen Bedürfnissen der Tiere weitgehend nahekommt und auch die Fortpflanzungsbereitschaft hervorruft, sind hinsichtlich Größe, Form, Einrichtung, Struktur, Mikroklima und Aufstellung außerordentlich viele Einzelheiten zu berücksichtigen. Die Mehrzahl der Terrarianer verfügt auf diesem Gebiet bereits über vielfältige Erfahrungen. Die nachfolgenden Abschnitte sollen nur Denkanstöße sein.

Aufstellungsort

Zweckmäßig ist es, vor der Beschaffung der Tiere Überlegungen darüber anzustellen, wo man die Tiere halten will und wieviel Platz zur Verfügung steht. Will man nur eine Art halten, ist die Einordnung eines einzelnen Terrariums in den Wohnraum meist ohne größere Probleme denkbar. Dem fortgeschrittenen Terrarianer, der Amphibien planmäßig vermehren will, kann diese Lösung jedoch nicht genügen. Auf der Suche nach einem günstigen Aufstellungsort bieten sich verschiedene Möglichkeiten an.

Terrarien in der Wohnung

Die Regel wird sein, daß die Tiere im Wohnbereich gehalten werden. Die Zimmerhaltung hat den unbestreitbaren Vorteil, daß man die Tiere ständig unter Kontrolle hat, Veränderungen im Verhalten sowie technische Störungen sofort bemerkt und leichter viele Beobachtungen anstellen kann. Ist genügend Raum vorhanden, ist die Einrichtung eines gesonderten Terrarienzimmers natürlich ideal. Voraussetzungen sind die Möglichkeit zur Einhaltung der optimalen Temperaturbereiche, eine großzügig dimensionierte Elektroinstallation sowie eine ausreichende Wärmedämmung der Außenwände.

Als zweckmäßig hat sich der Einbau fest montierter Regale mit mobilen Behältern für kleinere Arten bzw. festen Behältern für größere Arten erwiesen. Beleuchtung und Erwärmung lassen sich bei solcher Anlage am rationellsten installieren, Wartungs- und Pflegearbeiten werden erleichtert.

Daneben kann die Wohnung auch mit einem größeren, attraktiv gestalteten Schauterrarium geschmückt werden, das man mit tagaktiven kletternden oder wenigstens am Tage nicht verborgenen Tieren besetzt und etwa biotopgerecht bepflanzt.

Eine weitere Möglichkeit für eine attraktive Gestaltung ist die Nutzung eines vorhandenen Blumenfensters oder der Umbau eines normalen Fensters zu einem Fensterterrarium.

Terrarien im Freien

Für viele Amphibien, z.T. auch für tropische, ist der zeitweilige Aufenthalt im Freien sehr von Vorteil. Unter dem Einfluß des natürlichen Tagesganges, des Lichtwechsels und der Temperatur- und Luftfeuchtigkeitsschwankungen entwickeln sich die meisten Tiere optimal. Besonders wichtig ist für viele Stoffwechselvorgänge die ungefilterte Einstrahlung des Sonnenlichts. Kleinere Terrarien kann man direkt auf den Balkon, die Terrasse oder in den Garten stellen.

Für die kurzzeitige Haltung von Amphibien im Freien haben sich auch Behelfslösungen bewährt. Laubfrösche z.B. lassen sich zeitweilig gut in transportablen Camping-Gaze-Behältern unterbringen, auch Setzkescher mit festem Boden sind verwendbar. Eine andere Möglichkeit besteht darin, einen kleinen Strauch im Garten bis zum Erdboden mit einem mit Gaze bespannten Gestell zu überdecken. Hier kann sich durch den lebenden Strauch und die natürlichen Bodenverhältnisse sogar ein günstigeres Mikroklima entwickeln. Trotzdem darf ein Wasserbehälter natürlich nie fehlen.

Der Bau und Betrieb eines Freilandterrariums ist auch für den Amphibienpfleger interessant. Überwiegend wird es sich für Amphibien um ein Feuchtbiotop handeln, bei halbschattiger Lage eignet sich ein Waldrandgewässer, bei vollsonniger Lage vielleicht die Uferzone eines Freigewässers. Hier lassen sich Schwanzlurche, von den Froschlurchen vor allem Echte Frösche (Ranidae) und Kröten (Bufonidae) halten. Will man Raniden zur Fortpflanzung bringen, ist die Pflege im Freilandterrarium fast die einzige Möglichkeit.

Gewächshausterrarien

Über die Größe eines Terrariums kann man unterschiedlicher Meinung sein. Das gilt insbesondere auch für Amphibien, die ja mit wenigen Ausnahmen nicht zu den größten Terrarientieren zählen. Unbestritten ist, daß die Möglichkeit, eine biotopgerechte Gestaltung vornehmen zu können, mit der Größe des Terrariums zunimmt. So gesehen, bietet ein vom Pfleger begehbares Gewächshausterrarium sicher optimale Möglichkeiten. Immerhin begann die planmäßige Vermehrung von Fröschen durch Oeser im Gewächshaus.

Ein Gewächshausterrarium, das ganzjährig betrieben werden soll, muß natürlich beheizbar sein. Gazeeinsätze oder Abdeckungen mit organischem Glas verhindern eine Überhitzung durch intensive Sonneneinstrahlung, wobei sie jedoch die erforderliche UV-Strahlung durchlassen.

Für die Gestaltung und den Tierbesatz bietet das Gewächshausterrarium vielfältige Möglichkeiten. Es lassen sich unterschiedliche Biotope miteinander kombinieren, die verschiedenen Tierarten optimale Lebensmöglichkeiten gewähren.

Je größer jedoch ein Terrarium oder eine Anlage ist, desto geringer wird die individuelle Betreuung und Kontrolle, um so schwieriger sind demzufolge lückenlose Beobachtungsreihen aufzustellen und um so aussichtsloser wird es, auf das Fortpflanzungsgeschehen planmäßig einzuwirken und Larven und Jungtiere vollzählig erfolgreich großzuziehen.

Behältertypen

Die unterschiedlichen Lebensräume, aus denen Lurche stammen, machen ebenso unterschiedliche Behälterarten und Einrichtungsformen erforderlich, um eine möglichst artgerechte Haltung zu gewährleisten. Alle denkbaren Behälter lassen sich auf drei Grundtypen zurückführen:
das Aquarium für rein aquatile Arten;
das Aquaterrarium für semiaquatile Arten und solche, die saisonbedingt zeitweilig aquatil, zeitweilig terrestrisch leben;
das Terrarium für rein terrestrische Arten.

Bei allen Typen, insbesondere bei den zwei zuletzt genannten, ist die Zahl der Varianten außerordentlich groß.

Aquarien

Die Größe der Aquarien richtet sich nach der Größe der einzusetzenden Tiere bzw. nach der Besatzdichte. Eine Heizung ist nur für wenige Arten, die höhere Temperaturansprüche haben (Feuerbauchmolche sowie Pipidae), erforderlich. Das Einbringen von Bodengrund und Bepflanzung ist empfehlenswert, jedoch bei kräftigen und lebhaften Arten (Rippenmolchen, Wabenkröten, Krallenfröschen) unzweckmäßig, weil alles in kurzer Zeit zerwühlt wird. Belüftung und Beleuchtung sind angebracht, ebenso Filterung des Wassers und häufiger Wasserwechsel.

Aquaterrarien

Aquaterrarien sind Zwischenformen zwischen Aquarium und Terrarium mit Übergängen nach beiden Seiten:
- Aquarium mit schwimmender Insel (Kork, Polystyrol), auf der sich manche Lurche sonnen, Wasserstand tief;
- Aquarium mit kleinem abgeteiltem Landteil, Wasserstand tief;
- Terrarium mit großem abgeteiltem Wasserteil, Wasserstand tief;
- Terrarium mit großem abgeteiltem Wasserteil, Wasserstand flach;

Behälter für die Amphibienhaltung, schematisiert, den Übergang vom Aquarium zum Terrarium (von oben nach unten) darstellend, mit Beispielen für zu haltende Amphibien

- Terrarium mit kleinem Wasserteil, Wasserstand flach.

Die ersten drei Formen sind für semiaquatile Arten geeignet, die letzten beiden für die terrestrischen Arten, die einen mehr oder weniger großen und tiefen Wasserteil zum Laichen oder zur Wasseraufnahme benötigen. Freiwasserlaicher, z. B. viele *Hyla*- und *Hyperolius*-Arten, brauchen einen relativ großen und tiefen Wasserteil. Für Arten, die ihren Laich außerhalb des Wassers absetzen, genügt ein wesentlich kleinerer Wasserteil, weil er entweder nur zum Ergänzen des täglichen Wasserverlustes oder zum Absetzen der Junglarven (Baumsteiger, Dendrobatidae) benötigt wird.

Die erforderliche Größe des Aquaterrariums kann sehr unterschiedlich sein, je nach dem bevorzugten Aufenthaltsort der gehaltenen Arten, also im Wasser, auf dem Land oder in dem darüber befindlichen Luftteil bei kletternden Arten. Ebenso unterschiedlich sind die Erfordernisse bezüglich Heizung, Beleuchtung, Lüftung, Wasserbewegung (Bachimitation) und -filtrierung.

Terrarien

Für Amphibien, die ja stark an Feuchtigkeit, zumindest an Luftfeuchtigkeit gebunden sind, kommen nur Feuchtterrarien in Frage. Die erforderliche Substrat- und Luftfeuchte wird durch einen lockeren, wasserhaltenden Bodengrund, ausreichende Bepflanzung und Versprühen von Wasser erzielt. Keinesfalls darf Staunässe herrschen. Größe und Einrichtung sind je nach Tierart unterschiedlich zu wählen.

Terrariengruppierung nach Biotopen

In Anlehnung an die Vegetationszonen lassen sich Wald-, Regenwald-, Bergregenwald-, Feuchtsavannen-, Graslandterrarien (weitere sind für die Amphibienhaltung nicht vorrangig von Bedeutung) unterscheiden. Diese Typisierung nähert sich den natürlichen biologischen Gegebenheiten stärker an, aber auch sie kann nicht die vielfältigen Bedingungen, unter denen Amphibien am natürlichen Standort leben, erfassen. Die spezifischen Bedingungen, unter denen eine Art zu halten und zur Fortpflanzung zu bringen ist, ergeben sich durch Ermittlungen über die Herkunft der Tiere und die Verbreitung der Art sowie die dort herrschenden Umweltbedingungen.

Sonderformen

Neben möglichst biotopgerechten und optisch attraktiven Terrarien wird es immer einige geben, deren besonderer Zweck Abweichungen erfordert.

Behälter für halbsterile Haltung

Kranke oder verletzte Tiere müssen aus dem Bestand entfernt und gesondert untergebracht werden. Neuerwerbungen, insbesondere Frischfänge, sind aus Quarantänegründen ebenfalls für einige Wochen isoliert unterzubringen. Für diese Zwecke eignen sich kleine Behälter ohne die sonst übliche Einrichtung am besten, insbesondere ist auf Bodengrund und Bepflanzung zu verzichten. Es ist ein leicht zu reinigender Ganzglas- oder Plastikbehälter zu wählen, je nach Art mit häufig zu erneuernder Fließpapier- oder Schaumstoffeinlage oder nur mit dünner Wasserschicht, einem trockenen Ruheplatz oder Kletterast, ebenfalls leicht zu reinigen, evtl. einem Versteck. In Behältern dieser Art können das Verhalten der Tiere, Nahrungsaufnahme und Verdauung besser kontrolliert und erforderliche Maßnahmen leichter durchgeführt werden.

Aufzuchtbehälter

Der natürliche Ablauf des Fortpflanzungsgeschehens endet im Terrarium meist mit der Eiablage bzw. bei Brutpflege betreibenden Arten mit dem Schlupf der Larven. Würde man Eier bzw. Larven danach mit den Elterntieren im gemeinsamen Terrarium belassen, käme es durch Nahrungsmangel, Verunreinigung, Kannibalismus oder mechanische Einwirkungen sehr bald zu hohen Verlusten beim Nachwuchs. Gesonderte, einfach eingerichtete Behälter müssen deshalb in großer Anzahl vorhanden sein.

Überwinterungsbehälter

Für saisonbedingte Ruhepausen, besonders die Winterruhe für Amphibien aus gemäßigten Klimabereichen, werden die Tiere in speziell dafür geeigneten Behältern untergebracht. Diese müssen nicht groß, aber transportabel sein und eine bestimmte Substrat- und Luftfeuchte halten können. Sie sind locker mit Moos und Rindenstücken zu füllen und aufzustellen, wo die erforderliche Umgebungstemperatur herrscht.

Einrichtung

Wenn Amphibien nicht nur gehalten, sondern auch zur Fortpflanzung gebracht werden sollen, ist in den meisten Fällen eine dem natürlichen Biotop angenäherte Inneneinrichtung erforderlich.

Ein Bodengrund ist im Aquarium bzw. in den Wasserteilen der Aquaterrarien meist ohne Bedeutung. Etwas Kies und einige Steine dürften in der Regel genügen, die Bodenfläche etwas aufzulockern. Bei Landbewohnern ist das jedoch anders. Sie benötigen den Bodengrund als Lauffläche oder zum Graben, und er muß locker sein, feuchtigkeitshaltend, darf nicht verschlämmen oder verhärten. Gartenerde scheidet demzufolge aus. Unterschiedlich bewährt haben sich Lauberde, Mulm aus verrottetem Buchenlaub, Gemische aus Torf, Sand, Holzmulm. Substrate dieser Art sind durch eine Drainageschicht von wenigstens 2 cm zu ergänzen, damit überschüssiges Wasser ablaufen kann. Sofern Tiere nicht wühlen, kann als Bodengrund auch nur Kies (Korngröße etwa 5 mm) eingefüllt werden. Für glatte Laufflächen sorgen in diesem Fall eingelegte flache Steine. Als Ersatz für den natürlichen Bodengrund kann auch auf andere Materialien ausgewichen werden. Geeignet sind je nach Tierart Blähton, Polystyrolplatten, vorübergehend z.T. auch Schaumstoff.

Die meisten bodenbewohnenden Amphibien sind auf Verstecke angewiesen. In ihnen verbringen sie ihre Ruhepausen, z.T. sind sie auch für die Eiablage wichtig. Hohl liegende Steine und vor allem etwas gewölbte Rindenstücke dienen diesem Zweck. Als Ersatz sind halbierte Kokosnußschalen sowie umgekehrte kleine Blumentöpfe mit Einschlupföffnung geeignet.

Klettermöglichkeiten sind für viele Amphibien lebenswichtig und müssen deshalb die Inneneinrichtung vervollständigen. Schon ein eingelegter höherer Stein oder ein Wurzelholzstück kann als Ruheplatz dienen. Meist wird man jedoch ohne ein stabiles Klettergerüst aus Ästen und Zweigen nicht auskommen.

Über die Gestaltung von Rück- und Seitenwänden in Amphibienbehältern sind die Auffassungen geteilt. Berechtigt ist sie, wenn an der

Rückwand damit gleichzeitig Versteck- oder Sitzplätze eingerichtet werden. Auch für Arten, die natürlicherweise in eng umgrenzten Biotopen leben, hat sie Bedeutung. Schließlich ist eine Sichteinschränkung angebracht, wenn in Nachbarterrarien Tiere leben, die als Futter oder Freßfeinde angesehen werden und zu einer andauernden Beunruhigung führen. Ansonsten dienen Rückwandgestaltungen mehr Verschönerungszwecken.

Ein wichtiges Element der Terrariengestaltung ist die Bepflanzung. Neben der ästhetischen Bedeutung trägt sie zur Beeinflussung des Mikroklimas bei. Blätter werden nicht selten als Ruheplätze aufgesucht, teilweise sind sie Voraussetzung für die Eiablage. Die Auswahl der Pflanzenarten muß sich nach den mikroklimatischen Bedingungen des Terrariums, der Terrariengröße, dem Tierbesatz sowie der Beleuchtung richten. Je nach Art des Terrariums können sowohl Wasserpflanzen, Bodenpflanzen, Kletterpflanzen wie auch Epiphyten eingesetzt werden.

Vitrinen lassen sich dekorativer gestalten als kleine Becken, in schwach besetzten Terrarien ist die Haltbarkeit der Bepflanzung größer als in Terrarien mit hoher Besatzdichte.

Bodenwurzler können direkt in den Bodengrund gepflanzt werden, besser ist, sie mit einem Blumentopf einzusenken. Wühlende oder grabende Arten können dann weniger Schaden anrichten. Besteht der Landteil aus grobem Kies, können die von Erde befreiten Wurzeln in Hydrokultur direkt darin untergebracht werden.

Klimaverhältnisse

Licht, Wärme, Wasser und Luft sind die Grundelemente des Terrarienklimas, die im Komplex wirken. Sie müssen je nach Amphibienart bestimmte Werte aufweisen und in festgelegten Bereichen variieren. Dazu bedarf es Kontroll- und Steuermöglichkeiten. Je größer die Terrarienanlage ist, um so notwendiger wird es, bestimmte Vorgänge zu automatisieren.

Licht

Licht ist in Terrarien von grundlegender Bedeutung. Den Pflanzen liefert es die für die Photosynthese notwendige Energie und wirkt wachstums- und entwicklungsregulierend. Bei Amphibien steuert das Licht, insbesondere durch das Auftreten periodischer Hell- und Dunkelphasen, die vielfältigen Formen der Aktivität. Es beeinflußt die Ruhe- und Aktivitätsphasen der tag-, dämmerungs- und nachtaktiven Arten und wirkt auf die Fortpflanzungsrhythmik ein. Der Grad der Lichttoleranz zeigt sich z.T. im unterschiedlichen Grad der Hautpigmentierung (Mangel an Pigmenten bei Höhlentieren wie Olmen sowie *Mantella aurantica*, Pigmentreichtum bei sonnenliebenden Tieren wie Wasser-, Laub- und Riedfröschen). Von direktem Lichteinfluß abhängig sind Pigmentveränderungen, die Farbwechsel (Laubfrösche) oder Ausbleichen (Riedfrösche) bewirken.

Sonnenlicht ist für die Amphibienhaltung im Freien meist uneingeschränkt nutzbar. Für Zimmerterrarien ergeben sich jedoch einige Nachteile, wenn ausschließlich Sonnenlicht genutzt werden soll:

der mehrfache Durchgang der Strahlen durch Glasscheiben ändert die Lichtqualität, die höhere Durchlässigkeit der langwelligen Strahlen kann bereits nach kurzer Zeit zu einer unzulässig hohen Erwärmung führen;

die Lichtintensität nimmt mit zunehmender Entfernung vom Fenster stark ab (je nach örtlichen Bedingungen nach 1 m etwa auf 50 Prozent, nach 4 m auf 5 Prozent);

die in unseren Breiten auftretenden photoperiodischen Abläufe (tägliche Anteile der Hell-Dunkel-Phasen, Tageslänge, Dämmerungsdauer) können sich auf Tiere aus den Subtropen und Tropen negativ auswirken.

Deshalb ist es ratsam, die Aufstellung der Behälter am Fenster zu vermeiden und statt dessen Kunstlichtquellen einzusetzen. Die seit jeher bekannte Glühlampe wird in zunehmendem Maße von Leuchtstofflampen (auch mit UV-Anteil), Quecksilberdampf- oder Hochdrucklampen und einer breiten Palette von Spezialstrahlern abgelöst.

Bei der Nutzung von Kunstlicht ist davon auszugehen, daß auch dämmerungs- oder nachtaktive Amphibien an eine Hell-Dunkel-Periodik angepaßt sind.

Es ist üblich und auch zweckmäßig, die Lampe in Reflektoren oder Lichtkästen außerhalb des Behälters einzubauen und das Licht von oben in die Behälter strahlen zu lassen.

Eine günstige Beleuchtung ist in Regalanlagen mit Leuchtstofflampen zu erzielen, weil dort eine Lampe für mehrere Becken genutzt werden kann. Erforderliche Vorschaltgeräte müssen nicht im Reflektor oder Lichtkasten mit untergebracht, sondern können auch im Untergestell des Behälters installiert werden.

Die durch die Lampen entstehende Wärme in Terrarien ist ständig zu kontrollieren, um eine Überhitzung zu vermeiden.

Praktisch ist der Einbau einer Schaltuhr in die Beleuchtungsanlage, weil dadurch die lästige Handbetätigung wegfällt und das Ein- und Ausschalten absolut regelmäßig erfolgt. Außerdem ist die ständige Anwesenheit des Terrarianers nicht mehr erforderlich.

Wärme

Die Zuführung von Wärme ist zur Erhaltung einer optimalen Körpertemperatur bei den wechselwarmen Amphibien von großer Wichtigkeit. Die Temperatur steuert alle Lebensvorgänge, vorrangig den Stoffwechsel.

Nachteilig wirkt sich eine Haltung unter konstanten Temperaturen aus. Vor allem bei Tieren aus gemäßigten Zonen stimuliert ein jahresperiodischer Rhythmus die Fortpflanzungsbereitschaft. Diese Periodizität läßt sich am einfachsten durch Variation der Beleuchtungszeitlänge im tagesperiodischen Licht-Dunkel-Wechsel erzeugen.

In der Natur bewirkt die Strahlung der Sonne die Erwärmung der Luft und der Aufenthaltsflächen der Tiere. Das ist im Terrarium mit Kunstlicht nicht oder nur in unzureichendem Maße zu erreichen. Ein Behälter mit tropischen bodenlebenden Amphibien, der nur durch eine Lichtquelle von oben belichtet wird, erreicht zwar eine vielleicht ausreichende Lufttemperatur, der Bodengrund jedoch, der durch die Entfernung von der Lampe und durch abdeckende Blattpflanzen kaum Strahlungswärme erhält, kühlt sich verdunstungsbedingt u. U. auf zu niedrige Werte ab. Der Gegensatz zwischen Substrat- und Lufttemperatur kann sich negativ auswirken. Bei allen Arten, deren optimaler Temperaturbereich oberhalb der Zimmertemperatur liegt, ist deshalb die Verwendung von zusätzlichen Heizquellen erforderlich. Das sind vorrangig Aquarienheizer, Heizkabel oder Heizplatten. Aquarienheizer kann man auch zur lokalen Erwärmung bestimmter Stellen, an denen sich die Tiere mit Vorliebe aufhalten (Heizsteine o. ä.) verwenden. Heizkabel lassen sich im Bodengrund verlegen, Heizplatten werden zweckmäßig unterhalb des Behälters angebracht. In Regalanlagen wirkt sich die Wärmeabgabe der Leuchtstoffröhren auf die jeweils darüberstehenden Terrarien aus. In Vitrinen oder ähnlichen großen Terrarien kann die Wärmeerzeugung der Vorschaltgeräte durch Einbau im unteren Teil genutzt werden. Stets ist darauf zu achten, daß jeweils nur ein gewisser Bereich des Behälters erwärmt wird, damit sich die Tiere den für sie optimalen Temperaturbereich suchen können. Auch hier ist eine gewissenhafte Temperaturkontrolle erforderlich. Thermometer sollten in der Luft und auch im Bodengrund angebracht sein.

Die Steuerung der erforderlichen Temperatur ist manuell wie auch automatisch möglich. Eine energiesparende manuelle Methode ist die Aussteuerung der Heizung über einen regelbaren Thyristor. Verwendbar sind die handelsüblichen Lichtsteller (Dimmer) mit Steckdose. Da die Leistung der Lichtsteller hoch ist, lassen sich entsprechend viele Heizungen gemeinsam betreiben. Bei typgleichen Heizungen herrschen dann in allen Behältern gleicher Ausstattung und Größe gleiche Temperaturen, durch unterschiedliche Heizungen lassen sich entsprechende Varianten schaffen.

Besser ist eine automatisierte Regelung mittels Kontaktthermometer oder elektronischem Regler. Auch hier lassen sich die Temperaturen in mehreren Behältern steuern, wenn man das

Kontaktthermometer bzw. den Meßfühler an einer geeigneten Stelle anbringt. Nachts können niedrigere Temperaturen eingestellt werden.

Feuchtigkeit

Wasser ist ein lebenswichtiger Faktor. Es geht dem Amphibienkörper durch Ausscheidungsvorgänge und durch die Haut verloren und muß deshalb ständig ersetzt werden. Wassermangel führt in der Regel zu schweren Schäden, vielfach zum Tode.

Aquatile und semiaquatile Arten leben ständig im Wasser. Auch andere Arten suchen zeitweilig freie Wasserstellen auf. Das geschieht meist in den Abend- oder Nachtstunden und wird deshalb häufig nicht bemerkt. Die Tiere ergänzen das in der wärmeren Tageszeit verdunstete Wasser. Die Wasseraufnahme erfolgt über die Haut oder die Kloake. Das gilt besonders für Arten, die in weniger feuchten, aber wärmeren Lebensräumen vorkommen. Während der Sommer- bzw. Winterruhe genügt den Tieren ein Versteck mit ausreichend hoher Substratfeuchte.

Auch die Höhe der relativen Luftfeuchtigkeit ist von Bedeutung. Die Ansprüche sind je nach Herkunft (Trockengebiete, Wald, Regenwald) sehr unterschiedlich. Die Luftfeuchtigkeit sollte nicht unter 60 Prozent liegen, meist sind 90 bis 100 Prozent erforderlich. Eine Tagesperiodik stellt sich meist von selbst ein.

Das Wasser im Amphibienterrarium muß ständig ersetzt werden, besonders bei höherer Belüftung. Der Ersatz ist möglich durch Auffüllen der Wasserbehälter, Besprühen der gesamten Inneneinrichtung oder durch Beregnen.

Beim Auffüllen der Wasserbehälter muß – und das gilt auch für Sprühen und Beregnen – auf Temperaturgleichheit geachtet werden. Hartes Wasser hinterläßt beim Sprühen auf Pflanzen und Glasscheiben einen unschönen und schwer zu entfernenden Kalkbelag. Gesprüht wird zweckmäßigerweise zumeist abends, obwohl sich die Luftfeuchtigkeit nachts infolge der Temperaturabsenkung ohnehin erhöht. Das Beregnen ist für Amphibien aus Gebieten mit ausgeprägten Regenzeiten eine unabdingbare Voraussetzung, um die Fortpflanzung einzuleiten. Nach Einschaltung einer kurzen Trockenzeit (Wasserabsenkung, weniger Luftfeuchte) sollte täglich für etwa 30 bis 60 Minuten, gegebenenfalls auch öfter, beregnet werden.

Zum Sprühen sind einfache Wasserzerstäuber geeignet. Bei einer größeren Anzahl von Behältern leistet eine Druckspritze mit Kessel gute Dienste. Schließlich ist es möglich, Sprüheinrichtungen in der gesamten Anlage fest zu verlegen, mit Sprühdüsen in jedem Behälter, und den Sprühvorgang über eine Zeitschaltuhr täglich einmal oder über ein Kontakthygrometer nach Unterschreiten des eingeschalteten Wertes auszulösen. Hat man nur eine große Vitrine, so ist auch der Einsatz eines handelsüblichen Luftbefeuchters denkbar. Intensiver als Sprühen wirkt Beregnen, wahrscheinlich durch den größeren Tropfendurchmesser, die längere Dauer und den akustischen Reiz. Saugt man das Wasser aus dem Behälter mit einer geeigneten Pumpe ab und führt es durch eine kleine Brause von oben wieder zu, kann es nicht zum Überlaufen des Terrariums kommen.

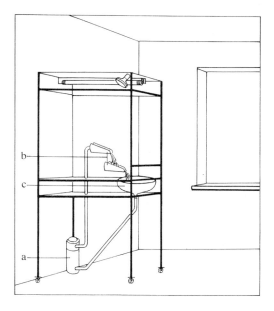

Prinzipskizze einer Vitrine mit automatischer Wasserberieselung. a Pumpe, b Fallstufen, c Auffanggefäß mit Ablauf zur Pumpe. (nach Ensinck)

Bewegtes Wasser ist für einige Arten erforderlich. Für diese kann z. B. ein Bachlauf gestaltet werden, möglichst mit einigen Stufen und tieferen Stellen. Die Wasserbewegung ist ebenfalls über eine Pumpe als Kreislauf zu realisieren. Noch intensiver dürfte die Wirkung sein, wenn Wasser von ganz oben über mehrere kleine Wasseransammlungen nach unten fällt, tropft, sickert und sich in einem Wasserteil sammelt. Für Einrichtungen dieser Art sind Einfallsreichtum und Geschicklichkeit des Terrarianers gefragt.

Luft

Frischluftzufuhr ist für Amphibien zwar nicht in gleichem Maße unabdingbar wie z. B. für andere Terrarientiere, darf jedoch nicht vernachlässigt werden. Der erfahrene Terrarianer nimmt bereits am Geruch wahr, ob im Behälter die kühl- oder warmfeuchte gewünschte Atmosphäre eines Gewächshauses herrscht oder unerwünschte Gärungs- und Fäulnisprozesse eingetreten sind.

Die Voraussetzungen für eine ausreichende Belüftung müssen bereits beim Bau des Terrariums beachtet werden. Die Luftzirkulation stellt sich bei zweckmäßig angeordneten Lufteintritts- und -austrittsstellen von selbst ein, wird durch lokale Einwirkung von Strahlungswärme intensiviert und ist besonders intensiv bei Belüftung durch Ventilatoren. Beim Einsatz von Ventilatoren hängt es von den speziellen Bedingungen ab, ob in den unteren Bereich Frischluft hineingedrückt oder im oberen Bereich Terrarienluft abgesaugt werden soll. Querstromlüfter sind wegen ihrer höheren Leistung und geringerem Geräuschpegel besser als Propellerlüfter.

Zu beachten ist, daß die Tiere keiner Zugluft ausgesetzt werden und daß Belüftung immer mit einem Absinken der Luftfeuchtigkeit verbunden ist. Ventilatoren sollten deshalb zweckmäßig vormittags eingeschaltet werden, was dem natürlichen Absinken der Luftfeuchtigkeit nach Sonnenaufgang entsprechen würde.

Zur Vermeidung zu hoher Temperaturen lassen sich Lüfter auch automatisch mit Hilfe von Temperaturreglern schalten.

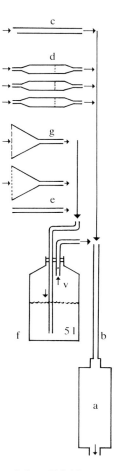

Nutzung der Saugluft zur Erleichterung der Wartungs- und Betreuungsarbeiten. a Sauggerät (z. B. Staubsauger); b Verbindungsschlauch; c kurzes, vorn abgeschrägtes Metallrohr zum Absaugen von Schmutz, Kot und Futterresten aus den Terrarien; d Exhaustoren zum Absaugen von Futtertieren aus den Futterzuchten, durch unterschiedliche Maschenweite auf die Größe der Futtertiere abgestimmt; e kurzes Rohr zum Absaugen von Wasser aus den Wasserteilen von Terrarien, die keinen Bodenabfluß besitzen, es wird durch einen Schlauch mit einer Flasche (f) verbunden, an die mittels einer zweiten Durchbohrung des Stopfens der Saugschlauch angeschlossen wird und die das Schmutzwasser aufnimmt, ein Schwimmerventil (v) verhindert bei voller Flasche den Übertritt des Wassers in den Staubsauger; g Trichter zum Wasserwechsel in Larvenaufzuchtbehältern, die Trichteröffnung ist mit Gaze unterschiedlicher Maschenweite in Anpassung an die Größe der Larven versehen, die große Trichteröffnung setzt den Sog herab und verhindert Verletzungen der Larven. Auch hier ist die Flasche zwischenzuschalten.

Betrieb und Wartung der Behälter

Die ständige Betreuung der Tiere im Terrarium wird durch einen Widerspruch gekennzeichnet: Auf der einen Seite steht das Erfordernis, ein optimal eingerichtetes Terrarium durch gute Wartung lange in diesem Zustand zu erhalten, auf der anderen Seite die Notwendigkeit, neben beruflichen, gesellschaftlichen und familiären Verpflichtungen genügend Freizeit für die Betreuung der Tiere aufbringen zu können. Dieser Widerspruch kann nur durch ein selbst auferlegtes strenges Zeitregime und eine möglichst rationelle Nutzung dieser Zeit gelöst werden.

Rationalisierung beginnt bereits bei der Planung und Konstruktion der Behälter sowie der Materialwahl. Sie setzt sich fort mit der zweckmäßig installierten Technik, der Auswahl und Anordnung der Inneneinrichtung, der hinsichtlich Artenzahl ausreichend angelegten Zucht von Futtertieren und mündet schließlich in der zweckmäßigen ständigen Betreuung. Außer der Fütterung spielen bei Amphibien Reinigung und Wasserwechsel eine vorrangige Rolle.

In welcher Art rationalisiert wird, hängt weitgehend von den Auffassungen der einzelnen Terrarianer ab und ist individuell verschieden. Erprobte Verfahren und Hilfsmittel sollten jedoch propagiert werden.

Eingriffe in das Terrarium durch den Pfleger sind so wenig wie möglich vorzunehmen. Auch Lurche passen sich im Verhalten der Einrichtung an, suchen bestimmte Plätze immer wieder auf. Zum Teil werden Reviere gebildet und verteidigt. Störungen wirken sich nicht nur auf das Wohlbefinden der Tiere aus, sondern können alle Ansätze zu einer erfolgreichen Fortpflanzung zunichte machen.

Ernährung und Fütterung

Alle Amphibien ernähren sich räuberisch, carnivor, sind also in der Regel auf lebende Futtertiere angewiesen. Nur Froschlarven nehmen z.T. pflanzliche Kost zu sich. Eine optimale Haltung mit dem Ziel der Vermehrung von Amphibien setzt demzufolge ein weit gefächertes Spektrum von Futtertieren voraus. Da es vom Terrarianer nicht leicht zu beschaffen ist, sind Kompromißlösungen anzustreben, um den Pfleglingen weitestgehend alle notwendigen Nährstoffe zuführen zu können. In der Natur sind die Tiere zu einem Großteil ihrer Aktivitätszeit damit beschäftigt, Beute zu machen. Sie können dabei kaum wählerisch sein, denn sie sind selbst stets durch ihre Feinde bedroht und müssen immer bereit sein, sich dieser Verfolgung zu entziehen. Im Terrarium fallen diese aus dem Nahrungskettengefüge resultierenden Umweltreize größtenteils weg, die Tiere leben »ruhiger«. So kommt hier der Art der Fütterung und der Beutejagd eine wichtige aktivitätsstimulierende Wirkung zu.

Die Übereinstimmung zwischen der Aktivitätszeit der Futtertiere und unserer Terrarienpfleglinge muß bei einer biologisch optimalen Fütterung gewahrt bleiben. Als tagaktive Futtertiere eignen sich alle Fliegenarten, viele Insektenlarven und das »Wiesenplankton« aus Kescherfängen. Dunkelaktive Futtertiere sind Mehlkäfer und deren Larven, Schaben, Grillen, Asseln und fliegende Insekten aus der Lichtfalle.

Die räumliche Einnischung der Terrarientiere (Bodenbewohner oder Baumtiere) spielt bei der Futterwahl ebenfalls eine Rolle. Viele Futterinsekten (Fliegen, Heuschrecken) halten sich ohne Zutun in der oberen Region der Terrarien auf. Durch zeitweiliges Abdecken mit dunkler Pappe oder Anlocken mit Nahrung kann versucht werden, auch diese Futtertiere in die unteren Terrarienregionen zu lenken. Normalerweise halten sich dort nur Regenwürmer, Asseln, Käfer und deren Larven, Grillen und Wachsmottenlarven auf.

Zusatzfutter, wie Fleischstreifen und Gelatinefutter, wird zweckmäßigerweise mit der Pinzette gereicht oder von der Futternadel gegeben. Damit ist gleichzeitig eine Kontrolle möglich,

Futtertiere	Schwanzlurche				Froschlurche			
	aquatisch	semiaquatisch	terrestrisch	arboricol	aquatisch	semiaquatisch	terrestrisch	arboricol
Essigälchen	+	+	+		+	+		
Schnecken	+		+	+	+		+	+
Tubifex	+	+	+		+	+		
Enchyträen	+	+	+		+	+	+	
Regenwürmer	+	+	+		+	+	+	
Spinnen				+			+	+
Milben							+	+
Wasserflöhe	+				+	+		
Flohkrebse	+				+	+		
Collembolen (Springschwänze)							+	+
Grillen, Heimchen			+				+	+
Heuschrecken			+				+	+
Schaben							+	+
Blattläuse			+				+	+
Mehlkäferlarven			+				+	
Mückenlarven	+				+	+		
Tau-, Essigfliegen			+	+		+	+	+
sonstige Fliegen			+	+		+	+	+
Fliegenmaden	+	+	+		+	+		
Schmetterlinge				+			+	+
Schmetterlingslarven			+	+			+	+
Fische	+				+	+		
Jungmäuse	+	+	+		+	+	+	+
Fleisch	+	+			+	+	+	+

Tabelle 1: Futtertiere für Amphibien nach der Metamorphose

daß keine Futterreste liegenbleiben und verschimmeln. Man hüte sich jedoch, ständig alles Futter mit der Pinzette oder Nadel zu reichen, auch wenn es sich, besonders bei großen Lurchen, anbietet. Nur bei Lauerjägern entspräche es dem natürlichen Verhalten.

Über den Nahrungsbedarf der Amphibien lassen sich keine allgemeingültigen Aussagen machen. Er ist von Art zu Art verschieden. Auch das Freßverhalten ist unterschiedlich. Es gibt Arten, die nach jedem vorbeifliegenden Insekt schnappen, während bei anderen der Reiz nach einem bestimmten Sättigungsgrad erlischt. Anhaltspunkte sind:

- Larven und Jungtiere brauchen eine ständige Futterversorgung.
- Adulten Tieren sollte nach optimalem und maximalem Futterangebot eine Pause von einem bis zu mehreren Tagen geboten werden.
- Bei großen Arten kann die Futterpause größer als bei kleineren Arten sein.
- Bei höheren Temperaturen wird mehr Futter als bei niedrigen benötigt.
- Jahreszeitlich bedingte natürliche Ruhepausen, die gleichzeitig Fastenpausen sind, müssen den Amphibien auch bei der Terrarienhaltung geboten werden. Danach ist das Nahrungsangebot zu erhöhen.
- Ständige Überfütterung wirkt sich negativ auf die Gesundheit und das Fortpflanzungsverhalten aus.

Amphibien stellen im Gegensatz zu vielen anderen Terrarientieren keine Ansprüche an den ständigen Wechsel der Futterarten. Es gibt Frösche, die ihr ganzes Leben nur mit Stubenfliegen gefüttert wurden. Aus ernährungsphysiologischen Gründen sollte man aber doch einen Wechsel anstreben. Die damit erreichte Vielseitigkeit der Inhaltsstoffe wirkt sich insgesamt positiv aus.

Unterdrückung durch Nahrungskonkurrenz ist bei Amphibien selten zu beobachten. Solange das Nahrungsangebot ausreichend groß ist, entwickeln sich auch bei größerer Besetzung alle Tiere gut, sofern sie der gleichen Art angehören. Wenn Kümmerer, in der Entwicklung zurückgebliebene Tiere, anzutreffen sind, hat das fast immer andere Ursachen.

Nicht selten wird dagegen Kannibalismus beobachtet. Er tritt bereits bei Froschlarven auf (Blattsteiger, Hornfrösche), ist aber auch bei adulten Tieren festzustellen. Zur Vermeidung sind die entsprechenden Larven einzeln aufzuziehen, Larven von den adulten Tieren zu trennen sowie jeweils nur gleichgroße Adulte zusammen zu halten.

Das Problem der Futterbereitstellung muß bereits vor der Anschaffung der Terrarientiere geklärt sein. Vom Fachhandel wird Futter für Terrarientiere oft nicht in ausreichendem Maße angeboten. Der Terrarianer ist deshalb genötigt, selbst für Futter zu sorgen.

Im Freiland kann in den Sommermonaten mit dem Kescher Wiesenplankton (Sammelbezeichnung für alle auf der Wiese gekescherten Insekten und Kleinsttiere) erbeutet werden. Dieses Futter ist für die Terrarientiere sehr vielseitig und vorteilhaft. Nicht sofort gefressene Insekten können an Terrarienpflanzen Fraßschäden anrichten.

Eine ökonomische Futterbeschaffung bietet sich durch die Benutzung herkömmlicher Fliegenfallen. Wenn auch das Ködermittel mitunter geruchsbelästigend ist, wird dafür aber ein eiweiß- und ballaststoffreiches Futter gewonnen. Fliegen können bei günstiger Witterung von April bis Oktober gefangen werden. Mit Lichtfallen lassen sich in diesen Monaten auch viele nachtaktive Insekten anlocken, und unter Beachtung der Naturschutzbestimmungen können geeignete Futterinsekten selektiert werden. Dabei ist natürlich streng darauf zu achten, daß keine mit toxischen Umweltchemikalien kontaminierten Futtertiere gefangen und verfüttert werden.

Die Gewässer bieten fast ganzjährig neben dem handelsüblichen Fischfutter Mückenlarven, Wasserasseln, Wasserschnecken und Zooplankton.

Um den Amphibien ein reichhaltiges Nahrungsangebot ganzjährig bereitstellen zu können, sind zusätzlich eigene Futtertierzuchten notwendig. Wichtig ist, daß die Futtertiere aus eigener Zucht bereits optimal ernährt werden. So hat es sich bewährt, Mehlkäfer und ihre Larven vor dem Verfüttern einige Tage mit Gemüse und Grünzeug anzufüttern, das mit einem Calciumpräparat oder Mineralstoffgemisch bestreut ist. Ebenso sollen adulte Fliegen nicht sofort nach dem Schlupf aus den Tönnchenpuppen verfüttert werden, sondern 2 bis 3 Tage lang Quark, Milchpulver, Zucker und Wasser als Nahrung erhalten. So bekommen die Amphibien indirekt mit ihrer Nahrung einen Teil der lebensnotwendigen Vitamine und Mineralstoffe. Zusätzlich lassen sich den Terrarientieren über die Futtertiere Vitamingaben direkt verabreichen. Dazu wird das Futter unmittelbar vor dem Verfüttern mit herkömmlichen Vitaminpräparaten für Tiere versehen (durch äußere Benetzung oder Injektion). Auch Spurenelemente und vor allem auch Kalkpulver lassen sich auf diese Weise leicht verabreichen.

Einige Futtertiere sind Vorratsschädlinge und Lästlinge (Schaben, Grillen, Mehlkäfer, Reismehlkäfer, Dürrobstmotten, Getreideschimmelkäfer, Wachsmotten u. a.). Entweichen diese Arten, dann kann es zur unerwünschten Ausbreitung in den Wohnbereich der Menschen kommen. Deshalb ist mit diesen Arten äußerst sorgsam umzugehen.

Fortpflanzung und Entwicklung

In heutiger Zeit sollte es nicht mehr nur Zufall sein, wenn sich bei Terrarientieren Nachwuchs einstellt. Der Erkenntnisstand der Ökologie, Ethologie und anderer biologischer Wissenschaften, Fortschritte in der Terrarientechnik sowie ein breites Angebot an sachkundiger Literatur haben dazu geführt, daß Frosch- und Schwanzlurche gezielt nachgezogen werden können.

Biologisch gesehen dient die Fortpflanzung der Erhaltung der Art. Aus der Sicht des Terrarianers spielen zusätzlicher Erkenntnisgewinn und persönliches Erfolgserlebnis, nämlich mit der Nachzucht ein vielleicht schwieriges Problem gemeistert zu haben, aber auch gesellschaftliche Belange eine nicht zu unterschätzende Rolle. Vorrangig werden Fragen des Arten- und Umweltschutzes berührt. Stabile Nachzuchtergebnisse im Terrarium machen die Entnahme von Tieren aus der Natur überflüssig. Auch die kontrollierte Wiederbesiedlung zeitweilig gestörter Lebensräume durch vom gleichen Standort stammende Terrarienzuchten ist denkbar.

Neben den in den vergangenen Abschnitten dargestellten allgemeinen Voraussetzungen sind für eine erfolgreiche Fortpflanzung adulte, geschlechtsreife und gesunde Elterntiere in ausreichender Anzahl erforderlich. Diese Tiere muß der Terrarianer heranziehen und sich optimal entwickeln lassen. Er muß die Geschlechter unterscheiden können, das Fortpflanzungsverhalten der Arten kennen, über Ei- und Jugendentwicklung Bescheid wissen und in der Lage sein, Beobachtungen in der richtigen Weise zu deuten.

Vermehrung, Zucht oder Züchtung?

Die Fortpflanzung ist eine Grundeigenschaft der lebenden Materie. Sie garantiert die Kontinuität des Lebens über den Tod des einzelnen Individuums hinaus. Um diese vordergründig einfache Aussage rankt sich im Sprachgebrauch und in der Literatur eine Fülle von Begriffen, die sich z.T. überschneiden, uneinheitlich gebraucht oder sogar falsch angewendet werden. Auch der Terrarianer sollte sich jedoch eindeutig formulierter und klar definierter Begriffe bedienen, um zur zweifelsfreien Verständigung mit anderen zu gelangen.

- Fortpflanzung, Reproduktion, ist die Erzeugung neuer Individuen durch vorhandene Eltern.
- Vermehrung ist die Erhöhung der Individuenanzahl durch die Fortpflanzung. Nicht jede einzelne Fortpflanzung führt dazu – *Salamandra atra* z.B. bringt nach 2- bis 4jähriger Entwicklungszeit jeweils nur zwei Jungsalamander zur Welt – die Vermehrung ist aber in der Mehrzahl der Amphibienarten die Regel. Das Ergebnis von Fortpflanzung und Vermehrung sind die Nachkommen.
- Die Zucht von Amphibien ist – im Gegensatz zum einmaligen oder zufälligen Erfolg – das planmäßige Ziehen, Fortpflanzen bzw. Vermehren von Arten unter Terrarienbedingungen über mehrere Generationen. Das Ergebnis sind Nachzuchten bzw. Nachzuchttiere. Ziel der Zucht von Amphibien sollte die reine Vermehrung und Erhaltung von Arten, Unterarten oder Herkünften sein. Methodisch beruht die Zucht, sofern als potentielle Elterntiere eine größere Individuenanzahl vorhanden ist, auf der natürlichen Auslese bzw. Selektion. Sie kann ohne Einwirkung des Terrarianers ablaufen, sollte jedoch von ihm durch Auswahl der arttypischen, kräftigsten Tiere gelenkt werden.
- Im allgemeinen Sprachgebrauch werden die Begriffe Zucht und Züchtung häufig gleichrangig verwendet. Das dient jedoch nicht der Eindeutigkeit. Der Begriff Züchtung sollte der gelenkten Verpaarung von Individuen mit besonderen, z.T. nicht mehr arttypischen Merkmalen oder Eigenschaften vorbehalten bleiben. Das Ergebnis sind neue Formen, Varietäten oder Rassen und deren Erhaltung. Die Züchtungsziele gehen also weit über die eigentliche Vermehrung und Zucht hinaus. Methode der Züch-

tung ist die künstliche Selektion, d. h. Auslese bestimmter Elterntiere durch den Menschen. Durch die Züchtung wurden und werden besonders leistungsfähige Nutz- und Haustierrassen erzielt. Auch bei Vögeln und Zierfischen hat die Züchtung zum Erhalt besonderer Formen, Farben, Größen usw. geführt. Für den Terrarianer, der Amphibien pflegt, ist Züchtung kein Thema. Er wird sich auf die Pflege und Erhaltung der Tiere so wie sie in der Natur vorkommen beschränken. Auch auf Kreuzungen, die z. B. zu Art- und Unterartbastarden führen, sollte er verzichten.

Äußere Geschlechtsunterschiede

Die äußeren, sekundären Geschlechtsmerkmale und das geschlechtsspezifische Verhalten treten in der Fortpflanzungsphase meist augenfällig hervor und gestatten dem Terrarianer spätestens zu diesem Zeitpunkt, das Geschlecht seiner Tiere zu erkennen. Ein großer Teil der sekundären Geschlechtsmerkmale zeigt sich in der zeitweiligen oder ständigen Ausprägung von anatomisch-morphologischen Besonderheiten.

Bei den *Schwanzlurchen* sind folgende Geschlechtsunterschiede feststellbar:
- Körperproportionen: Weibchen kräftiger als Männchen, Männchen mit längerem Schwanz, Kopf beim Männchen wuchtiger: *Cryptobranchus, Salamandra, Pleurodeles, Triturus*.
- Körperanhänge: Männchen mit Rückenkamm (oft tief gezackt), Hautsäume an Zehen beim Männchen deutlich verbreitert, Schwanzende fadenartig verlängert, Männchen mit Sporn an der Schwanzwurzeloberseite: *Cynops, Triturus, Notophthalmus, Mertensiella*.
- Kloakenregion: Männchen mit deutlich vergrößerten Kloakenlippen, Kloake der Weibchen flacher, erscheint teilweise gefurcht: *Salamandra, Triturus*.
- Farbkleidvariation: Männchen bunter gefärbt, farbliche Betonung der Bauchseite und Schwanzflanken: *Triturus, Cynops*.
- Hornbesetzte Strukturen auf der Körperoberfläche: beim Männchen an der Innenseite der Vorderbeine oder Oberschenkel und an den Zehen oder Fingern, verbreitete Vorder- und Hinterbeine: *Salamandra, Pleurodeles, Triturus*.
- Drüsenbildungen: beim Männchen beson-

Sekundäre äußere Geschlechtsmerkmale bei Schwanzlurch-Männchen. a Bandmolch mit stark entwickeltem Hautsaum auf Rücken und Schwanz, b Fadenmolch mit hohem Hautsaum auf dem Schwanz und deutlich abgesetztem Endfaden, c Kaukasus-Salamander mit aufwärts gebogenem Höcker auf der Schwanzwurzel

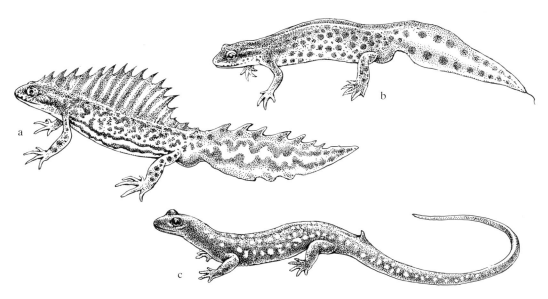

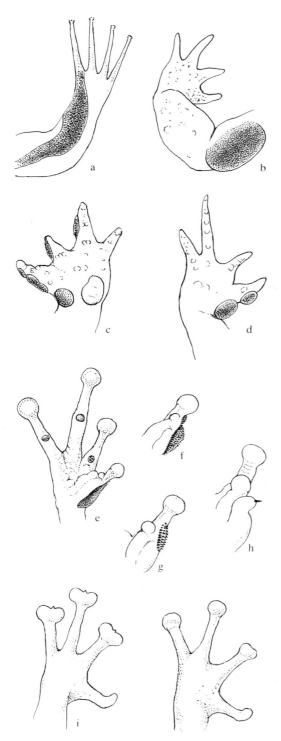

ders in der Kloakenregion oder am Kinn: *Hydromantes*, *Plethodon*, Kloakendrüsen bei allen Urodela.

Bei *Froschlurchen* zeigen sich folgende Unterschiede:

• Körperproportionen: Weibchen größer und wuchtiger als Männchen: *Bufo, Hyla, Rana, Rhacophorus, Megophrys*. Männchen größer als Weibchen: *Pyxicephalus*.

• Hautfalten: Weibchen mit Hautlappen an der Kloake. Kloakenregion aufgetrieben, Hautfalten auf dem Rücken deutlich sichtbar als Tasche oder schwammiges Polster: *Xenopus, Hymenochirus, Pipa, Gastrotheca*.

• Fingergröße: Einzelne Finger der Männchen sind länger als die übrigen und die der Weibchen: *Arthroleptinae*.

• Größe der Fingerkuppen: Haftscheiben der Finger bei Männchen breiter als bei Weibchen: *Dendrobates*.

• Brunstschwielen: verdickte, teilweise farblich abgesetzte Haftpolster an allen oder einzelnen Fingern der Männchen, z.T. an Armen: *Hyla, Bufo, Rana, Bombina*.

• Dornen: einzelne, in Reihen oder als Polster, an Fingern, Gliedmaßen oder auf der Brust der Männchen: *Hyla, Leptodactylus*.

• Drüsige Verdickungen: ovale Drüse am Oberarm der Männchen: *Pelobates*.

• Kehle: Unterschiede in Form und Farbe beider Geschlechter, besonders bei den Arten, bei denen nur die Männchen rufen. Adulte Männchen rufender Arten haben meist eine dunklere, faltige Kehlhaut. Die Schallblase kann kehlständig (einfach, geteilt oder paarig) oder seitlich (paarig) liegen.

Unterscheidungen zwischen den Geschlechtern lassen sich mitunter auch anhand der Kör-

Sekundäre äußere Geschlechtsmerkmale männlicher Froschlurche. a *Xenopus laevis*, dunkle rauhe Streifen an der Unterseite der Arme, b *Pelobates fuscus*, Oberarmdrüse, c *Bufo bufo*, schwielige Verdickungen an den Fingern, d *Rana temporaria*, Daumenschwielen, e *Osteopilus septentrionalis*, Daumenschwielen, f *Hyla robertsorum*, stark rauhe Daumenschwielen, g *Ptychohyla* spec., Daumen mit Anhäufung kleiner Dornen, h *Hyla crepitans*, Einzeldorn, i *Dendrobates azureus*, breitere Fingerkuppen (links) als bei den Weibchen (rechts). (nach v. Filek, Mertens, Silverston)

Hyperolius spec., unterschiedliche Färbung der Geschlechter

perfarben vornehmen, die dauernd oder nur zur Fortpflanzungszeit sichtbar sind. Bei Riedfröschen *(Hyperolius)* sind vielfach die Weibchen auffälliger gefärbt, für einzelne *Hyla*-Arten gilt das gleiche. In anderen Fällen weisen aber auch die Männchen zusätzliche Farbzeichen auf. Das Männchen des Moorfrosches *(Rana arvalis)* ist zur Fortpflanzungszeit blau gefärbt.

Geschlechtsorgane

Die Voraussetzung für eine erfolgreiche Vermehrung ist das Vorhandensein funktionstüchtiger Gonaden. Deren Beurteilung ist im Gegensatz zu den sekundären Geschlechtsmerkmalen dem Terrarianer meist verschlossen. Nur an to-

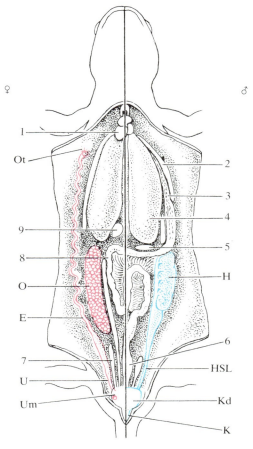

Lage der Geschlechtsorgane eines Schwanzlurches.
Links Weibchen: O Eierstock (Ovarium), E Eileiter (Ovidukt), Ot Öffnung des Eileiters (Ostium), U Uterus, Um Uterusmündung in die Kloake.
Rechts Männchen: H Hoden, HSL Harn-Samen-Leiter, Kd Kloakendrüse, K Kloakenspalt 1 Herz, 2 Lunge, 3 Magen, 4 Leber, 5 Milz, 6 Enddarm, 7 Harnblase, 8 Dünndarm, 9 Gallenblase. (nach Kückenthal, Nietzke, Große)

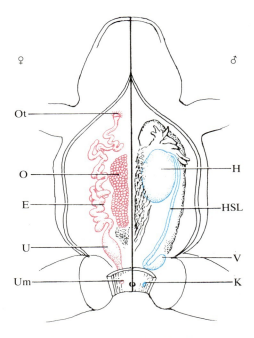

Lage der Geschlechtsorgane eines Frosches.
Links Weibchen: O Eierstock, E Eileiter, Ot Öffnung des Eileiters, U Uterus, Um Uterusmündung in die Kloake.
Rechts Männchen: H Hoden, HSL Harn-Samen-Leiter, V Samentasche (Vesicula seminis), K Kloake mit den Mündungen der Geschlechtsgänge. (nach Kückenthal, Nietzke, Große)

ten Tieren und nach Sezieren kann er sich über den Zustand der Keimdrüsen informieren.

Im weiblichen Geschlecht erkennt man am augenfälligsten die Eierstöcke (Ovarien), die taschenartig gekammert sind und viele reife Eier durchscheinen lassen. Ein lappenartig ausgebildeter Fettkörper (Reservestoffanlage) kann dahinter liegen. Die Eizellen werden zur Fortpflanzungszeit in die Leibeshöhle entlassen, vom Flimmerepithel zu den Öffnungen der Eileiter (Ostien) befördert und im Endabschnitt des Eileiters (Uterus) bis zur Ablage aufbewahrt.

Im männlichen Geschlecht liegen Nieren und Hoden dicht beieinander. Die Hoden sind während der Fortpflanzungszeit stark angeschwollen, und daneben befindet sich, deutlich sichtbar, gelbes, fingerförmig gestaltetes Fettkörpergewebe. Über den Urnierengang (Harn-Samen-Leiter) gelangen die Spermien in eine Samentasche (Vesicula seminis), die in die Kloake mündet. In beiden Geschlechtern ist eine Kloake ausgebildet, über die eine Ausführung der Geschlechtsprodukte erfolgt. Daneben münden dort auch die abführenden Kanäle für den Harn und die festen Exkremente.

Fortpflanzungsstrategien

Die moderne biologische Forschung unterscheidet zwei verschiedene Fortpflanzungsstrategien: die Reproduktionsstrategie und die Kapazitätsstrategie. Im Laufe der Evolution entwickelten sich viele Übergangsformen. Urodela und Anura pflanzen sich nach beiden Prinzipien fort, auch bei ihnen sind Übergänge feststellbar.

Reproduktionsstrategie: Die Arten haben einen begrenzten Fortpflanzungszeitraum, eine hohe Vermehrungsrate, neigen zu Massenvermehrungen und Populationsschwankungen. Sie kommen vielfach in Lebensräumen mit Jahreszeitklimaten vor, in denen nur zeitweilig günstige Fortpflanzungsbedingungen (Witterung, temporäre Gewässer) herrschen. Neue Lebensräume können in kurzer Zeit besiedelt und dabei hohe Individuenzahlen erreicht werden. Die Arten sind konkurrenzschwach, aber durch Freßfeinde wird ihre Anzahl stets stark vermindert.

Typische Vertreter dieser Strategie sind aus gemäßigten Zonen Arten der Gattungen *Triturus, Bufo, Rana, Hyla*, aus dem südlichen Afrika *Xenopus*.

Kapazitätsstrategie: Die Arten pflanzen sich fast ganzjährig fort, die Vermehrungsrate ist jedoch gering. Ihre Lebensräume zeichnen sich durch stabile ökologische Bedingungen aus. Das Verbreitungsgebiet ist meist begrenzt, die Ausbreitungstendenz gering. Die Arten sind konkurrenzstark. Vielfach wurde Brutpflegeverhalten entwickelt. Oft handelt es sich um Arten aus tropischen und subtropischen Gebieten. Typische Vertreter sind die Baumsteiger (Dendrobatiden).

Triturus vittatus ophryticus, Balz

Paarungsverhalten

Voraussetzung für eine erfolgreiche Paarung ist das Aufeinandertreffen der Geschlechter. Bei diesem Vorgang, der durch räumliche Begrenzung des Terrariums eingeschränkt erscheint, spielt die Ausprägung der sekundären Geschlechtsmerkmale eine entscheidende Rolle. Auf die spezielle Bedeutung und sexuelle Wirkung anatomisch-morphologischer Merkmale und auch akustischer Signale wird im Artenteil näher eingegangen.

Schwanzlurche

Das Sichfinden der Geschlechter erleichtern bei den Schwanzlurchen Duftstoffe (Kinndrüse bei *Desmognathus*, Nackendrüsen bei *Triturus*). Oftmals gehen der Paarung Balzspiele voraus. Sie dienen vorwiegend dazu, die Weibchen zu stimulieren. Dabei haben wiederum Duftstoffe, aber auch Körperformen, Bewegungsabläufe und Körperfarben eine signalisierende Wirkung.

Die Gruppe der niederen Schwanzlurche hat ein urtümliches Fortpflanzungsverhalten *(Andrias, Cryptobranchus, Hynobius, Ranodon)*. Das Paarungsspiel, oft als »Waltz« beschrieben, vollzieht sich im Wasser und besteht aus einer gegenseitigen Geruchskontrolle an der Kloake des Partners. Anschließend laicht das Weibchen ab, und das Männchen überzieht das Gelege mit einer Spermienwolke. Die Eier werden stets außerhalb des weiblichen Organismus befruchtet.

Bei den höheren Schwanzlurchen findet eine innere Befruchtung statt, d. h., die Spermien müssen vor der Eiablage in den weiblichen Organismus gelangen. Dazu haben sich bei diesen Gattungen *(Eurycea, Aneides, Salamandra, Cynops, Triturus)* hochentwickelte und der speziellen Lebensweise angepaßte Balz- und Paarungsspiele herausgebildet. Über Duftstoffe, taktile Reize und Farbsignale wird das Weibchen zur Aufnahme der Spermatophore (Gallertkegel in Form des Kloakenabgusses, auf dessen Spitze ein Spermapaket sitzt) bewegt. Wenige Zeit später beginnt die Ablage befruchteter Eier ins Wasser oder auf dem Landteil des Terrariums. In Ausnahmefällen werden vollentwickelte Jungtiere geboren.

Froschlurche

Bei Fröschen und Kröten wird die Paarungsbereitschaft durch akustische Reize angezeigt. Die Rufe sind art- und – wie durch Sonogramme nachgewiesen – auch unterartspezifisch. Sie umfassen die gesamte Lautstärken- und Formenpalette vom lauten Blöken (Ochsenfrösche) über metallische *(Hyla faber)* oder pfeifend hohe Töne, die bis an die für das menschliche Ohr heranreichende Schmerzgrenze reichen (*Hyperolius* spec.), bis zum leisen, melodischen Zirpen oder Trillern (Dendrobatiden) oder das leise Rufen der Unken. Das Finden der Geschlechter über weitere Distanzen ist damit gewährleistet.

In der Regel kommt es nach dem Zusammentreffen von Männchen und Weibchen sofort zu dem typischen Fortpflanzungsverhalten, dem Aufsitzen und Klammern (Amplexus). Erst relativ spät entdeckte man, daß es bei einigen Fröschen auch ein hochdifferenziertes Werbungsverhalten gibt. Bei Baumsteigern (Dendrobatiden) besteht es aus einem stunden- bis tagelangen Werben, wobei sich die Tiere umeinander herumbewegen, auffällige Bewegungen ausführen, mit einem Vorderbein winken, es kommt zu Körperkontakt, zum Auflegen einer Hand, bis schließlich das Weibchen dem Männchen zu dem von ihm ausgesuchten Eiablageplatz folgt.

In der Mehrzahl gibt es jedoch eine solche Werbephase nicht. Bei den urtümlichen Froschfamilien (Discoglossidae, Ascaphidae, Pelobati-

Phyllobates terribilis, rufendes Männchen

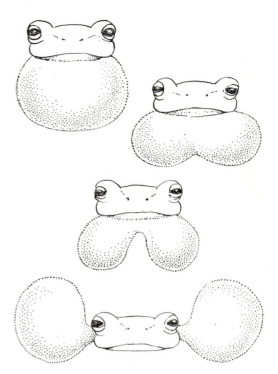

Unterschiedliche Formen der Schallblase bei Hyliden. (nach Duellman)

dae, Rhinophrynidae) klammert das Männchen unmittelbar vor den Hinterbeinen des Weibchens (Amplexus lumbalis). Aquatisch lebende Frösche (Pipidae) stimulieren ihre Weibchen zusätzlich durch Kopfnicken und Wischen mit der Hinterextremität über die Kopfoberseite.

Bei den höherentwickelten Fröschen (Ranidae, Rhacophoridae, Microhylidae, Hylidae, Bufonidae u. a.) ist stets ein Klammern hinter den Vorderbeinen zu beobachten (Amplexus axialis).

Bei einigen Arten der Dendrobatiden ist schließlich ein Kompfamplexus üblich, der mit den Außenseiten der »Hände« ausgeführt wird.

Intensität und Beharrlichkeit der Klammerung sind artspezifisch, ebenso wie die dazugehörigen Lautäußerungen.

Für die Froschlurche ist eine äußere Befruchtung typisch, auch wenn durch nachfolgende Handlungen und anatomische Besonderheiten eine Brutpflege einsetzt *(Alytes, Pipa, Gastrotheca)*.

Dendrobates tricolor

Eiablage und Spermienausstoß werden durch bestimmte Verhaltensweisen ausgelöst und synchronisiert. Dazu gehören beim Weibchen das Anheben des Kopfes, das Durchbiegen des Rükkens zum Hohlkreuz, das Spreizen der Hinterbeine sowie zitternde Bewegungen.

Die innere Befruchtung stellt bei Froschlurchen die Ausnahme dar. Sie erfolgt beim Schwanzfrosch *(Ascaphus truei)* durch eine penisartige Verlängerung der Kloake, bei der Baumkröte *Nectophrynoides occidentalis* durch engen kloakalen Kontakt.

Eiablage und Brutpflege

Amphibien setzen in der Regel Eier ab, die in ihrer Gesamtheit als Laich bezeichnet werden. Erfolgt die Befruchtung nach der Eiablage, spricht man von Ovuliparie, werden bereits befruchtete Eier abgelegt, handelt es sich um Oviparie.

Überwiegend werden die Eier direkt ins Wasser abgelegt, wobei es sich um die verschiedensten Gewässerformen und -ansammlungen han-

Fortpflanzungsstellungen bei Froschlurchen. a Lendenamplexus *(Pelobates fuscus)*, b Achselamplexus *(Rana arvalis)*, c Kopfamplexus *(Colosthetus inguinalis)*, d rittlings mit gespreizten Beinen *(Mantidactylus liber)*, e angedrückt *(Breviceps adspersus)*, f loser Kloakenkontakt *(Dendrobates granuliferus)*. (nach Duellman)

deln kann. Teilweise werden die Eier außerhalb des Wassers im Bereich hoher Luftfeuchte (Höhlungen, unter Rinde und Fallaub, im Strauchbe-

Laichformen von Schwanzlurchen. a *Euproctus asper*: Eiablage einzeln an Steinen, b *Andrias japonicum*: Eischnüre, c *Triturus* spec.: Einzeleier an Wasserpflanzen, d *Hynobius keyserlingii*: Eier in gallertigen Schnüren. (z.T. nach Engelmann u. a.)

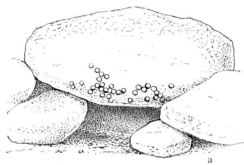

Phyllomedusa hypochondrialis, Laich auf einem Blatt

reich oberhalb der Gewässer) deponiert, oder sie werden mit Schaum umgeben, der den Laich vor dem Austrocknen schützt.

Die Anzahl der pro Laichakt abgegebenen Eier ist von Art zu Art sehr unterschiedlich. Sie schwankt von weniger als 10 (Dendrobatiden) bis fast 10000 (Raniden).

Auch die Ablageform ist nicht einheitlich. Die Eier werden entweder einzeln abgelegt, in unterschiedlich großen Ballen oder Klumpen oder in Schnüren.

Nach der Ablage sinken sie im Wasser auf den Grund oder schwimmen als Film oder in einem Schaumnest an der Wasseroberfläche. Oft kleben sie an Wasserpflanzen, Holz oder Steinen.

Spezialisierte Arten haben eine teilweise komplizierte Brutpflege entwickelt. Dabei werden die Eier nach der Ablage vom Männchen oder Weibchen bis zum Schlupf oder auch zusätzlich die Larven bis zum Ende der Larvenentwicklung betreut. Es lassen sich dabei verschiedene Formen unterscheiden. Die am weitesten entwickelte besteht darin, daß die Eier im Körper des Weibchens verbleiben, die Embryonen

Laichformen bei Froschlurchen. a *Discoglossus*, Eier einzeln am Boden, b *Bombina*, Eier einzeln an Pflanzen, c *Hyla micotympanum*, Eiklumpen an Wasserpflanzen, d *Rana*, und e *Hyla arborea*, Eiklumpen schwimmend, f *Alytes*, Eischnüre (an den Hinterbeinen der Männchen), g *Bufo*, Eischnüre im Wasser, h *Pelodytes*, i *Pelobates*, j *Rhacophorus*, Laich zwischen Blättern außerhalb des Wassers. (nach Duellman, Lanza, Obst)

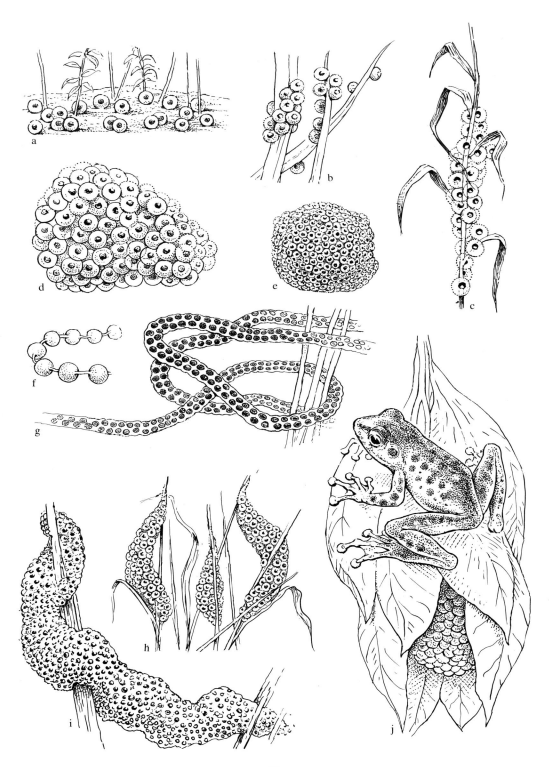

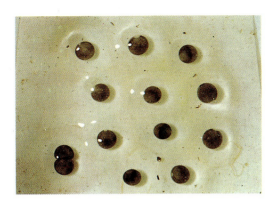

Dendrobates auratus, Laich auf Plastunterlage, der Eiablagehöhle entnommen

durch Dottersubstanz oder Sekrete des Eileiters ernährt werden und sich weiterentwickeln, die gesamte Metamorphose durchlaufen und schließlich lebende Jungtiere geboren werden. In diesem Fall handelt es sich um Vivioviparie.

Nachfolgend eine systematische Übersicht über die Fortpflanzungsweisen der Amphibien:

A: Schwanzlurche
1. Eier aquatil
    1.1. Eiablage im Wasser
        1. Eier in Säcken abgelegt, vom Männchen äußerlich befruchtet *(Hynobius, Salamandrella)*
        2. Eier in Schnüren abgelegt, vom Männchen beim Paarungsspiel befruchtet *(Cryptobranchus, Andrias)*
        3. Eier einzeln oder in Klumpen an Wasserpflanzen in stehenden Gewässern *(Triturus, Cynops, Ambystoma)*
        4. Eier einzeln oder in Klumpen an oder unter Steinen in Fließgewässern *(Neurergus, Euproctus)*
    1.2. Eiablage am Gewässerrand
        1. Eier an Rinde und Steinen, bei Regenwetter geflutet und ins Wasser gespült *(Ambystoma opacum)*
        2. Eier in Höhlungen und unter Rinde, nach Schlupf bewegen sich Larven aktiv ins Wasser *(Desmognathus fuscus)*
2. Eier terrestrisch
    Gelege unter Rinde oder am Dach von Erdhöhlen, vom Weibchen bewacht und befeuchtet, nach Schlupf Jungtiere terrestrisch *(Aneides, Plethodon)*
3. Eier entwickeln sich im Eileiter
    1. Bei Eiablage schlüpfen die Larven *(Salamandra)*
    2. wenige Jungtiere entwickeln sich im Eileiter auf Kosten der restlichen Eier, nach der Geburt terrestrisch lebende Jungtiere *(Salamandra atra, S. s. bernadezi)*

B: Froschlurche
1. Eier aquatil
    1.1. Eiablage im Wasser
        1. Eier und fressende Larven in stehenden Gewässern *(Xenopus, Bombina, Discoglossus, Rana, Kassina, Hyperolius, Kaloula, Dyscophus, Bufo, Hyla, Osteopilus, Litoria, Smilisca, Acris, Ceratophrys)*
        2. Eier und Larven in Fließgewässern *(Ascaphus, Atelopus)*
        3. Eier unter Holz oder Steinen im Luft-Wasser-Grenzbereich, Larven im Wasser *(Megophrys)*
        4. Eier und erste Larvenstadien in natürlichen oder gebauten Bodenvertiefungen, die später überschwemmen, Larven dann in Teichen oder Fließgewässern *(Hyla boans)*
        5. Eier und fressende Larven im Wasser von Baumhöhlungen und Blatttrichtern von Epiphyten *(Anotheca)*
        6. Eier und noch nicht fressende Larven in wassergefüllten Vertiefungen *(Pelophryne, Phyllodytes)*
        7. Eier und noch nicht fressende Larven im Wasser von Baumhöhlungen oder Blatttrichtern von Epiphyten *(Anodonthyla)*
        8. Eiablage ins Wasser, Eier vom Weibchen abgeschluckt, komplette Entwicklung der Eier und Larven im Magen *(Rheobatrachus)*

9. Eiablage im Wasser, Eier werden sofort in die Rückenhaut der aquatisch lebenden Weibchen eingebettet
   – Entwicklung bis zur schwimmfähigen Larve *(Pipa carvalhoi)*
   – Entwicklung bis zum metamorphosierten Jungfrosch *(Pipa pipa)*
 1.2. Eier im Schaumnest
    1. Schaumnest auf Teichen, Larven im Teich *(Physalaemus, Limnodynastes, Adelotus, Leptodactylus, Pleurodema)*
    2. Schaumnest auf Tümpeln, Larven in Fließgewässern *(Megistolotis)*
2. Eier terrestrisch oder arboricol (nicht im Wasser)
 2.1. Eier auf dem Boden oder in Höhlungen
    1. Eier auf dem Boden, an Steinen, in Vertiefungen oder Höhlungen
       – Larven bewegen sich aktiv zum Wasser *(Leptopelis, Mantella)*
       – Larven werden von den Adulten transportiert *(Colostetus, Phyllobates, Dendrobates)*
       – Larven entwickeln sich auf dem Rücken der Adulten *(Assa, Sooglossus)*
       – Larven entwickeln sich in Körperhöhlen der Adulten *(Rhinoderma)*
    2. Eier und erste Larvenstadien im Boden in Erdhöhlen
       – Larven gelangen durch Überschwemmung ins Wasser *(Pseudophryne, Mantella)*
       – Larven gelangen durch einen von den Adulten gegrabenen Gang ins Wasser *(Hemisus)*
       – komplette Ei- und Larvenentwicklung in der Erdhöhle *(Eleutherodactylus)*
 2.2. Eier arboricol
    1. Eiablage frei auf Blättern
       – Larven tropfen ab ins Wasser *(Hyperolius, Hyla ebraccata, Pachymedusa, Centrolenella)*
       – Larven werden von den Adulten auf dem Rücken ins Wasser transportiert *(Phyllobates, Dendrobates)*
    2. Eiablage auf Blättern, die zu Rinnen oder Tüten gebogen werden, Larven tropfen ab ins Wasser *(Afrixalus, Phyllomedusa)*
    3. Eier und Larven entwickeln sich in wassergefüllten Höhlungen im Baumbereich *(Acanthixalus)*
    4. Eier im feuchten Substrat im Baumbereich, Larvenentwicklung bis zum Jungfrosch innerhalb der Eihülle *(Platymantis)*
 2.3. Eier im Schaumnest
    1. Schaumnest in Höhlen, wird später überschwemmt, Larven in Teichen oder Fließgewässern *(Heleioporus, Leptodactylus)*
    2. Schaumnest in Höhlen, komplette Entwicklung bis zum Jungfrosch im Ei *(Adenomera)*
    3. Schaumnest arboricol, sich entwickelnde Larven tropfen ab in Teiche oder Fließgewässer *(Chiromantis, Rhacophorus)*
 2.4. Eideponierung auf den Adulten
    1. Eitransport an den Beinen der Männchen, fressende Larven in Teichen *(Alytes)*
    2. Eitransport in Rückentaschen der Weibchen, fressende Larven in Teichen (einige *Gastrotheca*)
    3. Eitransport auf dem Rücken oder in Rückentaschen der Weibchen, noch bevor die Larven zu fressen beginnen, werden sie in wassergefüllten Blattrichtern abgesetzt *(Flectonotus, Fritziana)*
    4. Eier in wabenartigen Vertiefungen der Rückenhaut der Weibchen, Larvenentwicklung bis zu Metamorphose *(Hemiphractus)*
    5. Eier in Rückentaschen der Weibchen, dort Entwicklung bis zum fertigen Frosch (einige *Gastrotheca*)
3. Eier werden im Eileiter zurückgehalten
 1. Nährstoffversorgung durch Eidotter *(Eleutherodactylus jasperi)*
 2. Nährstoffversorgung durch Sekrete des Eileiters *(Nectophrynoides)*

Ei- und Embryonalentwicklung

Die Eier der Amphibien sind relativ groß und dotterreich.

Unmittelbar nach dem Eindringen eines Spermiums quillt eine klebrige Schleimsubstanz zu einer umfangreichen Gallerthülle auf. Damit beginnt die Entwicklung. In Abhängigkeit von der Temperatur werden nach wenigen Stunden erste Furchungsstadien (Morula, Blastula, Gastrula) sichtbar. Bereits im Neurulastadium ist nach einigen Tagen die typische Embryonalgestalt erkennbar, die auf dem langsam kleiner werdenden Dottersack sitzt. Im Fischkeimstadium drehen sich die Keime in der Eihülle, was ein sicheres Zeichen für den Schlupf ist. Durch enzymatische Auflösung der Eihülle kann die Junglarve, unterstützt durch ihre spontanen Drehbewegungen, bald schlüpfen. Mit ihren meist am Kopf befindlichen Klebdrüsen (Haftgruben) heftet sie sich zunächst für 1 bis 2 Tage an im Wasser befindlichen Gegenständen fest und beginnt dann erst mit der Nahrungssuche. Die Dauer der Embryonalentwicklung ist zwischen den einzelnen Arten außerordentlich unterschiedlich. Bei Schwanzlurchen beträgt sie

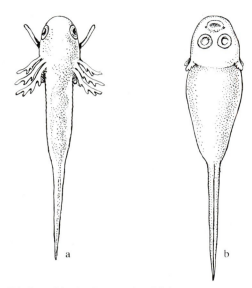

Frischgeschlüpfte Larve mit Klebdrüsen. a *Triturus*, b *Rana*. (nach Lanza)

von etwa 2 Wochen (*Triturus*) bis über 2 Monate (*Taricha*). Bei Froschlurchen kann sie, in Anpassung an die unterschiedlichen Umweltbedingungen, sehr kurz sein, d. h. nur 1 bis 2 Tage dauern. 10 Tage werden nur selten überzogen und dann nur von Arten mit spezieller Brutfürsorge (z. B. *Agalychnis* 4 Wochen) bzw. Brutpflege (*Gastrotheca* 5 Wochen).

Entwicklungsstadien von Schwanz- und Froschlurchen. a *Ambystoma*, b *Rana*. (nach Fiorini)

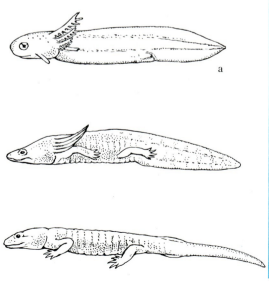
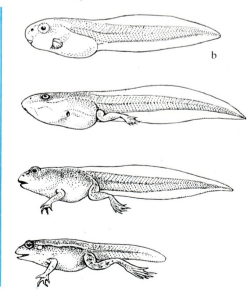

Jugendentwicklung

Amphibien durchlaufen in ihrer Jugendzeit mit wenigen Ausnahmen eine Metamorphose, einen Gestaltwandel, der über eine Zwischenform, die Larve, zum erwachsenen Tier führt. Die Entwicklung der Larve verläuft in drei Phasen:

- Die *Prämetamorphose* beginnt mit dem Schlupf aus dem Ei und endet mit der vollständigen Ausbildung der Vorder- (Schwanzlurche) bzw. Hinterbeine (Froschlurche). In dieser Phase findet eine beträchtliche Größenzunahme statt, sie endet mit dem Abschluß des Längenwachstums. Die optimale Ernährung der Tiere in dieser Zeit ist eine wesentliche Voraussetzung dafür, später gesunde und kräftige Jungtiere zu erhalten.
- In der folgenden *Prometamorphose* werden die Organbildungen, im wesentlichen die des zweiten Extremitätenpaares, abgeschlossen. Im Anschluß folgt die klimatische Phase, dabei werden Schwanz (Froschlurche) und Kiemen resorbiert, die Lungenatmung setzt ein, die Kopfproportionen verändern sich, die endgültige Gestalt wird angenommen, und der Übergang zum Landleben wird möglich.
- Einige Schwanzlurche behalten ihr Leben lang larvale Merkmale und werden in diesem Zustand geschlechtsreif. Man spricht dann von Neotenie *(Ambystoma, Necturus)*.

Die Larven der Schwanzlurche sind durch äußere Kiemen gekennzeichnet, die aus dreibüschligen Ästen seitlich des Kopfes bestehen. Breite Hautsäume am Rücken und Schwanz unterstützen die Sauerstoffaufnahme durch die Haut. Mund und Kiefer sind mit Zähnen besetzt, die Larven leben von tierischem Plankton.

Eine schwierige Phase durchleben die Larven in der klimatischen Phase. Die meisten Schwanzlurcharten stellen die Nahrungsaufnahme ein und bilden relativ schnell (in nur einigen Tagen) die Kiemenbüschel zurück. Die Larven tauchen häufiger an die Wasseroberfläche zum Luftholen auf und gehen schließlich zum Landleben über. In der klimatischen Phase verändert sich auch die Hautbeschaffenheit der Jungmolche, sie wird samtartig und wasserabweisend.

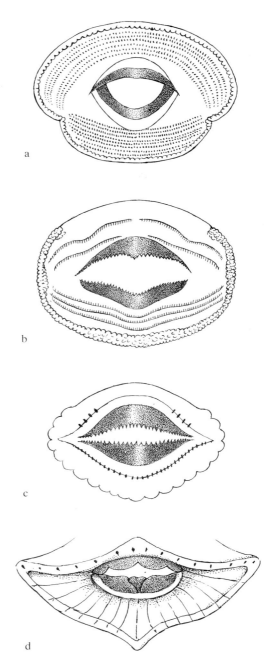

Mundfeld von Froschlarven (Aufsicht), die Anpassung an die Ernährungsweise zeigend. a schabend-raspelnd *(Bombina)*, b beißend *(Dendrobates auratus)*, c Laichfresser *(Dendrobates pumilio)*, d Trichtermund zum Einstrudeln von Feinstnahrung von der Wasseroberfläche *(Megophrys)*. (nach Lanza, Silverstone, Schmidt)

Phyllobates vittatus, bereits mit Ausbildung der Farbstreifen, kurz vor dem Verlassen des Wassers

Osteopilus septentrionalis, nach dem Verlassen des Wassers, Schwanz noch voll vorhanden

Phyllomedusa hypochondrialis, kurz vor Abschluß der Metamorphose

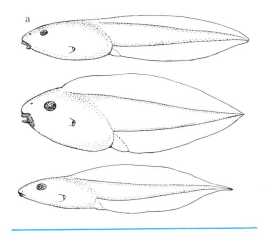
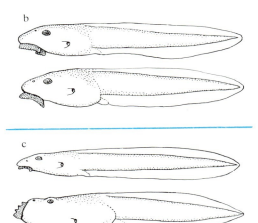
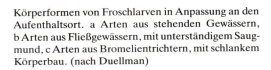

Körperformen von Froschlarven in Anpassung an den Aufenthaltsort. a Arten aus stehenden Gewässern, b Arten aus Fließgewässern, mit unterständigem Saugmund, c Arten aus Bromelientrichtern, mit schlankem Körperbau. (nach Duellman)

Der Körperbau der Froschlarven, auch Kaulquappen genannt, ist ebenfalls sehr gut an ein Wasserleben in Tümpeln, aber auch fließenden Gewässern angepaßt. Die nach dem Schlupf angelegten äußeren Kiemenästchen werden nach wenigen Tagen von einer Hautfalte überwachsen. Das Atemwasser wird über ein Atemloch, ursprünglich ist es paarig (Pipidae), ausgeschieden. Die Mundöffnung der Kaulquappen ist durch Hautpapillen, Hornzähnchen und Hornschnabel gekennzeichnet. Der Aufbau ist arttypisch und erlaubt eine genaue Artbestimmung.

Die Larven ernähren sich herbivor, carnivor oder omnivor.

Im Laufe der Entwicklung erscheinen zunächst die Hinterbeine, viel später erst brechen die Vorderbeine, im Kiemen-(Peribranchial-)raum angelegt, durch. Die Prometamorphose ist durch die Ausformung der Ober- und Unterkiefer, der Zunge, der Ohr- und Hautdrüsen und anderer Organe gekennzeichnet. Der lange, spiralig eingerollte Darm verkürzt sich, die Nahrungsaufnahme wird eingestellt. Die Larven der nicht aquatil lebenden Arten gehen in diesem Entwicklungsabschnitt an Land, was nicht ohne Schwierigkeiten verläuft. Die Gefahr des Ertrinkens ist groß. Mit der völligen Resorption des Schwanzes ist die Larvenentwicklung abgeschlossen.

Praxis der Vermehrung und Aufzucht von Lurchen im Terrarium

Theoretische Kenntnisse über Herkunft, ökologische Ansprüche, Verhalten, Entwicklung, Fortpflanzung und Ernährung allein reichen noch nicht aus, um Amphibien in Terrarien zu vermehren. Die Kenntnisse sind umzusetzen und anzuwenden auf die jeweiligen räumlichen und individuellen Voraussetzungen, die der Terrarianer zu bieten hat. Man muß sorgfältig die Vorbereitungen treffen und überlegt und zielsicher vorgehen.

Am Beginn steht immer die möglichst umfassende Information über die betreffende Amphibienart. Dazu verhilft die Fachliteratur, aber auch der Erfahrungsaustausch mit anderen Terrarianern. Daraus sollte eine Übersicht gefertigt werden, die alle Daten möglichst vollständig enthält, auf übereinstimmende, aber vor allem auch auf voneinander abweichende Angaben hinweist.

Als nächstes ist der vorhandene Tierbestand der Art oder Unterart, die vermehrt werden soll, auf für die Fortpflanzung geeignete Individuen durchzusehen. Spätestens zu diesem Zeitpunkt zeigt sich, ob die Anzahl der beschafften Tiere groß genug war. Mit nur jeweils einem Paar ist höchstens ein kurzzeitiger Vermehrungserfolg zu erzielen. Für eine stabile Fortpflanzung über einen längeren Zeitraum muß eine möglichst große Population nicht verwandter Individuen, also verschiedener Herkünfte, beschafft werden. Eventuellen Inzuchtdepressionen wird damit vorgebeugt. Besonders bei gesellig lebenden Arten ist es erforderlich, Zuchtgruppen zusammenzustellen. In ihnen sollten die Weibchen stets etwas in der Überzahl vorhanden sein. Zuchtgruppen kommen der auch bei verschiedenen Amphibienarten feststellbaren Partnerwahl entgegen. Ist die Anzahl der vorhandenen Tiere nicht ausreichend, sollte man mit anderen Terrarianern eine Übereinkunft über die Bildung einer gemeinsamen Zuchtgruppe treffen. Eigennützige, egoistische Verhaltensweisen müssen hier zugunsten des höheren Zieles der Vermehrung der Art überwunden werden.

Bei der Auswahl der Tiere für die Zuchtgruppe sind neben der erforderlichen Anwesenheit beider Geschlechter folgende Gesichtspunkte zu berücksichtigen:

- Körpergröße: Sie hat dem oberen Wert der Maßangabe zu entsprechen, Kümmerformen bleiben unberücksichtigt.
- Konstitution: Die Tiere müssen kräftig sein, gut genährt, aber nicht verfettet.
- Körperfarbe: Sie sollte deutlich ausgeprägt sein, die Musterung optimal, aber für die Art, Unterart oder Herkunft typisch.
- Gesundheit: Tiere mit Anzeichen überstandener Mangelkrankheiten (Skelettverbildungen, Muskelatrophie, Streichholzbeine usw.) sowie mit Parasiten dürfen nicht gewählt werden.
- Verhalten: Die Tiere müssen sich hinsichtlich Bewegung, Einhaltung der Ruhe- und Aktivitätsphasen, der Nahrungsaufnahme usw. arttypisch verhalten.

Der Zeitpunkt der Bildung der Zuchtgruppen ist von Art zu Art unterschiedlich. Das kann in der Natur eine bestimmte Jahreszeit sein, die auch im Terrarium beibehalten wird. Meistens spielen aber Auslösefaktoren eine Rolle wie Beendigung der Winterruhe, Beregnung oder Erhöhung der Beleuchtung.

Die Behälter für die Zuchtgruppen müssen die erforderliche Größe aufweisen und hinsichtlich der Einrichtung der betreffenden Art optimale Voraussetzungen für die Fortpflanzung bieten (Wasser, Bodengrund, Höhlen, Pflanzen usw.).

Manche Arten benötigen eine gewisse Zeit zum Eingewöhnen in den neuen Behälter. Solange die Tiere noch ziellos umherlaufen, ständig an den Scheiben hochklettern, ist mit dem Beginn der Fortpflanzung noch nicht zu rechnen. Einige Arten sind nach wenigen Tagen eingewöhnt, bei anderen dauert es Monate. Die Zuchtgruppe bedarf regelmäßiger Beobachtung. Am Verhalten der Tiere ist zu erkennen, wie weit die Fortpflanzungsphase angelaufen ist. Sie wird meist durch Revierkämpfe und Rufe eingeleitet. Intensive Kontrollen sind erforderlich, wenn der erste Amplexus beobachtet wird. Bei einigen Arten dauert er nur Minuten, wenige Stunden, in anderen Fällen zieht er sich über Tage hin. In der Regel wird danach der Laich zu finden sein.

Sofern es sich um brutpflegende Arten handelt, sollte versucht werden, den natürlichen Ablauf nicht zu stören. Er ist für entwicklungspsychologische Vorgänge stets von Vorteil und auch hochinteressant zu beobachten. Erst wenn man feststellt, daß er nicht in der arttypischen Weise und ohne Komplikationen abläuft, muß der Terrarianer eingreifen.

Kommt es nicht zur Fortpflanzung, ist ein Partner auszutauschen. Ob es das Männchen oder Weibchen ist, hängt vom Verhalten der Tiere ab.

Nicht immer setzt die Fortpflanzung im Terrarium spontan ein. Häufig bedarf sie der Stimulierung. Diese kann langfristig angelegt sein, z. B. durch Einschalten von mehrwöchigen Ruhepausen (kühle Überwinterung, trockene Sommerpause), sie kann aber auch aus kurzfristigen

Maßnahmen bestehen wie Einrichten eines Wasserteils in sonst trockenen Terrarien, Vergrößerung des Wasserteils, Wasserwechsel, Temperaturveränderung des Wassers, höhere Luftfeuchte, Beregnung. Welche Stimulierungsart gewählt wird, richtet sich weitgehend nach den Bedingungen der natürlichen Umwelt der betreffenden Art.

In den letzten Jahren wurden bei Arten, die sich im Terrarium nicht spontan fortpflanzten, Versuche mit einer gezielten hormonellen Stimulation unternommen. Gute Erfolge wurden mit der Injektion eines halbsynthetischen Releasing-Hormons bei einigen Arten aus den Familien Pelobatidae, Ranidae, Microhylida, Hylidae, Leptodactylidae sowie bei Urodelen erzielt. Entscheidungen über Zeitpunkt und Dosis der Behandlung setzen Wissen und Erfahrung voraus. Der interessierte Terrarianer wird sich an einen erfahrenen Spezialisten wenden.

Mit dem Auffinden der Amphibieneier ist der Beginn einer neuen Generation gegeben. Ehrgeiz des Terrarianers wird es sein, aus diesem Beginn so viel wie möglich zu machen.

Versorgung der Eier

Bei allen Arten ohne Brutpflege ist die erste Maßnahme, Eier und Elterntiere voneinander zu trennen. Die Gefahr, daß der Laich mechanisch geschädigt oder gar aufgefressen wird, ist sonst groß. Zwei Möglichkeiten bieten sich an:
- Entnahme des Laichs aus dem Zuchtbehälter,
- Entnahme der Elterntiere aus dem Zuchtbehälter.

Die erste Form wird gewählt, wenn es sich um mehr oder weniger frei zugänglichen Laich handelt. Frei im Wasser oder an der Oberfläche schwimmender Laich kann abgeschöpft werden. Auch Laich, der außerhalb des Wassers in Form von Schaumkugeln oder an Blättern deponiert wurde, ist leicht zu entnehmen.

Der zweite Weg muß beschritten werden, wenn der Laich an der Unterlage angeklebt ist und somit ohne Zerstörung der Einrichtung nicht gelöst werden kann oder wenn es sich um auf dem Wasser schwimmende Schaumnester handelt *(Limnodynastes)*, die bei jeder Manipulation sofort zerfallen.

Die Separierung ist unmittelbar nach dem Ablaichen vorzunehmen, um dem Schlupf der Larven, der in manchen Fällen schon nach 24 Stunden erfolgen kann, zuvorzukommen.

Die Behälter, in die die Eier überführt werden, können sehr einfach eingerichtet und müssen nicht groß sein. Kleine Aquarien oder Kühlschrankdosen haben sich bewährt.

Im Wasser abgelegter Laich soll, bezüglich Temperatur und Qualität, in gleichartiges Wasser überführt werden. Ob dazu Aquarienwasser, Leitungswasser oder mit Ionenaustauschern vorbehandeltes Wasser verwendet wird, hängt von den örtlichen Gegebenheiten ab. Bei Massenlaichern wäre eine Aufteilung in mehrere Gruppen vorzunehmen, wodurch die spätere Betreuung erleichtert und auch das Übergreifen von Erkrankungen begrenzt wird.

Außerhalb des Wassers abgelegten Laich überführt man mit der Unterlage (Äste, Blätter) in den neuen Behälter, und zwar so, daß sich darunter Wasser, zumindest eine Schale mit Wasser, befindet, in das die schlüpfenden Larven abtropfen. Bei Laich, der ohne vor Austrocknung schützenden Schaum abgelegt wird, muß im Behälter für eine hohe Luftfeuchte gesorgt werden.

Bei brutpflegenden Arten, die ihre Eier auf Substrat ablegen, ist besonders sorgfältig zu kon-

Limnodynastes tasmaniensis, Laich im Schaumnest auf der Wasseroberfläche

trollieren, ob die Elterntiere die Eier artgemäß versorgen. Das wird meist dann der Fall sein, wenn die Einrichtung des Behälters den Erfordernissen entspricht und es sich um einander angepaßte Paare handelt. Man sollte dann nicht eingreifen.

Erstgelege werden häufig von den Eltern nicht richtig versorgt, in diesem Falle entnimmt man die Eier. Das ist bei Eiern auf Blättern unproblematisch, schwieriger bei Höhlenlaichern. Bewährt hat sich hier, den Untergrund der Höhle mit einer herausnehmbaren Fläche zu belegen. Das kann ein glattes Blatt oder eine Plastikfolie sein. Auf diese Weise lassen sich die Eier leicht mit Unterlage in ein geeignetes Gefäß überführen. Eier, die außerhalb des Wassers abgelegt werden, dürfen während der gesamten Entwicklungszeit in diesem Gefäß nicht von Wasser bedeckt sein, nur die Basis des Eies darf von Wasser umspült werden. Die Luftfeuchte muß hoch sein, regelmäßiges feines Übersprühen verhindert das Austrocknen. Eier von Höhlenlaichern sind häufig lichtempfindlich, eine Abdunklung ist deshalb zweckmäßig. Dem höheren Temperaturbedarf des Laiches tropischer Arten trägt man durch Aufstellung der Laichgefäße auf geregelten Wärmeplatten Rechnung.

Bei brutpflegenden Arten, die ihre Eier im oder am Körper unterbringen, bleibt eine Hilfestellung in der Regel ohne Erfolg, weil sich Eier außerhalb des Körpers der Elterntiere nicht entwickeln. Das laichtragende Weibchen wird gesondert gehalten, nach dem Schlupf der Larven werden diese ebenfalls separiert.

In allen Fällen sind die Eier ständig auf den Entwicklungsablauf zu kontrollieren. Unbefruchtete Eier werden grau und zerfallen. Sie sind zu entfernen. Schlimmer ist es, wenn Pilze von außen her die Gallerthüllen mit Myzel überziehen. Das Myzelwachstum geht meist so schnell vor sich, daß kleine Gelege bald überwuchert sind und absterben. Bei größeren Gelegen kann rechtzeitiges Entfernen der verpilzten Partien Abhilfe schaffen. Vorbeugende Maßnahmen sind möglich.

Teilweise gute Erfahrungen liegen mit der Ansäuerung des Wassers vor. Man erreicht dies durch Torfaufguß oder Einlegen von Eichenblättern oder Erlenzapfen. Die auf den gerbsäurehaltigen Eichen- oder Buchenblättern abgelegten Eier von Dendrobatiden zeigen meist keine Verpilzung. Auch die Anwendung der aus der Aquaristik bekannten fungistatischen oder fungiziden Präparate hat teilweise Erfolg. Über das Besprühen der außerhalb des Wassers abgelegten Eier mit diesen Präparaten gibt es dagegen widersprüchliche Aussagen. Bereits eine leichte Überdosierung führt dabei zum Absterben der Embryonen. Die vorbeugende Desinfektion der Gefäße oder Unterlagen ist gefahrloser.

Betreuung der Larven

Nach einer von Art zu Art und temperaturabhängig unterschiedlich langen Embryonalzeit beginnt mit dem Schlupf der Larven der nächste Entwicklungsschritt der Lurche mit neuen Anforderungen an den Terrarianer.

Fast alle Amphibienlarven – bis auf die geschilderten Ausnahmen – verbringen diesen Abschnitt im Wasser. Der Beschaffenheit des Wassers ist demzufolge vorrangige Aufmerksamkeit zu widmen. Folgende Forderungen sind einzuhalten:

● Schadstofffreiheit: Chloriertes Leitungswasser sowie verunreinigtes Regenwasser scheiden aus. Auch Aquarienwasser aus einem mit Fischen stärker besetzten Becken ist wegen des erhöhten Nitratgehaltes ungeeignet.

● Parasitenfreiheit: Wasser aus sonst biologisch einwandfreien Freigewässern kann sich u. U. durch das Einschleppen von Parasiten oder räuberisch lebenden Organismen negativ auswirken.

● Sauerstoffgehalt: Da die Amphibienlarven ihren Sauerstoffbedarf über Kiemen decken, ist durch Einbringen von Wasserpflanzen oder Belüftung stets für ausreichenden Sauerstoff im Wasser zu sorgen.

● Temperatur: Kaulquappen tropischer Arten haben teilweise einen sehr geringen Toleranzbereich. Besonders gegen Unterkühlung sind sie sehr empfindlich.

Amphibienlarven haben einen sehr hohen Nahrungsbedarf. Die kontinuierliche Darbie-

Phyllomedusa hypochondrialis

tung von Futter ist entscheidend für ein optimales Wachstum während der Larvenentwicklung und das Erreichen der maximalen Größe der Jungtiere.

Die Art der Nahrungsaufnahme kann schnappend, raspelnd, schabend oder filtrierend sein.

Der erste Typ trifft auf Schwanzlurchlarven zu. Sie ernähren sich rein carnivor und schnappen nach allen lebenden Beutetieren entsprechender Größe des Planktons wie des Bodengrundes.

Der zweite Typ ist bei der überwiegenden Anzahl der Froschlarven verbreitet. Diese besitzen nur eine relativ kleine Mundöffnung mit Hornkiefern, die von einem Mundfeld mit meist mehreren Zahnreihen auf der Ober- und Unterlippe und Mundrandpapillen umgeben ist. Damit kann Nahrung von der Unterlage abgeschabt bzw. von größeren Teilen abgeraspelt werden. Je nach Art der Nahrung – Algen, Teile höherer Pflanzen oder Tiere – sind die einzelnen Teile des Mundfeldes unterschiedlich ausgebildet.

Ein dritter spezialisierter Typ hat ständig *(Xenopus)* oder zeitweilig *(Phyllomedusa, Agalychnis)* einen Filtrierapparat, durch den alle feinsten, im Wasser schwebenden Nahrungspartikeln herausgefiltert und abgeschluckt werden. Papillen und Hornkiefer fehlen bzw. werden erst später ausgebildet, dafür ist vielfach ein trichterartiges Gebilde vorhanden. Filtrierer sind meist daran zu erkennen, daß sie kopfabwärts schräg im Wasser stehen und durch ständige Wellenbewegungen des Schwanzes einen gleichbleibenden Wasserstrom erzeugen. Durch einen Test mit etwas Tusche aus einer feinen Pipette läßt sich Gewißheit über den Filterstrom erzielen. Es gibt auch Arten, die schräg mit dem Kopf nach oben an der Wasseroberfläche hängen und von dort Staubfutter aufnehmen.

Die Art der Nahrung ist unterschiedlich und vielseitig: Bei Schwanzlurchen muß für lebende Futtertiere entsprechender Größe gesorgt werden. Gegen Ende der Entwicklung werden mitunter auch Fisch- und Fleischstreifen angenommen.

Froschlarven des zweiten Typs ernähren sich in den ersten Tagen von Grünalgen. Diese sind in abgeschabter Form oder auf dem bewachsenen Untergrund anzubieten. Günstig ist es auch, einen größeren Vorrat an Aufzuchtbehältern mit Wasser im Sonnenlicht völlig veralgen zu lassen und in diese dann die Junglarven einzusetzen. Sehr bald kann dann auf andere pflanzliche – Salat, Spinat, Gurke, Brennessel, auch überbrüht – sowie tierische Kost – zerdrückte oder zerkleinerte Cyclops, Daphnien, Mückenlarven, Tubifex, Grindal- und Regenwürmer – übergegangen werden. Bewährt haben sich auch die verschiedenen Formen von Trockenfutter für Fische und Haustiere in Flocken-, Tabletten- oder Pelletform. Rein carnivoren Arten kann man Herz oder Leber anbieten, was sehr gierig gefressen wird.

Als Sonderform carnivor zu ernährender Froschlarven sind einige *Dendrobates*-Larven zu nennen. Diese werden normalerweise von den Weibchen mit unbefruchteten Eiern als Nahrung versorgt. Wenn das unterbleibt, können andere Amphibieneier als Ersatz angeboten werden. Auch Hühnereigelb ist schon genommen worden, doch sind das nur Notbehelfe, die meist nicht zum gewünschten Erfolg führen.

Filtrierer benötigen feinste Schwebstoffe organischer Herkunft. Grün veralgtes Wasser (Wasserblüte) aus nährstoffreichen Tümpeln oder Bassins ist besonders geeignet. Als Ersatz lassen sich andere Algen und weiche Pflanzen zerreiben und durch Stoff pressen. Häufig wird getrocknete und dann pulverisierte Brennessel verwendet. Auch Hefe in geringen Mengen ist verwendbar, ebenso aufgelöste Futterflocken. Die Teilchengröße muß sorgfältig ausgewählt werden, weil hungrige Larven auch zu große Partikeln aufnehmen, die dann den Filterapparat verstopfen und u. U. jede weitere Nahrungsaufnahme verhindern.

Für Larven, die die Wasserfläche absuchen (*Phyllomedusa*), eignet sich staubfeines Trockenfutter. Es darf immer nur in geringsten Mengen aufgestreut werden, da es nach Wasseraufnahme absinkt und nicht mehr verwertet werden kann.

Mit der Nahrung ist auch schon bei den Larven an die Verabreichung von Mineralstoffen und Vitaminen zu denken. Wegen der beginnenden Skelettbildung ist besonders die Zufuhr von Calciumphosphat von Bedeutung. Aus diesem Grund ist hartes Wasser für viele Arten wesentlich günstiger als enthärtetes oder Regenwasser. Bei weichem Wasser hat sich die Zugabe von etwas Calciumcarbonat bewährt, gut geeignet ist auch der mehrfache Zusatz von zerriebener Sepiaschale (Schulp).

Über den Vitaminbedarf bei Amphibien ist fast nichts bekannt. Es treten jedoch Krankheiten und Schäden bei Amphibien auf, die analog zu anderen Tiergruppen als Vitaminmangelerscheinungen gedeutet werden dürfen. Angeraten werden kann deshalb durchaus eine prophylaktische Vitaminzufuhr. Empfehlenswert sind Multivitaminpräparate in wäßriger Lösung, die die einzelnen Komponenten in ausgewogener Form enthalten. Sie können dem Aufzuchtwasser zugegeben werden. Bei vielseitigem Nahrungsangebot kann jedoch auch darauf verzichtet werden.

Die mengenmäßig hohe Zufuhr von Futter bewirkt einen sehr intensiven Stoffwechsel, was wiederum in Abhängigkeit von der Behältergröße eine sehr schnelle Verschlechterung der Wasserqualität zur Folge hat.

Die Larven werden in Aufzuchtbehältern unterschiedlicher Größe herangezogen. Die Größe der Behälter hängt von der Anzahl und der zunehmenden Größe der Larven ab. Über den Mindestbedarf an Wasser je Larve liegen nur wenige Erfahrungsberichte vor. Er ist artspezifisch sehr unterschiedlich. So werden für *Hyla* 1 l Wasser, für *Pelobates* 5 l je Larve als Optimum angegeben. Erfahrungen aus der Einzelaufzucht von Dendrobatidenlarven besagen, daß man in Kleinbehältern mit 0,25 l Wasser gesunde Larven heranziehen kann und mit einem Wasserwechsel im 2tägigen Rhythmus auskommt. Daraus ist jedoch nicht zu schließen, daß man in einem 25-l-Becken mit dem gleichen Erfolg 100 Larven aufziehen kann. Abgesehen von der zu erreichenden Endgröße der Larven, die ebenfalls die Wassermenge bestimmt, sind hier noch Streßfaktoren durch die gegenseitige Beunruhigung und die Abgabe von Hemmstoffen einzukalkulieren, die das Aufzuchtergebnis negativ beeinflussen können. Hierfür ist der Begriff »Crowding-Effect« (Gedränge-Wirkung) geprägt worden, der die negative Auswirkung überfüllter Behälter, also zu hohe Individuendichte, ausdrückt.

Entscheidend für die erfolgreiche Aufzucht ungeschädigter Larven ist also, ihnen stets Wasser in guter Beschaffenheit, möglichst frei von Stoffwechselendprodukten, zu bieten.

Die einfachste, sicherste, aber auch arbeitsaufwendigste Methode ist, das Wasser im Behälter in kurzen Abständen völlig auszuwechseln. Bei Kleinbehältern ist das leicht möglich, indem das Wasser durch ein Netz gegossen wird und die Larven in ein mit Frischwasser gleicher Temperatur vorbereitetes neues Gefäß überführt werden. Mit zunehmender Behältergröße verbietet sich das Abgießen des Wassers, es muß abgesaugt werden. Die in der Aquaristik übliche Methode des Abheberns mittels Schlauch darf allerdings nicht angewendet werden, da der relativ starke Sog die Kaulquappen mitreißen und verletzen würde. Auch das Anbringen von Gaze vor der Schlauchöffnung bringt keine Abhilfe, die Larven werden daran zerquetscht. Bewährt hat sich dagegen, vor dem Schlauch einen Trichter mit einem Durchmesser von 8 bis 10 cm, der mit Gaze überzogen wurde, anzubringen und den Schlauch an die beschriebene Saugvorrichtung (Abb. Seite 20) anzuschließen. Durch die Vergrößerung des Querschnittes verringert sich der Sog so stark, daß auch unmittelbar an der Gaze vorbeischwimmende Larven nicht angesogen

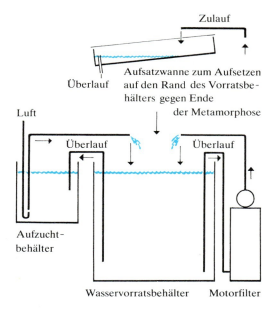

Anlage zur Kaulquappenaufzucht (Wannenmethode nach Schulte)

werden. Der Rest des Wassers kann dann durch ein Netz abgegossen werden. Zweckmäßig ist die Aufstellung einer Batterie von mehreren 10-l-Becken, die dann nacheinander in der beschriebenen Weise betreut werden können. Ist eines der Becken unbesetzt, können die herausgefangenen Kaulquappen jeweils ohne Zeitverzug in einen Behälter mit Frischwasser überführt werden.

Es hat nicht an Versuchen gefehlt, diese Arbeiten zu automatisieren. Eine Möglichkeit besteht darin, die Aufzuchtbehälter (bis maximal etwa 25 l) mittels eines Überlaufs nach dem Injektorprinzip an einen großen Wasservorratsbehälter (mehrere 100 l) anzuschließen, dessen Wasser laufend über Aktivkohle gefiltert und außerdem in bestimmten Abständen zu 50 Prozent ausgewechselt wird (siehe Abb. oben). Kurz vor Abschluß der Metamorphose werden die Larven in Wannen umgesetzt, die mit einem Überlauf versehen sind und schräg auf den Vorratsbehälter gesetzt werden. Diese Anlage hat den Vorteil, daß die Kaulquappen ungestört durch alle Manipulationen aufwachsen können. Wenn das Wasser im Vorratsbehälter üppig bepflanzt und beleuchtet wird, ist das der Wasserqualität sehr dienlich. Trotzdem ist es erforderlich, den Boden des Aufzuchtbehälters häufig durch Absaugen von Mulm zu reinigen, den Filter zu überwachen und die Aktivkohle sowie das Wasser im Vorratsbehälter teilweise zu erneuern.

Ein anderer Vorschlag nutzt das Prinzip des biologischen Abbaus organischer Schadstoffe durch ein konzentriertes Tropf-Filter-Verfahren (siehe Abb. unten). Hierbei wird das Wasser aus dem Aufzuchtbehälter über ein Überlaufbecken in feintropfiger Form in einen Filterturm geleitet, dessen Hauptteil Filtersubstrat mit möglichst großer Oberfläche enthält. Das Wasser muß langsam durchsickern, möglichst lange mit dem Filtersubstrat in Berührung bleiben. Zur Erhöhung der Wirksamkeit kann es von unten mittels Luftpumpen belüftet werden. Erste Erfahrungen ergaben, daß das Wasser in einem 80-l-Aquarium mit 50 bis 60 Kaulquappen erst nach 2 Wochen erneuert werden mußte, das System jedoch bei über 100 Larven überfordert war.

Beide Verfahren haben ihre Vorteile, aber auch ihre Grenzen.

Die Minimierung des täglichen Arbeitsaufwandes ist durch einen vorherigen recht erhebli-

Anlage zur Kaulquappenaufzucht (Tropf-Filter-Verfahren nach Beutelschiess)

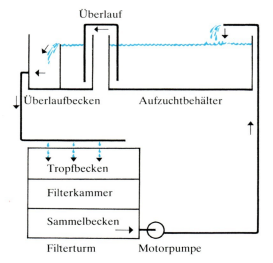

chen Bau- und Installationsaufwand erkauft. Beim gleichzeitigen Schlupf vieler Kaulquappenarten könnte man an das beschriebene System nach Schulte zwar mehrere Aufzuchtbehälter anschließen, die damit verbundene Mischung des Wassers bringt jedoch Gefahren mit sich. Beim System nach Beutelschiess müßte man zur Gemeinschaftshaltung mit dem u. U. gleichen Risiko übergehen. Eine Vervielfachung der Systeme dürfte sich unter den üblichen Bedingungen der Terrarien ausschließen.

Für Filtrierer unter den Larven sind die beschriebenen Systeme nicht anwendbar.

Im Verhalten der Larven sind einige Besonderheiten zu beachten. Es gibt Arten, die befähigt sind, sich aus dem Wasser herauszuschnellen. Wenn sie dabei den Rand des Aufzuchtbehälters überspringen, sind Verluste durch Vertrocknen unvermeidlich. Mit Abdeckscheiben oder höherem Rand des Behälters ist dem entgegenzuwirken.

Arten, die lichtscheu sind *(Phyllobates vittatus)*, kann durch Schwimmpflanzen genügend Deckung geboten werden.

Unter den Arten mit sich carnivor ernährenden Larven gibt es einige, die sich kannibalisch verhalten *(Dendrobates, Ceratophrys)*. Diese müssen einzeln gehalten werden, wobei Kleinstbehälter (Plastikbecher o. ä.) genügen.

Bei oophagen Larven, wie *Dendrobates pumilio*, sollte alles daran gesetzt werden, durch optimale Gestaltung des Zuchtbehälters die Elterntiere zur artgemäßen Betreuung der Eier und Larven zu bringen. Man erhält dadurch zwar weniger Jungfrösche, sie sind jedoch meist vitaler.

Gegen Ende der Larvenentwicklung bringt der Übergang vom Wasser- zum Landleben die Gefahr des Ertrinkens oder Entweichens mit sich. Viele Jungtiere sind in der Lage, an der senkrechten Scheibe des Aufzuchtbehälters emporzuklettern. Ihr Entweichen wird durch eine nach innen überstehende Kante oder besser durch eine völlige Abdeckung des Behälters verhindert. Es gibt aber auch Arten, bei denen die fast fertig entwickelten Frösche Schwierigkeiten haben, aus dem Wasser herauszusteigen. Folgende Hilfen bieten sich an:
• Absenken des Wasserstandes,
• Einsetzen vieler Wasser- und Schwimmpflanzen in den Wasserteil,
• Schrägstellen des Behälters, damit ein Teil des Beckens trocken bleibt,
• Einbringen von angeschrägten Schaumstoff- oder Polystyrolplatten, die Kontakt zu den Seitenwänden des Behälters haben; Inseln werden von den Tieren vielfach nicht gefunden.

Tägliche Kontrollen sind erforderlich. Jungfrösche mit völlig eingeschmolzenem Schwanz sind, da sie dann wieder auf Nahrungsaufnahme angewiesen sind, aus den Larvenaufzuchtbehältern zu entnehmen.

Aufzucht der Jungtiere

Nach Abschluß der Metamorphose werden die Jungtiere in gesonderte Behälter umgesetzt, die den neuen Ansprüchen an die Umgebung entsprechen müssen.

Aquatil lebende Arten werden in kleinen Gruppen in bepflanzte 10- bis 20-l-Aquarien gebracht. Ihre Betreuung (Fütterung und Wasserwechsel) gleicht im wesentlichen der der Larven, sieht man vom Wechsel der Art der Nahrungsaufnahme vom Filtrierer (*Xenopus* spec.) zum Räuber ab.

Für terrestrisch lebende Schwanzlurche eignen sich als Aufzuchtbehälter nicht zu große Plastik- oder Glasbehälter, die gut zu lüften, aber fest verschließbar sein müssen. Molche können die kleinsten Spalten zum Entweichen nutzen. Das Tradescantiaglas nach Wolterstorff bietet den Tieren nach wie vor optimale Bedingungen. Futter ist reichlich zu bieten und in der Größe dem Wachstum der Molche anzupassen.

Die Aufzucht terrestrisch lebender Froschlurche fordert vom Terrarianer viel Aufmerksamkeit, insbesondere, wenn es sich um Arten mit hoher Vermehrungsrate (Bufonidae, Hylidae, Rhacophoridae) und demzufolge gleichzeitigem Aufkommen vieler Jungfrösche handelt.

Behälterwartung, Hygiene und Ernährung stellen innerhalb kurzer Zeit starke, steigende Ansprüche, die nur bei Schaffung optimaler Vorbedingungen einschließlich eines ausreichenden Zeitfonds zu erfüllen sind. Zu empfehlen ist, spätestens zu diesem Zeitpunkt einen Teil der Tiere an interessierte Terrarianer weiterzugeben. Das bedeutet auch, das Aufzuchtrisiko zu verringern.

Die Behälter für die Jungfrösche sind so einfach wie möglich zu gestalten, wobei auf die unterschiedlichen Ansprüche der Arten Rücksicht genommen werden muß. Sie sollen eher klein als zu groß sein, um kleine Aufzuchtgruppen bilden zu können, was die Kontrolle der Entwicklung der einzelnen Tiere erleichtert. Als Bodengrund genügen in der Regel einige wenige Zentimeter hohe Platten aus Stein, Schaumstoff oder Polystyrol, die übrige Bodenfläche kann mit Wasser bedeckt sein. Dem Versteckbedürfnis einiger Arten kann durch aufgelegte gerundete Rindenstücke Rechnung getragen werden. Als Bepflanzung eignen sich lose ins Wasser gelegte Ranken von Scindapsus, Tradescantia o. ä. Sofern kletternde Arten zu betreuen sind, ergänzt man die Einrichtung durch Zweigwerk.

Die Behälter benötigen eine ausreichende Lüftung (seitlich und oben), damit sich die Frösche durch die allmählich absinkende Luftfeuchtigkeit auf das Leben außerhalb des Wassers umstellen können.

Der Futterbedarf ist in dieser Phase der Entwicklung außerordentlich hoch. Er kann in Anbetracht dessen, daß auch die kontinuierliche und hochwertige Ernährung der Jungtiere für die Vitalität der adulten Tiere von grundsätzlicher Bedeutung ist, nur bei stabilen und hochproduktiven Futterzuchten erfüllt werden. Hungern vertragen Jungfrösche nicht. In den meisten Fällen wird mit Insekten in der Größe von Essigfliegen begonnen, Jungfrösche größerer Arten fressen auch gleich Insekten in der Größe von Stubenfliegen. In selteneren Fällen muß kleineres Futter (Springschwänze, Blattläuse, Milben) vorhanden sein.

Alle Futtertiere werden von Anfang an leicht mit einem Mineralstoffgemisch und in Abständen auch mit einem Multivitaminpräparat eingestäubt bzw. benetzt. Das Aufstreuen flugunfähiger Insekten auf im Behälter befindliche trockene Steinplatten oder Schalen mit Fliegennährbrei erleichtert die Kontrolle, ob alle Jungfrösche fressen. Berühren die vom Wasser umgebenen Platten und Pflanzen nicht die Behälterwände, so bleiben diese Insekten im Zentrum des Behälters und können nicht an den Wänden emporklettern.

Der Verschmutzungsgrad der Behälter ist, in Abhängigkeit von der Besatzdichte, infolge der großen Futteraufnahme der Jungfrösche außerordentlich hoch. Reinigungsmaßnahmen sind deshalb in regelmäßigen Abständen unbedingt erforderlich. Bei kleiner Anzahl der Jungtiere und relativ trägen Arten ist das wechselseitige Umsetzen in einen jeweils frisch gereinigten Behälter am besten. Man kann dabei auch gleichzeitig kontrollieren, in welchem Zustand sich die Tiere befinden, tote entfernen, kränkliche separieren.

Bei größeren Jungtierbeständen und insbesondere sehr sprungfreudigen Arten (Hyliden, Rhacophoriden) verbietet sich dieses Verfahren. Jedes Öffnen des Behälters führt unweigerlich zu Verlusten oder mühsamem Suchen und Einfangen, weil die Jungfrösche z.T. panikartig herausspringen. Hier hilft nur, den Behälter samt Inneneinrichtung von oben durch die Gazeabdeckung intensiv mit entsprechend temperiertem Wasser durchzuspülen und das verunreinigte Wasser aus dem unteren Teil abzulassen oder herauszusaugen. Das ist mit kleinen, mobilen und einfach eingerichteten Becken leicht möglich, insbesondere dann, wenn sie an der tiefsten Stelle eine Ablaßöffnung haben.

Mit zunehmendem Alter werden auch anfangs sehr lebhafte Arten ruhiger. Bei kurzlebigen Arten tritt die Geschlechtsreife bereits sehr früh ab 6. Monat ein, in anderen Fällen erst nach einem oder mehreren Jahren. Danach richtet sich die weitere Unterbringung und schließlich Bildung neuer Zuchtgruppen.

Vorstehend wurden nur Grundschemata dargestellt. Die große Artenfülle und Verhaltensvielfalt bringt mit sich, Varianten der Aufzucht in der einen oder anderen Richtung zu prüfen. Ideenreichtum und Experimentierfreudigkeit auf seiten der Terrarianer sind gefragt.

Krankheiten

Als Hauptursachen für Krankheiten von Amphibien in Terrarien müssen schlechte oder nicht artgemäße Unterbringung, falsche oder mangelhafte Ernährung und Mängel bei der Reinhaltung und Hygiene angesehen werden. Unter derartigen Bedingungen wird die Widerstandskraft der Tiere geschwächt, sie werden anfällig für Krankheitserreger. Ebenso können in Streßsituationen normalerweise nichtpathogene Mikroben den Ausbruch einer Krankheit fördern.

Neu erworbene Individuen können einen Tierbestand gefährden. Sie müssen deshalb vorerst in ein Quarantänebecken überführt werden, das eine bessere Kontrolle der Tiere ermöglicht und auch leicht zu säubern ist. Nach einer ersten Untersuchung der Körperbeschaffenheit (besonders auf Wunden, Verpilzungen u. ä. an den Extremitäten und Augen) interessieren Nahrungsaufnahme, Kotabgabe, Häutungen und auch die Ausführung arttypischer Verhaltensweisen (Springen, Laufen, Klettern). Hygiene im Quarantänebecken schließt alle terrarientechnischen Geräte und Materialien ein, die nach der Benutzung gründlich gereinigt und möglichst desinfiziert werden.

Infektionskrankheiten

Die größten Verluste an Amphibien werden zweifellos durch Infektionskrankheiten hervorgerufen. Dabei ist an erster Stelle die Septikämie der Frösche, gemeinhin als Redleg-Seuche bezeichnet, zu nennen. Der Erreger, *Aeromonas hydrophilus*, gehört zu den gramnegativen Bakterien. Diese Erkrankung, meist im Herbst auftretend, ist neuerdings auch von Schwanzlurchen der Gattungen Furchenmolche *(Necturus)* und Querzahnsalamander *(Ambystoma)* bekannt.

Das Krankheitsbild des Redleg zeigt Körpermasseverlust, verminderte Aktivität, Freßunlust und dumpfe Hautfärbung. Später kommen bei dieser meist tödlich endenden Seuche Hautblutungen, Krämpfe und Blutspucken hinzu. Die Bezeichnung Redleg bezieht sich auf die Blutungen der Haut im Bereich des Bauches und der Hinterbeine. Eine endgültige Diagnose ist nur durch eine Blutkultur möglich.

Bei Ausbruch der Seuche sind alle Tiere eines Behälters sofort aus der Zuchtanlage zu entfernen, die erkrankten Tiere müssen dabei ausgesondert werden.

Die Behandlung bereitet oft Schwierigkeiten, da die häufig angewandte Methode (Sulfonamid-Bäder, 200 ml/l über mehrere Wochen täglich wiederholt) die Amphibien schädigt. Eine wirksame Bekämpfung wurde durch Eingabe von Tetracyclin (1 mg Tetracyclin gelöst in Aqua dest. pro 6 g Körpergewicht) über einen Magenkatheter erreicht.

Parasitäre Erkrankungen

Die Amphibien enthalten eine große Zahl von Ein- und Mehrzellern, die als Parasiten oder Kommensalen auftreten. Diese Organismen kommen auch im Freien auf oder in ihren Wirten vor, ohne diese grundlegend zu schädigen. Unzulängliche Haltungsbedingungen können dagegen das Wirt-Parasit-Verhältnis verändern, das natürliche Gleichgewicht verschiebt sich, und es kann zu Erkrankungen der Wirte kommen, die nicht selten tödlich enden.

Wurmbefall ist eine der häufigsten Diagnosen bei Amphibienerkrankungen. So lebt beispielsweise der Saugwurm *Polystoma integerrinum* in der Harnblase von Froschlurchen. Die Wurmeier gelangen im Frühjahr ins Wasser, dort schlüpft daraus die bewimperte Miracidienlarve und heftet sich an die Kiemen von Kaulquappen. Im Verlauf der Metamorphose der Kaulquappe wandert der Parasit den Darmkanal abwärts und setzt sich in der Harnblase fest, wo er nach 3 Jahren geschlechtsreif wird und wieder Eier ablegen kann.

Stoffwechselkrankheiten

Eine der Haupttodesursachen der in Terrarien gehaltenen Amphibien besteht darin, daß den Tieren über längere Zeiträume nicht die artgemäße Nahrung geboten wird. Das betrifft weniger die Nahrungsmenge als vielmehr die qualitative Zusammensetzung des Futters einschließlich der Mineralstoff- und Vitaminversorgung. Dem Tierhalter ist es nahezu unmöglich, für alle Arten ein natürliches Futterangebot bereitzuhalten. Deshalb sind Kompromißlösungen stets notwendig. Dabei sollte der Entwicklungsstand der Terrarientiere berücksichtigt werden. Treten bereits in der Larvalentwicklung Mangelerscheinungen auf, wird die anschließende Metamorphosephase oftmals nicht überstanden, oder es tritt ein Massensterben bei den Jungtieren auf.

Die am meisten auftretenden und am besten untersuchten Mangelerscheinungen bei Amphibien sind Störungen im Knochen- und Calciummetabolismus. Die Ursachen dafür liegen meist in falscher Fütterung. Tiere, die ausschließlich Fisch, Leber oder Mehlkäferlarven erhalten, neigen zu verdickten oder gebogenen Knochen der Kiefer, der Wirbel, des Beckens oder der Extremitäten. Eine so einseitige Ernährung führt zu Calciummangel oder einem gestörten Calcium-Phosphor-Verhältnis, wodurch sekundär eine Überfunktion der Nebenschilddrüse hervorgerufen werden kann. Die Folge sind verschiedene Formen rachitischer Erkrankungen.

Sonstige Erkrankungen

Die in dieser Kategorie zusammengefaßten Krankheiten der Amphibien sind zum Teil bedingt durch elementare Haltungsfehler. Der Terrarianer kann diese Ursachen relativ schnell beheben.

Daneben gibt es aber eine Reihe von Erkrankungen, die zwar typisch für Amphibien, deren Ursachen aber noch vielfach ungeklärt sind. Beispiele dafür sind das durch Luft oder Wasser verursachte Auftreiben der Bäuche von Kaulquappen und die Unter- oder Fehlentwicklung der Vorderbeine bei Jungfröschen (Streichholzbeine). Hierfür gibt es in der Literatur sehr viele unterschiedliche, sich z.T. widersprechende Angaben (Fehl- oder Mangelernährung, Vitamin- oder Mineralstoffmangel, Haltungsfehler, Degenerationserscheinungen, genetische Defekte). Eindeutige Beweise für die Allgemeingültigkeit der jeweiligen Annahmen fehlen noch, jeder Terrarianer kann durch gezielte Analysen der Ursachen und des Verlaufes von Erkrankungen der Terrarientiere mithelfen, das Wissen auf diesem Gebiet zu vergrößern.

Tabelle 2: Zusammenstellung der häufigsten Erkrankungen der Amphibien

Krankheit (S = Schwanzlurche F = Froschlurche)	Ursache : Symptome	Behandlung (KM = Körpermasse)
A Infektionskrankheiten		
Tuberkulose (S + F)	Umwelteinflüsse (z.B. mangelnde Ernährung), Sekundärerkrankungen: Abmagerung, Trägheit, Geschwüre und Wunden auf der Haut, Knötchenbildung an Organen	optimale Haltung und Ernährung, UV-Bestrahlung kombiniert mit Multivitaminpräparatgabe (Verabreichung über Futtertiere)
Redleg-Seuche (S + F)	Bakterielle Infektion (*Aeromonas hydrophilus*): Trägheit, Blutansammlungen in der Bauchhaut und an den Hinterbeinen, Blutspucken	Gabe von Tetracyclinhydrochlorid (3 mg/l) als Badelösung oder oral über ein Katheter. Chloramphenicol (100 mg/kg KM) über Futtertiere verabreicht

Krankheit (S = Schwanzlurche F = Froschlurche)	Ursache : Symptome	Behandlung (KM = Körpermasse)
»Frühjahrsseuche« (F)	Bakterielle Infektion *(Bacterium ranicida)*: atypische Verfärbungen, Trägheit	schwierig, eindeutige Diagnose nur durch Laboruntersuchungen
Erkrankungen durch Pilzbefall (S + F)	meist Sekundärinfektion durch *Saprolegnia*-Arten bei Mangelerscheinungen: Hautveränderungen, Augentrübung, Verpilzen von Körperteilen (oft Kiemen)	Bad in Kaliumpermanganatlösung (Verdünnung 1 : 100 000) oder Malachitgrünlösung (1 : 1500), hellgelbe Lösung von Kamillentee

B Parasitenbefall

Amöbiasis (F)	Befall mit *Entamoeba ranarum*: blutiger Kot bei Landbewohnern, Körpermasseverlust trotz gesteigerter Nahrungsaufnahme	Diagnose nur durch Nachweis der Erreger im Kot, über das Futter Gabe von Tetracyclinen
Infektion der Haut durch Protozoen (S)	Befall mit *Oodinium pillularis* (Flagellat), *Trichodina* spec. und *Carchesium* (Ciliaten): Hautveränderungen, Trübungen der Augen, grauer Belag auf den Kiemen	Bad in Kaliumpermanganatlösung (Verdünnung 1 : 100 000) oder in Kupfersulfatlösung (2 mg/l Wasser)
Zystenbildungen der Haut (F + S)	Befall mit *Dermocystidium ranae* (Sporozoen): Bildung von Hautzysten	unbekannt
Wurmbefall Bandwürmer (Cestoden) (F + S)	*Nematotaenia dispar* und *Ophiotaenia filaroides*: allgemeine Schwächung, Geschwürbildungen und Verstopfung	Chloroquindiphosphat in Futtertier injiziert (ebenso Bromphenol)
Saugwürmer (Trematoden) (F + S)	*Alaria* spec. (Digena), *Polystoma intergerrinum* (Monogena): allgemeine Schwächung, Nekrosen von Geweben, Auftreibung des Körpers, Gleichgewichtsstörungen	Resochingaben über Futtertiere (30 bis 50 mg/kg KM), Radeverm (100 bis 250 mg/kg KM)
Fadenwürmer (Nematoden) (F + S)	*Axcaris, Dioctophyma, Spirurus*: allgemeine Schwächung, Gewebeschäden, sekundäre Geschwürbildung	Chloroquindiphosphat über Futter (100 bis 300 mg/kg KM)
Milbenbefall (F)	*Hannemania dunni*: Bläschenbildung auf der Rückenhaut und den Hinterbeinen	mechanische Entfernung mit anschließender Wundbehandlung, Bestreichen mit Lebertran
Myiasen (F)	Fliegenmaden *(Lucilia bufonivora)*: Gewebeschäden in Augen- und Nasenbereich, seltener in der Kloake	Entfernen der Larven mit Pinzette, Desinfektion der Wunde mit Lebertran

Krankheit (S = Schwanzlurche F = Froschlurche)	Ursache : Symptome	Behandlung (KM = Körpermasse)
C Stoffwechselkrankheiten		
Entwicklungsstörungen (F + S)	genetische Defekte, Mangel an Spurenelementen, Vitaminen, Proteinen	schwierig (Eignung des Tiermaterials zur Vermehrung prüfen)
Jodmangel (F + S)	Schilddrüsenunterfunktion: Metamorphosestörung, Riesenwuchs	schwierig
Vitamin-Mangel-Erscheinungen (F + S)		vorbeugend: regelmäßig Multivitaminpräparate mit dem Futter verabreichen
	A-Mangel: geschwürartige Wunden an den Hinterextremitäten und Zehen, Augenentzündungen, Häutungsschwierigkeiten	baden in Lebertran, bei Landformen Wunden und Augen mit Lebertran betupfen, Futtergaben mit Vitamin A
	B-Mangel: Lähmungen, Krämpfe, unkoordinierte Bewegungen; allgemeine Wachstums-, Stoffwechsel- und Verdauungsstörungen	Vitamin-B-Komplex mit dem Futter verabreichen
	D-Mangel: rachitische Erscheinungen, weiche Knochen, Knochendeformationen, Scheingelenke, lahmes Nachziehen der Beine	vorbeugend und bei ersten Symptomen Vitamin D mit dem Futter sowie regelmäßig Kalk-Mineralstoff-Gemisch verabreichen, Überdosierung jedoch vermeiden. Vorsichtige Bestrahlung mit UV-A
	E-Mangel: Fortpflanzungsstörungen, Sterilität, Störungen der Embryonalentwicklung	auf ausreichenden Vitamin-E-Anteil im Multivitaminpräparat achten
D Sonstige Krankheitserscheinungen		
Molchpest (S)	unbekannte Ursache: Bewegungsunlust, Hautpusteln, Geschwüre, »Petersiliengeruch«	Bad in Kaliumpermanganatlösung (1:100 000), Aussondern erkrankter Tiere
Darmvorfall (F)	Haltungs- oder Fütterungsfehler: Enddarm tritt aus der Kloake heraus	Desinfektion, Betupfen mit Lebertran, Futterwechsel
Häutungsfehler (F + S)	Haltungsfehler: Hautfetzen bilden Knoten und Ringwülste	Kamillebäder, Multivitaminpräparate im Futter, vor allem Vitamin A
Wassersucht (S + F)	vermutlich Mangelerscheinung: Flüssigkeitsansammlung unter der Rumpfhaut, seltener der Extremitäten, Bewegungslosigkeit	kaum möglich, im Anfangsstadium hilft Punktion mit steriler Nadel, Haltungsbedingungen und Futter ändern

Krankheit (S = Schwanzlurche F = Froschlurche)	Ursache : Symptome	Behandlung (KM = Körpermasse)
Fettleber (F + S)	eventuell nach überstandener Infektionskrankheit	unbekannt
Tumoren, Geschwülste (F + S)	Virusinfektion, Umweltbelastung: Knotenbildung, Melanome und Papillome, bevorzugt an Leber und Niere, Störung der Fortpflanzung	unbekannt
Vergiftungen (F + S)	Haltungsfehler: krampfartige Zuckungen, Bewegungsunlust, Lähmungserscheinungen	Tiere gründlich abspülen, Umsetzen in anderes Terrarium
Verletzungen (F + S)	Haltungs- und Handhabungsfehler: Verletzungen der Extremitäten, des Schwanzes oder der Haut	Bad in Kaliumpermanganatlösung (1 : 100 000), Wunden bestreichen mit Lebertran, Gabe von Multivitaminpräparaten

Dokumentation

Die Beschäftigung mit der Haltung und Vermehrung von Amphibien sollte nicht nur der angenehmen individuellen Freizeitgestaltung dienen, so wichtig dieser Faktor auch ist. Als höheres Ziel ist der Erkenntnisgewinn anzusehen, der sich dabei einstellt und persönlich und gesellschaftlich relevant ist. Beim täglichen Umgang mit den Tieren ergibt sich eine Fülle von Beobachtungen, Fakten erschließen sich, Beziehungen werden erkennbar und Daten fallen an. Vieles davon bestätigt Bekanntes, doch auch Neues ist darunter. Von alledem darf nichts verloren gehen. Jeder Terrarianer sollte sich verpflichtet fühlen, alle Angaben möglichst unmittelbar nach Beobachtung festzuhalten, wobei sich Text, Skizze, Bild und Ton ergänzen können.

Schriftliche Aufzeichnungen

Das Anfertigen von Notizen sofort bei Anfall eines Ereignisses ist die einfachste Form der Datenerfassung. Zweckmäßig ist es, mit größeren Karteikarten (mindestens A 5) zu arbeiten und für jede Art von vornherein eine Karte vorzubereiten.

Das erste Ereignis ist in der Regel die Anschaffung einer Art. Bei der Gelegenheit sollte eine Stammkarte angelegt werden mit
  Name (Gattung, Art, Familie)
  Herkunft (Wildfang mit Ortsangabe, Nachzucht, Kauf)
  Datum der Aufnahme in den Bestand, Alter, Körpermaße
  Behälterart
Ob dabei jedes Einzeltier erfaßt wird oder die Zuchtgruppe, ist von der Art, der individuellen Erkennbarkeit des Einzeltieres und der persönlichen Auffassung abhängig.

Die Karteikarten können nach folgenden Komplexen geordnet und mit etwa folgenden Notizen versehen werden:
– Allgemeines Verhalten
  • Aktivitätszeiten und -formen, Ruhepausen und -verhalten
  • Futtersuche und -aufnahme, bevorzugte Futtertiere

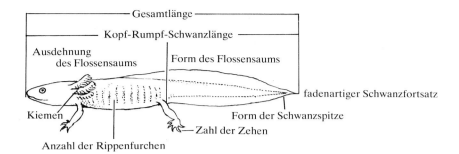

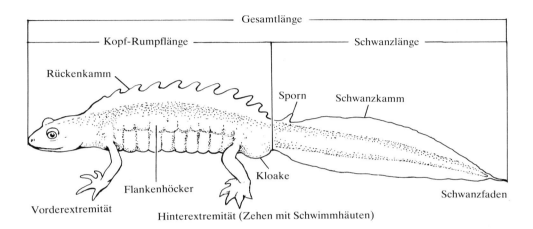

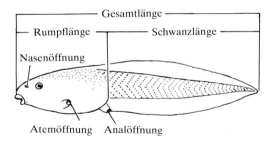

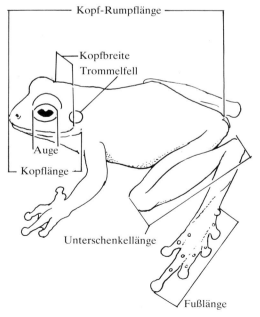

Stellen zur Ermittlung der Körpermaße

- • Verträglichkeit, Revierbildung und -verhalten
- • Farbwechsel
- • Häutungen
- Fortpflanzungsverhalten
  - • Geschlechtsreife, -unterschiede
  - • Lautäußerungen
  - • Partnerbeziehungen, Balz, Amplexusart

- Art der Eiablage und Befruchtung
- Brutfürsorge
- Anzahl, Entwicklung und Verhalten der Nachzucht, getrennt nach Eiern, Larven, Jungtieren.

Jede Angabe ist mit Datum, Uhrzeit, Klimabedingungen (Temperatur, Luftfeuchte usw.) stichwortartig einzutragen.

Für Körpermaße sowie über einen bestimmten Zeitraum sich ständig wiederholende Vorgänge (Aktivitätsphasen, Rufe) ist es einfacher, statt Text und Zahlen auf Millimeterpapier in Karteikartengröße (auf der Abszisse Tage, auf der Ordinate Maßeinheiten) Zeichen einzusetzen, die nach einer bestimmten Zeit einen ausgezeichneten Überblick über den Gesamtverlauf geben. Auch die Entwicklung der Nachzucht ist so zu dokumentieren.

Zur Verständigung der Terrarianer untereinander ist es erforderlich, nur eindeutig definierte Begriffe zu verwenden. Besonders bei der Darstellung der Larvenentwicklung in Vorträgen oder Texten treten immer wieder Unklarheiten auf, die den Vergleich untereinander und eine Verallgemeinerung erschweren. Sich mit Hilfe kodierter Tabellen über bestimmte Eigenschaften und Vorgänge zu verständigen, sollte auch Prinzip für die ernsthafte Terraristik sein.

Verschiedene Vorschläge dazu hat für Frösche Gosner 1960 zusammengefaßt. Die 46 Entwicklungsstadien sind zwar für wissenschaftliche Zwecke konzipiert, lassen sich aber in Teilen auch für terraristische Zwecke verwenden. Künftig könnten zwecks Vereinheitlichung der Darstellungen in Vorträgen, Artikeln und Büchern zumindest die wichtigsten Stadien verwendet werden. Vermerkt werden muß noch, daß es sich bei der Stadieneinteilung um eine Verallgemeinerung handelt. Bei der Artenvielfalt muß in einzelnen Fällen mit Abweichungen gerechnet werden. Deren richtige Deutung und Einordnung wird durch praktische Erfahrungen ermöglicht.

Entwicklungsstadien der Froschlarven, Go 1 bis 46. (nach Gosner)

Stadium 1, Embryonalentwicklung im Ei, befruchtete Eizelle (Zygote), Rotation des animalen (dunklen) Pols nach oben

grauer Halbmond

2-Zell-Stadium

4-Zell-Stadium

8-Zell-Stadium

16-Zell-Stadium

32-Zell-Stadium

mittlere Spaltung, Morula

späte Spaltung, Blastula

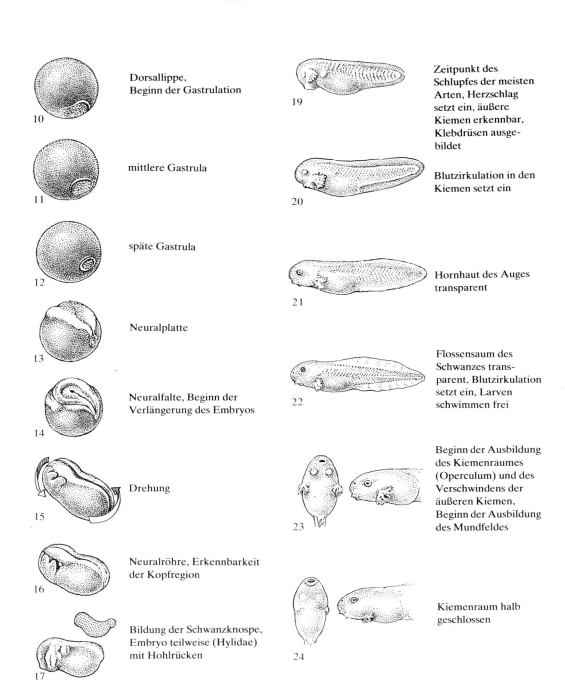

10	Dorsallippe, Beginn der Gastrulation	19	Zeitpunkt des Schlupfes der meisten Arten, Herzschlag setzt ein, äußere Kiemen erkennbar, Klebdrüsen ausgebildet
11	mittlere Gastrula	20	Blutzirkulation in den Kiemen setzt ein
12	späte Gastrula	21	Hornhaut des Auges transparent
13	Neuralplatte	22	Flossensaum des Schwanzes transparent, Blutzirkulation setzt ein, Larven schwimmen frei
14	Neuralfalte, Beginn der Verlängerung des Embryos	23	Beginn der Ausbildung des Kiemenraumes (Operculum) und des Verschwindens der äußeren Kiemen, Beginn der Ausbildung des Mundfeldes
15	Drehung		
16	Neuralröhre, Erkennbarkeit der Kopfregion	24	Kiemenraum halb geschlossen
17	Bildung der Schwanzknospe, Embryo teilweise (Hylidae) mit Hohlrücken	25	Kiemenraum geschlossen, Kiemen außerhalb nicht mehr sichtbar, Atemöffnung (Spiraculum) vorhanden
18	1. Muskelreaktion		

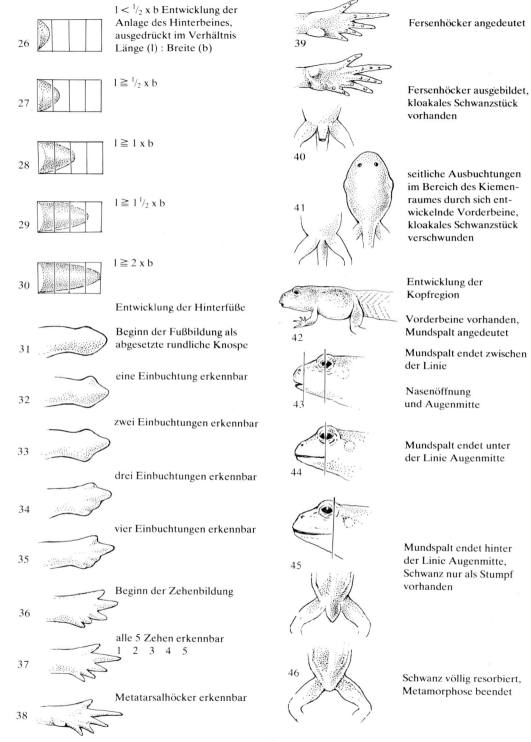

Bildliche Darstellung

Aussagekräftiger als jeder Text und wertvolle Ergänzung ist das Bild. Dabei ist es zweitrangig, ob es sich um einfache Skizzen, Zeichnungen oder Fotos handelt oder, bei bewegten Vorgängen, um Film- oder Videoaufnahmen.

Die Skizze dient dem schnellen Festhalten einer bestimmten Beobachtung. Das können morphologische Merkmale (Pupillenform, Entwicklungsstadien), aber auch Verhaltensabläufe (Balz) sein. Sie brauchen nur das Prinzip auszudrücken, können also ganz einfach ausgeführt sein.

Fotografische Aufnahmen können dokumentarischen Wert haben. Eine für den vorliegenden Zweck geeignete Fotoausrüstung gehört eigentlich zum Handwerkszeug jeden Terrarianers. Obwohl dem Farbbild, insbesondere dem Farbdiapositiv, heute Vorrang eingeräumt wird, können für bestimmte Zwecke auch Schwarz-Weiß-Aufnahmen Bedeutung haben.

Der Film sollte dann eingesetzt werden, wenn Vorgänge, Verhaltensabläufe, also bewegte Szenen, zu dokumentieren sind. Hier verdient der Farbfilm den Vorzug. Der Nachteil des Films, daß zwischen Aufnahme und 1. Wiedergabe wegen der Entwicklung und Konfektionierung ein mehr oder weniger langer Zeitraum liegt, wird durch die modernen Verfahren der Videotechnik beseitigt. Sie gestatten eine sofortige Kontrolle der Aufnahmen und gegebenenfalls Wiederholung bei festgestellten Mängeln. Die für Film- und Videoverfahren erforderlichen meist hohen Lichtdichten sind wegen der gleichzeitig hohen Erwärmung insbesondere für Amphibien von Nachteil und können einen begrenzenden Faktor darstellen.

Tonaufzeichnungen

Es ist außerordentlich reizvoll, sich von den Lautäußerungen der Anuren eine Sammlung anzulegen, insbesondere dann, wenn man die verschiedenen Rufformen einer Art einbezieht. Tonaufnahmen mit Hilfe von Tonband- oder Kassettengeräten anzufertigen, ist mit der heutigen Technik kein grundsätzliches Problem mehr.

Tonbandaufnahmen sind auch geeignet, daraus auf elektronischem Wege Sonogramme zu fertigen, die die Rufe in einer grafischen Form wiedergeben. Diese gestattet Vergleiche zwischen den Arten und Unterarten und dient damit auch der Klärung taxonomischer Fragen.

Öffentlichkeitsarbeit

Persönlicher Erkenntnisgewinn bringt die Verpflichtung zur Erkenntnisvermittlung mit sich. Sie ist in gesprochener (Erfahrungsaustausch, Vortrag) wie in schriftlicher Form (Zeitschriftenartikel) zu realisieren. In der Art der Darbietung unterscheiden sich beide voneinander, bestimmte Grundregeln sind jedoch einheitlich:

- die Thematik ist eng zu fassen (ein Sammelsurium von Problemen innerhalb einer Darstellung verwirrt und lenkt vom wesentlichen ab)
- der Neuigkeitswert sollte gegeben sein (keine langatmige Wiederholung von Bekanntem),
- es muß zwischen einmaligen Zufallsbeobachtungen und gesicherten Erkenntnissen unterschieden werden (in einer Form, die leicht erkennbar ist),
- technische Angaben sind genau darzustellen (statt Umschreibungen genaue Zahlenangaben über Größe, Temperatur usw.),
- Zeitabläufe sind in fortlaufenden Tagen anzugeben (statt Schlupf am 1. 4. besser 10 Tage nach Eiablage),
- Bilder sagen mehr aus als umständlich formulierter Text.

Als Prinzip der Öffentlichkeitsarbeit gilt, daß die Bedürfnisse des Zuhörers oder Lesers nach neuem Wissen befriedigt werden, nicht aber der Ehrgeiz des Vortragenden oder Autors, sich produziert zu haben.

Die Vermehrung von Lurchen – Artenbeispiele

Bei den speziellen Angaben zur Vermehrung einzelner Arten wurde versucht, eigene und in der Terrarienliteratur dargelegte Erfahrungen anderer Terrarianer über die gelungene Fortpflanzung und ihre Voraussetzungen in einer komprimierten, übersichtlichen Form zusammenzustellen. Die Angaben erheben keinen Anspruch auf Vollständigkeit. Einiges wurde vielleicht übersehen, anderes war erst nach Abschluß des Manuskriptes zugänglich. Die mitgeteilten Erfahrungen, insbesondere die Zahlenwerte, dürfen auch nicht verabsolutiert werden. Sie sind unter ganz unterschiedlichen Bedingungen ermittelt worden, die sich vielfach untereinander nicht vergleichen lassen. Zum anderen haben wir es mit biologischen Objekten zu tun, deren Variabilität von Natur aus groß ist. Die Angaben stellen demzufolge Näherungswerte dar, die immer wieder mit Hilfe eigener Beobachtungen überprüft und eingeengt werden müssen.

Als Ordnungsprinzip wurde das zoologische System gewählt. Danach werden in der Reihenfolge Schleichenlurche, Schwanzlurche und Froschlurche die einzelnen Familien und Gattungen abgehandelt.

Schleichenlurche, Blindwühlen

Es handelt sich um langgestreckte, wurmförmige Lurche mit verkümmerter Schwanzregion. Die Haut ist feucht, mit kleinen Kalkschuppen untersetzt. Die Augen sind klein, funktionslos, unter dem Auge sitzt ein vorstreckbarer Tentakel. Die Lunge ist teilweise reduziert. Das Männchen hat zur Spermienübertragung ein ausstülpbares Kopulationsorgan.

Die Tiere sind in Mittel- und Südamerika, Zentralafrika, auf den Seychellen, in Indien, Indonesien und auf den Philippinen verbreitet und leben meist unterirdisch versteckt, einige Arten auch aquatisch. Sie ernähren sich von Arthropoden, Würmern und kleinen Wirbeltieren.

Es werden 4 Familien unterschieden, und zwar Erdwühlen (Caeciliidae), Fischwühlen (Ichthyophidae), Schwimmwühlen (Typhlonectidae) und Scolecomorphidae mit zusammen etwa 135 Arten in etwa 35 Gattungen.

Haltung: Trotz der nicht geringen Artenanzahl sind die terraristischen Erfahrungen mit dieser Gruppe sehr klein. Die Tiere sind je nach Lebensweise im Aquarium, Aquaterrarium oder Terrarium bei 20 bis 25 °C zu halten. Der Landteil soll mit einer hohen lockeren Bodenschicht gefüllt werden, die feucht zu halten ist, aber einen Wasserabzug aufweisen muß. Der Wasserteil soll mit Pflanzen und Steinen als Versteckmöglichkeiten ausgestattet sein. Die weitgehend versteckte Lebensweise erschwert Beobachtungen über das Verhalten.

Fortpflanzung: Nach innerer Befruchtung werden Eier gelegt, die z.T. bewacht werden, oder fertig entwickelte Larven geboren. Die Larven leben aquatil. Den Larven terrestrisch lebender Arten ist zur Metamorphose ein leichter Übergang zum Landteil zu bieten, da sonst die Gefahr des Ertrinkens besteht.

Über die Fortpflanzung im Terrarium ist bisher nichts bekannt.

Schwanzlurche

Winkelzahnmolche (Familie Hynobiidae)

Die Vertreter der Winkelzahnmolche zählen zu den ursprünglichsten Schwanzlurchen. Es sind mit einer Länge von 10 bis 16 cm kleine bis mittelgroße Molche, die an der Hinterextremität meist nur 4 Zehen tragen. Für die ganze Familie typisch ist die äußere Befruchtung der in Laichsäkken abgelegten Eier.

Gattung *Hynobius*

Zur wichtigsten Gattung der Winkelzahnmolche zählen 18 Arten, die eine meist versteckte Lebensweise führen. Zur Fortpflanzungszeit suchen alle langsam fließende Gewässer auf. Die Weibchen befestigen die Laichsäcke an Steinen in Flachwasserregionen.

Sibirischer Winkelzahnmolch (*Hynobius keyserlingii*)

Der wohl bekannteste Vertreter der Familie ist der Sibirische Winkelzahnmolch. Er wird neuerdings einer eigenen Gattung zugeordnet und als *Salamandrella keyserlingii* bezeichnet. In den Sumpfgebieten seiner Heimat führt er eine versteckte, meist nächtliche Lebensweise und ist das Jahr über in unmittelbarer Nähe seiner Laichgewässer versteckt unter Moos, Steinen und Rinde zu finden.

Die bis 14 cm langen Molche sind durch eine bronzeschimmernde Linie an den Körperflanken kenntlich.

Sekundäre Geschlechtsmerkmale: Männchen zeigt zur Paarungszeit (März bis April, gelegentlich September) eine vergrößerte gefurchte Kloakenwulst. Bei laichreifen Weibchen schimmern die Eisäcke deutlich durch die Bauchdecke hindurch.

Haltung: Flachwasseraquarien mit kleinem Landteil (Insel aus Steinen, Kork o. ä.), Wasserteil mit robusten Kaltwasserpflanzen und einigen größeren Steinen.

Fortpflanzung: Nach kühler Überwinterung (2 bis 6 °C) setzt im Aquaterrarium im Frühjahr bereits bei Wassertemperaturen von 8 bis 10 °C die Paarung ein. Die Männchen schwimmen suchend umher. Dabei finden sie mit Hilfe ihres Geruchssinnes die Weibchen und folgen diesen, oder sie finden gleich die vom Weibchen abgelegten Laichsäcke. Indem die Männchen die weißlichen Eisäcke zwischen ihren Vorderbei-

Hynobius keyserlingii

nen hindurch nach hinten schieben und dabei die Kloake aufpressen, werden die Eier befruchtet. Die Bewegung der Hinterbeine unterstützt die Verteilung des Spermas. Die Laichsäcke haben eine durchschnittliche Länge von 140 mm und sind mit 18 bis 22 mm sehr dünn. Die Eizahlen schwanken beträchtlich (35 bis 130) und sind wahrscheinlich wesentlich vom Alter und vom allgemeinen körperlichen Zustand des Weibchens abhängig. In Terrarien ist die Art bisher maximal 17 Jahre gehalten und vereinzelt auch nachgezogen worden.

Unbefruchtete Eisäcke verpilzen erst nach 4 bis 6 Wochen. Bei Temperaturen von 18 °C schlüpfen nach 3 Wochen die 10 mm langen Larven. Sie fressen anfangs kleinste Wassertiere und wachsen langsam auf eine Länge von 40 bis 55 mm heran, bis sie nach einem Jahr zur Umwandlung kommen. In dieser Phase müssen sie in ein Aquaterrarium umgesetzt werden. Die Fütterung kann im Wasser oder auf dem Landteil erfolgen.

Arten mit ähnlichen Ansprüchen: Weitere Vertreter der Gattung *Hynobius*, deren Vermehrung unter Terrarienbedingungen gelungen ist, sind einige in Japan beheimatete Arten. Der Nebel-Winkelzahnmolch *(Hynobius nebulosus)* lebt in Laubwaldgebieten und sucht zur Fortpflanzungszeit – im Spätherbst bei Temperaturen von 16 bis 20 °C – kleinere Tümpel auf. Von dieser Art sind unter Terrarienbedingungen Laichsäcke von 280 mm Länge und einem Durchmesser von 40 mm bekannt, die in den Monaten Februar bis April abgelegt wurden. Sie enthielten 34 bis 127 Eier. Bei Temperaturen von 18 bis 22 °C schlüpfen nach 2 Wochen die ersten Larven. In dieser Zeit wird das Gelege vom Männchen bewacht. Nach 9 Monaten setzt bei einer Länge von 60 mm die Metamorphose ein. Die Tiere werden bereits nach 2 Jahren geschlechtsreif.

Der Flechten-Winkelzahnmolch *(Hynobius lichenatus)* aus den Bergwaldregionen Nordjapans benötigt für eine erfolgreiche Vermehrung im Jahresgang Temperaturen von 4 bis 20 °C. Das Männchen leistet »Geburtshilfe«, indem es den aus der Kloake des Weibchens heraustretenden Eisack mit den Vorderbeinen erfaßt und gleich besamt.

Die längste Art der Gattung, *Hynobius retardus*, lebt in Niederungen der Insel Hokkaido und wird bis zu 19 cm lang. Die Eier werden im Frühjahr in seichte Tümpel abgelegt. Die Larven haben beim Schlupf eine Länge von 13 mm und wachsen in etwa 4 Monaten auf 60 bis 85 mm Länge heran, bis im Herbst die Metamorphose einsetzt. Von dieser Art sind Dauerlarven bekannt.

Krallenmolche
(Gattung *Onychodactylus*)

Aus der Gattung der Krallenmolche ist der Ussurische Krallenmolch *(Onychodactylus fischeri)* die bekannteste Art. Die kleinen Schwanzlurche haben eine Länge von 15 bis 20 cm und sind im Osten der Sowjetunion über Nordwest-China bis nach Korea anzutreffen. Die Haltung erfolgt in flachen Aquarien bei Temperaturen unter 16 °C mit guter Durchlüftung und häufigem Wasserwechsel. Über die Nachzucht ist wenig bekannt. Die im Mai abgelegten paarigen Eisäcke enthalten 16 bis 20 Eier. Die Metamorphose setzt oftmals erst im 2. Entwicklungsjahr bei einer Larvenlänge von 70 bis 90 mm ein. In Laborhaltung wurden Larven auch bei Temperaturen von 20 °C erfolgreich aufgezogen. Als Futter dienten Mückenlarven und Regenwürmer.

Onychodactylus japonicus hat eine Körperlänge von 16 cm und lebt in kühlen bewaldeten Bergregionen, Bergseen und Bächen auf der japanischen Hauptinsel Hondo sowie im Südosten der Insel Schikoku. Die bis zu 4 cm langen Eisäckchen enthalten höchstens 7 Eier. Aus ihnen schlüpfen die etwa 20 mm langen Larven, die sich mit 100 mm Länge im 2. Lebensjahr zu fertigen Krallenmolchen umwandeln. Die Geschlechtsreife tritt mit 4 Jahren ein.

Gebirgsmolche
(Gattung *Batrachuperus*)

Die Gebirgsmolche der Gattung *Batrachuperus* leben in den Gebirgswäldern Afghanistans und Chinas. Gegenwärtig werden 7 Arten dieser 15 bis 20 cm langen Molche beschrieben, die an den stets vierzehigen Hinterbeinen kenntlich sind. Die Haltung erfolgt in flachen Aquaterrarien bei Temperaturen von 12 bis 16 °C.

Schmidts Gebirgsmolch *(Batrachuperus karlschmidti)* wird bis 20 cm lang. Zur Fortpflanzungszeit heftet das Weibchen die Eisäckchen mit jeweils 7 bis 12 Eiern an die Unterseite von hohlliegenden Steinen in Gebirgsbachkolken und Gebirgsseen. Die Larvalzeit beträgt 12 Monate. Mit einer Larvenlänge von 65 mm setzt bereits die Metamorphose ein.

Der Afghanische Gebirgsmolch *(Batrachuperus musteri)* wird nur 13 cm lang und lebt ganzjährig aquatisch.

Froschzahnmolche (Gattung *Ranodon*)

Der Sibirische Froschzahnmolch *(Ranodon sibiricus)* ist mit 25 cm Länge eine große Schwanzlurchart. Die Tiere werden in mittelgroßen Aquarien bei Temperaturen von 20 °C gehalten. Nach intensiven Paarungsspielen klebt das Männchen die Spermatophoren von unten an hohlliegende Steine. Danach setzt das Weibchen mehrere längliche Eipäckchen auf die Spermatophoren. Nach Tagen quellen die Eipakete auf, und es erfolgt die Befruchtung der Eier. Die Gesamtzahl der Eier pro Gelege schwankt beträchtlich (26 bis 82). Nach etwa 4 Wochen schlüpfen 18 bis 21 mm lange Larven. Die Metamorphose setzt nach 24 Monaten bei einer Länge von 60 bis 80 mm ein. Erst im 5. Jahr werden die Tiere geschlechtsreif.

Der Chinesische Froschzahnmolch *(Ranodon wushanensis)* bleibt mit 20 cm Länge etwas kleiner. Auch von ihm wird Kannibalismus unter Larven und Alttieren beschrieben.

Querzahnsalamander (Familie Ambystomatidae)

Die auf dem amerikanischen Kontinent vorkommenden Tiere haben einen plumpen Körperbau, einen breiten Kopf und deutliche Rippenfurchen. Die Gaumenzähne am Mundhöhlendach stehen in Querreihen, und die Wirbel sind beiderseits ausgehöhlt (amphicoel). Die Querzahnsalamander zeichnen sich durch eine äußere Befruchtung aus.

Axolotl *(Ambystoma mexicanum)*

Aus der Familie der Querzahnsalamander muß zuerst der legendäre Axolotl *(Ambystoma mexicanum)* genannt werden, der bis zu 30 cm lang werden kann. In den letzten Jahren wurde diese Art zeitweilig der Gattung *Siredon* zugeordnet. Der Axolotl lebt im Seengebiet von Xochimilco und ist dort bereits vom Aussterben bedroht. Bei wechselnden klimatischen Bedingungen (16 h Licht, 22 °C im Sommer und 6 h Licht, 2 bis 4 °C im Winter) kommen die Axolotl meist zweimal im Jahr zur Fortpflanzung, wobei im März die

Entwicklung von *Ambystoma mexicanum*. a Spermatophore, b Eier in verschiedenen Entwicklungsstadien, c Larven. (nach Große)

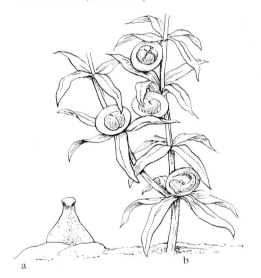

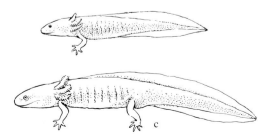

Ambystoma mexicanum

meisten Eier gelegt werden. Die Tiere erreichen bereits im 2. Jahr bei einer Länge von 16 cm die Geschlechtsreife, ohne eine Metamorphose zu durchlaufen (Dauerlarven).

Sekundäre Geschlechtsmerkmale: Männchen kenntlich am massigen Kopf und deutlich sichtbar geschwollener Kloake.

Haltung: Sie benötigen größere Aquarien mit robusten Wasserpflanzen. Eine Überwinterung in frostfreien kalten (4 bis 6°C) Räumen stimuliert die Fortpflanzung. Als Futtertiere eignen sich Wasserflöhe, Regenwürmer, Fleischstreifen und neugeborene Labormäuse.

Fortpflanzung: Zur Paarungszeit scheidet das Männchen Duftstoffe ab, die das Weibchen dazu veranlassen, ihm zu folgen und regelmäßig mit dem Kopf gegen die Kloake zu stoßen. So stimuliert, setzt das Männchen die gallertige, pyramidenförmige Spermatophore ab. Auf der Spermatophore ist das weißliche Spermapaket deutlich sichtbar. Die Spermatophore wird vom Weibchen mit der Kloake ertastet und aufgenommen. Die Kloakenmuskulatur wirkt dabei wie ein Saugstempel. Bereits nach Stunden kann das Weibchen mit der Eiablage beginnen, die sich über mehrere Tage erstrecken kann. Die Eier werden einzeln oder in Klumpen an Wasserpflanzen geheftet. Sie sind mit 6 mm Durchmesser relativ groß. Je nach Alter des Weibchens (bis 26 Jahre) werden 600 bis 1200 Eier abgelegt. Diese müssen aus dem Aquarium entfernt werden. Bei 22°C beginnt nach 6 Tagen der Schlupf. Die zuerst festsitzenden Larven haben eine Länge von 8 bis 10 mm und schwimmen nach 3 Tagen frei umher (12 bis 15 mm). Nach 20 bis 30 Tagen entwickeln sich die Vorderbeine, und nach 50 Tagen sind die Hinterbeine voll ausgebildet. Werden die Larven warm überwintert (18 bis 22°C) und dabei entsprechend gefüttert, haben sie nach einem Jahr eine Länge von etwa 16 cm. Die Larven wachsen unterschiedlich schnell und müssen deshalb bei der Aufzucht wegen Kannibalismus nach Größenklassen getrennt werden. Sollte es trotzdem zu Beißereien und Verlust von Kiemen und Extremitäten kommen, werden diese schnell regeneriert.

Arten mit ähnlichen Ansprüchen: Fast identisch verläuft die Fortpflanzung und Entwicklung der ebenfalls aus Mexiko stammenden aquatischen Querzahnsalamander *Ambystoma lermaensis, Ambystoma fluvinatum* sowie *Ambystoma subsalvum*. Die letztgenannte Art lebt in salzhaltigen Gewässern. Das muß bei angestrebter Vermehrung beachtet werden.

Die im Südwesten Kanadas bis Mexiko beheimateten Tiger-Querzahnsalamander *(Ambystoma tigrinum)*, mit 35 cm Länge eine sehr große Art, verbleiben ebenfalls zum Teil als Dauerlarven im Wasser und pflanzen sich dort auch regelmäßig fort. Ein anderer Teil der Population wandelt sich nach der Larvalentwicklung zum fertigen Salamander um und führt unter Rinden und Steinen verborgen ein nächtliches Leben. Die Tiere bewohnen offene und geschlossene Waldbiotope bis in Höhen von 3000 m. Die Tiger-Querzahnsalamander suchen zur Paarungszeit von März bis Mai größere Tümpel und Teiche auf. Das Männchen ist meist größer. Es hat einen verbreiterten Schwanz und eine deutlich sichtbar hervortretende Kloakenwulst. Es erkennt das Weibchen visuell und durch Beriechen der Körperflanken und der Kloake. Dann schwimmt es vor dem Weibchen her und wedelt ihm Duftstoffe zu. Das Weibchen nimmt nach Molchart die Spermatophore auf und beginnt schon nach Stunden mit der Eiablage. Dabei werden 200 bis 600, unter Freilandbedingungen bis zu 1400 Eier an Wasserpflanzen geheftet. Aus ihnen schlüpfen bei Temperaturen um 20 °C nach 18 Tagen die 10 mm langen Larven. Sie haben nach 2 Monaten eine Länge von 45 bis 80 mm erreicht, so daß sie auch nach Größenklassen getrennt aufgezogen werden müssen. Nach 3 Monaten setzt die Verwandlung ein, und die Jungsalamander gehen mit einer Länge von 45 bis 60 mm an Land. Die Entwicklung verkürzt sich bei Temperaturen von 22 bis 26 °C auf 6 Wochen, doch sind diese Nachzuchten anfälliger gegen Verpilzungen. Bei unzureichender Ernährung treten Mangelerscheinungen wie Bewegungsstörungen und Knochenanomalien auf.

Eine kleinere Art, die in den letzten Jahren häufig nachgezogen wurde, ist der Maulwurf-Querzahnsalamander *(Ambystoma talpoideum)*, der bis 12 cm lang wird und in den Niederungsgewässern des Südostens von Nordamerika ablaicht. Das Weibchen legt 200 bis 400 Eier, die Larvalentwicklung dauert etwa 9 Monate. Vereinzelt treten auch Dauerlarven auf, über deren Fortpflanzungsfähigkeit nichts bekannt ist.

Ambystoma rosaceum bewohnt kühlere Gebirgsregionen im westlichen Mexiko und legt 80 bis 120 Eier, unter Freilandbedingungen maximal 200.

Im Terrarium häufig zu finden ist der Flecken-Querzahnsalamander *(Ambystoma maculatum)* aus den mittleren und östlichen Teilen von Nordamerika. Die Tiere werden bis zu 25 cm lang und legen ihre Eier in Klumpen ab (meist 2 bis 5), die je 100 Eier enthalten (4 bis 6 mm Durchmesser). Die Entwicklung der Eier dauert bei 18 °C etwa 1 Monat, bei 22 °C nur 2 Wochen, entsprechend schwankt die Larvalzeit von 61 bis 110 Tagen. Die Larven beginnen bei einer Länge von 50 bis 70 mm mit der Metamorphose.

Der Texas-Querzahnsalamander *(Ambystoma texanum)* ist ein Waldbewohner, der bis zu 18 cm lang wird. Die Weibchen legen im Frühjahr bis zu 700 Eier in Klumpen (etwa 5 bis 12) an Wasserpflanzen ab. Bei 20 °C schlüpfen nach 3 Wochen die relativ großen Larven (13 mm lang), die sich nach 60 Tagen mit einer Länge von 40 bis 50 mm umwandeln.

Der Marmor-Querzahnsalamander *(Ambystoma opacum)* aus Nordamerika lebt in Gewässernähe unter Steinen, Rinden und Fallholz. Die Paarung erfolgt im Herbst an feuchten, geschützten Stellen. Dabei laufen die Tiere im Kreis, so daß jeweils die Schnauzenspitze zur Schwanzspitze des Partners gerichtet ist. Beim Höhepunkt dieses »Ringelns« setzt das Männchen – im Frühjahr kenntlich durch die fast weiße Fleckung, das Weibchen erscheint dagegen grausilbern – die Spermatophore ab, die vom Weibchen aufgenommen wird. Das Weibchen legt in einer Bruthöhle bis zu 200 Eier ab, bewacht und befeuchtet diese bei Bedarf. Nach 1 bis 3 Monaten schlüpfen im Freiland beim Einsetzen von Regen die Junglarven. Diesen Vorgang kann man im Terrarium durch Umsetzen der Eier in weiches Wasser imitieren. Es eignet sich eine Mischung aus destilliertem Wasser und Leitungswasser im Verhältnis 1:1. Bei Verwendung von Regenwasser kann es zur Schadstoffanreicherung kommen. Die Eier haben einen Durchmesser von 5 mm und erscheinen durch-

Ambystoma opacum

sichtig. Das Fluten der Eier sollte erst erfolgen, wenn das Weibchen sein Gelege verläßt. Die Embryonalzeit dauert bei 20°C etwa 1 Monat. Danach schlüpfen 17 mm lange Jungtiere, die bereits Vorderbeine tragen und kleinste Wasserlebewesen fressen. Nach 2 bis 3 Monaten setzt bei einer Länge von 65 bis 70 mm die Metamorphose ein.

Ganz ähnlich in seiner Fortpflanzung ist der Ringel-Querzahnsalamander *(Ambystoma annulatum)* aus Nordamerika. Die Tiere werden bis zu 24 cm lang und leben in Gewässernähe. Die Paarung erfolgt im seichten Wasser oder an Land, wo auch die Eiklumpen abgelegt werden. Die Eiablage erfolgt mehrmals im Jahr mit jeweils 10 bis 20 Eiern, die ebenfalls bei starken Regenfällen ins Wasser gespült werden, wo die etwa 14 mm langen Larven schlüpfen. Sie entwickeln sich auf eine Länge von 60 bis 80 mm und wandeln sich dann zum fertigen Salamander um. Die beiden letztgenannten Arten sind typische Waldsalamander. Sie werden zur Fortpflanzung im Terrarium durch wechselnde Temperaturen zwischen 6 und 24°C und veränderte Feuchtigkeit im Jahresgang stimuliert.

Lungenlose Salamander (Familie Plethodontidae)

Die Lungenlosen Salamander stellen die artenreichste Familie unter den Schwanzlurchen dar. Typisch für sie sind der langgestreckte, schlanke Körperbau, eine drüsige Furche von den Nasenlöchern zum Lippenrand und die bewegliche, teilweise herausschnellbare, pilzförmige Zunge. Die Lungen sind reduziert, der Mundhöhlenboden versorgt neben der Hautatmung den Körper mit dem notwendigen Sauerstoff.

Rotsalamander (Gattung *Pseudotriton*)

Die Rotsalamander sind mit 18 bis 21 cm Länge mittelgroße Tiere, die durch ihre rote bis lachsfarbene Oberseite zu den attraktivsten Terrarienbewohnern zählen. Alle Vertreter weisen einen gedrungenen Körperbau auf.

Rotsalamander *(Pseudotriton ruber)*
Jüngere Tiere erscheinen rot bis orange, im Alter dunkelt das Farbkleid nach. Ihre Heimat ist der Südosten der USA, wo sie in kühlen Fließgewäs-

sern, in der Nähe von Quellen, Bächen und Tümpeln, an Land unter Steinen, Moospolstern und Rinde leben.

Sekundäre Geschlechtsmerkmale: Das Männchen hat zur Paarungszeit eine geschwollene Kloake.

Haltung: in kühlen Aquaterrarien mit leicht zugänglichem Landteil, Moorwurzeln oder Rinde. Ernährung mit Regenwürmern, Tubifex und Mückenlarven, auf dem Landteil mit Regenwürmern, Nacktschnecken und Asseln.

Fortpflanzung: Die Tiere paaren sich im Frühjahr bei Wassertemperaturen von 16 bis 18 °C. Das Weibchen legt etwa 50 bis 100 Eier, die einzeln oder in kleinen Klumpen zu je 3 bis 12 Stück an Wasserpflanzen oder Steinen angeklebt werden. Nach einer Embryonalzeit von 6 bis 10 Wochen bei 18 °C schlüpfen die 18 bis 22 mm langen Larven. Bei einer Länge von 100 mm setzt nach etwa 3 Monaten die Metamorphose ein, und die 80 bis 100 mm langen Jungsalamander gehen zeitweilig an Land. Ein Teil der Larven verwandelt sich unter Freilandbedingungen erst im folgenden Jahr.

Arten mit ähnlichen Ansprüchen: Der aus dem Südosten der USA stammende Schlammsalamander *(Pseudotriton montanus)* ist ebenfalls ein Bewohner der Randzonen von Quellen und Bächen. Er entwickelt sich noch langsamer. Das Weibchen lebt 75 bis 100 Eier, die mit 6 bis 8 mm Durchmesser recht groß sind. Daraus schlüpfen bei 20 °C nach 3 Wochen die etwa 19 mm langen Larven, von denen sich manche erst nach 2 bis 3 Jahren mit einer Länge von 70 bis 85 mm umwandeln. Die Geschlechtsreife dieser Art setzt nach frühestens 4 Jahren ein.

Bachsalamander
(Gattung *Desmognathus*)

Diese Gattung enthält landlebende Arten, die in der Nähe von Fließgewässern vorkommen. Die Körpergestalt erscheint gedrungen, der Kopf ist deutlich vom Rumpf abgesetzt. Bei der Öffnung des Maules werden Schädel und Oberkiefer nach oben aufgerichtet. Die Gesamtlänge variiert mit 6 bis 21 cm sehr stark.

Brauner Bachsalamander
(Desmognathus fuscus)

Der Braune Bachsalamander lebt in seiner Heimat, dem gemäßigten Osten von Nordamerika, versteckt in Höhlungen unter Steinen, Rinden, Wurzeln und Fallholz, meist in der Nähe von Waldbächen. Die Oberseite der Molche erscheint gelbbraun mit gelben Flecken. Diese werden durch eine dunkelbraune, an den Augen beginnende Linie begrenzt. Die Salamander erreichen durchschnittlich 14 cm Länge.

Sekundäre Geschlechtsmerkmale: Das Männchen hat einen deutlich vom Rumpf abgesetzten Kopf, er wirkt fast dreieckig. Der Schwanz ist gekielt.

Haltung: Aquaterrarien mit flachem Wasserstand, Landteil reich bepflanzt, Höhlungen aus Steinen und Rinde als Unterschlupf, aquatile Überwinterung möglich, Fütterung mit Standardfutter für wasserlebende und landlebende Molche.

Fortpflanzung: Zur Paarungszeit mit dem Einsetzen des Frühlings steigern die Männchen ihre Aktivität und suchen nach Weibchen. Beim Aufeinandertreffen der Partner reibt das Männchen abwechselnd mit seiner Nasenspitze – dort münden Kinndrüsen, die stimulierende Sekrete abscheiden – und den Vorderbeinen die Kopfregion des Weibchens. Dabei bewegt sich das Männchen halbkreisförmig vor seiner Partnerin, bis diese versucht, auf das Männchen zu steigen. In diesem Fall kommt es zur Abgabe der Spermatophore, die vom Weibchen aufgenommen wird. Erst 1 bis 2 Monate nach der Paarung werden die befruchteten Eier in Höhlungen abgelegt. Das Gelege wird vom Weibchen bewacht und bei Bedarf mit Feuchtigkeit versorgt. Es erscheint als weißlicher Klumpen, durch den 12 bis 36 Eier durchschimmern. Bei Temperaturen von 16 bis 18 °C schlüpfen nach 6 bis 13 Wochen die Jungtiere, die zum Wasser wandern. Es ist jedoch empfehlenswert, die Gestaltung des aquatischen Teils des Terrariums so zu planen, daß der Wasserstand angehoben werden kann, wenn das Weibchen das Gelege verläßt. Dabei ist auf weiches Wasser zu achten. Die Eier dürfen aber nicht geflutet werden! Die Larven sind 16 mm lang, bilden äußere Kiemen aus und wachsen sehr individuell bis auf Längen von 38 bis 42 mm heran. Das kann 8 bis 13 Monate dauern. Nach der Metamorphose leben die Jungsalamander sehr versteckt. Mit 3 bis 4 Jahren setzt die Geschlechtsreife ein.

Arten mit ähnlichen Ansprüchen: *Desmognathus ochrophaeus* ist in Nordamerika beheimatet, die Weibchen legen 12 bis 14 Eier.

Desmognathus aeneus legt 15 bis 17 Eier, die Tiere sind bereits nach 2 Jahren geschlechtsreif, sie sind mit 21 cm Länge die größte Art aus Gebirgsbächen.

Desmognathus quadramaculatus lebt fast aquatisch. Die Larve beginnt erst im 2. Jahr mit der Metamorphose.

Gelbsalamander (Gattung *Eurycea*)

Das Leben dieser Tiere ist eng an das Wasser gebunden, einige Arten bleiben zeitlebens als Larve im Wasser. Typisch für alle Vertreter ist der langgestreckte, schlanke Körper.

Zweistreifiger Gelbsalamander (*Eurycea bislineata*)

Er ist ein Bewohner von Feuchtgebieten und Kleinstgewässern im Ostteil von Nordamerika. Dieser kleine Salamander, der bis 12 cm Länge erreicht, trägt keine äußeren Geschlechtsmerkmale.

Haltung: Aquarium mit kühlem Standort oder Aquaterrarium, Landteil kann als Korkinsel mit Sumpfpflanzen gestaltet sein, Unterschlupf unter Steinen oder Rinde. Ernährung je nach Aufenthaltsort mit Regenwürmern, Tubifex, Enchyträen, Asseln, Grillen, Mehlkäferlarven.

Fortpflanzung: Die Männchen fallen bei der Paarung durch ihr Werbeverhalten auf. Sie reiben intensiv mit der Kopfspitze an der Kopf- und Rückenregion des Weibchens und fordern es durch Vorweglaufen auf, ihnen zu folgen. Paarungsbereite Weibchen stoßen mit der Schwanzspitze gegen die Kloake des Männchens, und es kommt zur Abgabe der Spermatophore, die vom Weibchen in die Kloake aufgenommen wird. Zur Eiablage begibt sich das Tier ins Wasser und heftet mit einem klebrigen Sekret die Eier einzeln oder in kleinen Klumpen an Gegenstände, Wasserpflanzen und ähnliches. Ein Gelege enthält 12 bis 48 Eier, unter Freilandbedingungen wird von 100 Eiern berichtet.

Bei Temperaturen von 18°C dauert die Embryonalzeit 4 bis 5 Wochen, dann schlüpfen die 14 mm langen Larven. Sie fressen anfangs nur kleinste Wassertiere und haben eine Larvenzeit von 1 bis 3 Jahren; bei einer Länge von 42 bis 60 mm kommen sie zur Metamorphose. Die Jungsalamander sind durchschnittlich 44 mm lang, landlebend und werden erst nach 5 Jahren geschlechtsreif.

Arten mit ähnlichen Ansprüchen: Der im Südosten der USA beheimatete Langschwanzsalamander *(Eurycea longicauda)* wird bis zu 20 cm lang und bewohnt Sumpfgebiete, Tümpel und deren Umgebung. Da er in wärmeren Klimaten lebt, dauert die Larvalentwicklung nur 3 bis 7 Monate; Dauerlarven sind nicht bekannt. Dagegen findet man den Texas-Höhlensalamander *(Eurycea neotenes)* in den Quellen und Bächen als dauerhaft neotenische Form.

Die im Südosten von Nordamerika beheimatete Art *Eurycea quadridigitata* lebt in feuchten Waldgebieten und in Tümpelnähe. Die Weibchen legen bis zu 40 Eier, aus denen nach 30 Tagen bei 22°C die Junglarven schlüpfen. Bei einer Länge von 38 mm setzt die Metamorphose ein.

Der Höhlensalamander *(Eurycea fuga)* aus dem Südosten der USA pflanzt sich bereits bei Temperaturen von 12 bis 14°C fort. Das Weibchen legt bis zu 90 Eier. Die Larven kommen mit einer Länge von 60 mm im 2. Jahr zur Umwandlung.

Waldsalamander (Gattung *Plethodon*)

Diese Gattung ist in Nordamerika weit verbreitet und kommt mit 21 Arten und zahlreichen Rassen in bewaldeten Regionen vor. In ihrer Lebensweise und Fortpflanzung hat sich diese Gruppe von Schwanzlurchen völlig vom Wasser gelöst.

Rotrücken-Waldsalamander
(Plethodon cinereus)

In den Waldgebieten des Nordostens von Nordamerika ist diese Art weit verbreitet. Sie lebt in kühlen Bergwaldregionen. Tagsüber verstecken sich die Tiere unter Rinde, Moos, Baumwurzeln, Fallholz und Steinen. In der Dämmerung jagen sie nach Asseln, Regenwürmern, Nacktschnecken und anderen nachtaktiven Insekten sowie deren Larven. Es treten viele Farbvarianten auf, denen eine rötliche Rückenmitte gemeinsam ist, die bei manchen Formen durch ein helles Band unterbrochen wird. Die Flanken sind hellgrau und der Bauch stets helldunkel gesprenkelt.

Sekundäre Geschlechtsmerkmale: Die Männchen werden mit 13 cm meist länger als die Weibchen und besitzen eine Kinndrüse. Zur Paarungszeit weisen sie eine leicht geschwollene Kloake auf.

Haltung: Waldsalamanderterrarium mit hohem Bodengrund aus Buchenlaub, Rinde und Äste zum Klettern und Verstecken. Bepflanzung mit Moosen, Farnen und Tradescantia; Temperaturen im Terrarium zwischen 15 und 20 °C.

Fortpflanzung: Der Rotrücken-Waldsalamander ist in den Waldgebieten des Nordostens von Amerika beheimatet. In Terrarien pflanzen sich die Tiere nach kühler Überwinterung (8 bis 14 °C) im zeitigen Frühjahr fort. Das Männchen tastet mit der Kinnspitze alle Körperregionen des Weibchens ab und beginnt dann zu »treteln«. Darunter versteht man einen Fußtanz mit abwechselndem Heben der Beine. Beide Partner wandern dann, das Weibchen auf dem Hinterleib des Männchens sitzend, durch das Terrarium. Durch Seitwärtsdrehen des Schwanzes wird die Kloake frei und eine Spermatophore abgesetzt, die vom Weibchen ertastet und mit der Kloake aufgenommen wird. Nach der Ablage von 3 bis 11 Eiern, die als Klumpen in einer Baumhöhle kleben, bewacht und pflegt das Weibchen zusammengeringelt darunterliegend noch 2 bis 3 Monate das Gelege. Die Jungtiere sind beim Schlupf 22 mm lang und wachsen in 2 Jahren auf 100 mm Länge heran, bis sie geschlechtsreif werden.

Arten mit ähnlichen Ansprüchen: *Plethodon dorsalis* aus dem Südosten der USA lebt in Fels- und Erdhöhlen und pflanzt sich bei Temperaturen von 16 bis 18 °C im Frühsommer fort.

Ein Berglandbewohner aus dem Ostteil von Nordamerika, der gelegentlich auch in tiefergelegenen Waldgebieten gefunden wird, ist *Plethodon glutinosus*. Seine Gelege umfassen 6 bis 36 Eier. Die Geschlechtsreife tritt erst nach 3 Jahren ein.

Plethodon welleri legt 4 bis 11 Eier, aus denen nach 4 Monaten 19 bis 22 mm lange Jungtiere schlüpfen.

Plethodon cinereus

Gattung *Gyrinophilus*

Diese Gattung enthält zwei Arten wasserlebender Salamander, die sich durch einen kräftigen, fast untersetzten Körperbau auszeichnen.

Porphyrsalamander
(*Gyrinophilus porphyriticus*)

Die bis zu 22 cm langen Salamander erscheinen rötlich bis bräunlich gefärbt. Die Oberseite wird durch dunkelbraune bis schwarze Flecken aufgelockert. Die Salamander leben in der Ostküstenregion von Nordamerika, meist in kühlen Quellen, Bächen und kleinen Seen.

Sekundäre Geschlechtsmerkmale: Männchen mit längerem und verbreitertem Schwanz.

Haltung: kühl stehende, größere Aquarien mit 30 bis 40 cm Wasserstand, Steininsel oder leicht zugängliche Schwimminsel. Sparsame Bepflanzung, da häufiger Teilwasserwechsel notwendig ist. Ernährung mit Regenwürmern, Tubifex und allen Arten wasserlebender Gliedertiere.

Fortpflanzung: Zur Stimulierung der Paarung werden kühl stehende Aquarien mit Temperaturschwankungen im Jahresgang von 12 bis 18 °C benötigt. Im Frühjahr legt das Weibchen 11 bis 80, unter Freilandbedingungen bis zu 100 Eier einzeln an die Unterseite von Wurzeln und Steinen ab. Aus den relativ großen Eiern (6 bis 9 mm Durchmesser) schlüpfen etwa 19 mm lange Larven. Sie leben meist 2 bis 3 Jahre als Larve. Erst dann beginnt bei einer Länge von 100 bis 120 mm die Metamorphose. Die Geschlechtsreife tritt nach 4 Jahren ein. Die Salamander gehen zeitweise bei Wassertemperaturen über 22 °C an Land.

Arten mit ähnlichen Ansprüchen: Der Tennessee-Höhlensalamander (*Gyrinophilus palleucus*) ist für Anfänger der Terraristik nicht geeignet. Er ist empfindlich gegen schlechte Wasserqualität und Temperaturen über 18 °C. Das Weibchen legt 10 bis 30 Eier, die Larvalentwicklung dauert 3 bis 5 Jahre.

Aneides lugubris, Weibchen mit Eigelege

Baumsalamander (Gattung *Aneides*)

Diese Salamander leben größtenteils unabhängig vom Wasser in feuchten Waldgebieten. Die verbreiterten Fingerspitzen und der muskulöse Schwanz dienen zum Klettern. Der Kopf ist durch gutentwickelte Schläfenmuskulatur meist deutlich vom Rumpf abgesetzt.

Grüner Baumsalamander
(*Aneides aeneus*)

Die Baumsalamander bewohnen schattige Berghänge mit Geröllhaufen, Baumwurzeln und Fallholz im Südosten der USA, vorwiegend in den Appalachen. Die Tiere werden 14 cm lang und fallen durch die dunkle Grundfärbung mit grünen Flecken auf der Oberseite in ihrer Umgebung nicht auf.

Sekundäre Geschlechtsmerkmale: Der Kopf des Männchens ist deutlich vom Rumpf abgesetzt und trägt eine Kinndrüse.

Haltung: Waldsalamanderterrarium mit einer Bodenschicht aus grobem Kies und einer dicken Auflage aus Buchenlaub oder Torfmull, Steinen, flachen Ästen und Rindenstücken zum Klettern. Terrarium gut abdecken! Temperaturen zwischen 12 °C im Winter und 20 °C im Sommer. Gefüttert werden kann mit Fliegen, Spinnen, Asseln, Mehlkäfern und deren Larven, Wachsmotten und deren Larven, Heuschreckenlarven und Grillen.

Fortpflanzung: Bei der Paarung wirbt das Männchen durch heftiges Reiben mit seiner Kinnspitze am Kopf des Weibchens. Dabei steht es quer vor seiner Partnerin und versucht, sie mit den Vorderbeinen festzuhalten. Das paarungsbereite Weibchen nimmt direkt vom Männchen oder vom Erdboden die Spermatophore auf. Die Eiablage unter Steinen und Rinden erfolgt nach 4 bis 6 Wochen. Das Weibchen bewacht in dieser Zeit sein Gelege und befeuchtet es bei Bedarf. Ein Gelege besteht aus 10 bis 20 Eiern, die einen Durchmesser von etwa 6 mm haben. Die Eier sind zu einem großen Klumpen verschmol-

Aneides lugubris, Weibchen mit schlüpfenden Jungen

zen und am Bruthöhlendach angeklebt. Bei 20 °C schlüpfen nach 12 Wochen die 20 bis 22 mm langen Jungsalamander. Sie werden nach 3 bis 4 Jahren mit 12 bis 14 cm Länge geschlechtsreif.

Arten mit ähnlichen Ansprüchen: Der Gewölkte Baumsalamander *(Aneides ferreus)* von der Westküste Amerikas legt seine Eier (bis 20) in mehreren Klumpen ab.

Der Alligatorensalamander *(Aneides lugubris)*, mit 15 cm die längste *Aneides*-Art, ist ein Waldbewohner der Küstengebiete Kaliforniens. Das Weibchen legt bis 24 Eier mit einem Durchmesser von 6 mm, aus denen bereits nach 2 Monaten die 30 mm langen Jungtiere schlüpfen. Auf engstem Raum, beispielsweise in Baumhöhlen, leben oftmals viele Tiere, wahrscheinlich im Familienverband, zusammen. Temperaturen bis 23 °C werden dabei gut vertragen. In Schrecksituationen geben die Tiere piepsende Laute von sich und können auch für kleinere Artgenossen gefährlich zubeißen.

Aus Neumexiko ist *Aneides hardii* bekannt, der sich bereits im zeitigen Frühjahr bei Temperaturen von 12 bis 14 °C fortpflanzt.

Gattung *Ensatina*

Der Eschscholtz-Salamander *(Ensatina eschscholtzi)* ist an der Westküste Kanadas und in den USA verbreitet. Diese bis zu 15 cm lange Art benötigt in Waldsalamanderterrarien eine Temperatur von 18 bis 24 °C. Das Weibchen legt 8 bis 12 Eier unter Rinden ab und bewacht das Gelege. Die Jungtiere haben beim Schlupf eine Länge von 35 bis 50 mm.

Gattung *Batrachoseps*

Der Kalifornische Wurmsalamander *(Batrachoseps attenuatus)* lebt im Grasland und in Buschregionen Kaliforniens. Die bis zu 16 cm langen Tiere benötigen ein mildes Terrarienklima, im Winter nicht unter 10 °C, im Sommer 20 bis 22 °C. Die Eiablage erfolgt meist im Herbst unter Steinen, Rinden und Fallholz. Die Jungtiere sind beim Schlupf nur 14 mm lang.

Gattung *Bolitoglossa*

Der Mexikanische Pilzzungensalamander *(Bolitoglossa mexicana)* lebt in feuchtwarmen Waldgebieten Mexikos, Honduras und im Südwesten von Guatemala. Alle Vertreter dieser mit 55 Arten recht umfangreichen Gattung bewohnen Bäume und klettern äußerst geschickt. Die Länge der meisten Arten beträgt 12 bis 14 cm. Die Weibchen legen wenige Eier im feuchten Substrat ab, aus denen die fertig entwickelten Jungtiere schlüpfen.

Gattung *Hydromantes*

Die Schleuderzungensalamander bevorzugen Höhlen und Felsbiotope. Der Sardinische Höhlensalamander *(Hydromantes genei)* benötigt Temperaturen von 12 bis 16 °C und ein flaches, mit Kies und Steinen besetztes Terrarium. Das Männchen klammert sich bei der Paarung mit seinen Vorderbeinen hinter denen des Weibchens an. Bei heftigem Schwanzwedeln beider Partner wird eine Spermatophore übertragen. Nach der Befruchtung legt das Weibchen unter hohlliegende Steine 6 bis 9 Eier ab. Die Jungtiere sind 18 bis 22 mm lang.

Alle Schleuderzungensalamander sind mit 8 bis 12 cm recht klein und als Pfleglinge für Anfänger nicht geeignet.

Salamander und Molche (Familie Salamandridae)

Im Aussehen und Verhalten sind die Molche und Salamander sehr variabel. Bei geschlechtsreifen Tieren fehlen stets äußere Kiemen oder Kiemenlöcher. Anatomische Kennzeichen dieser Familie sind das Vorhandensein von Lungen, einseitig ausgehöhlten (opisthocoelen) Wirbelkörpern und einer Doppelreihe von Gaumenzähnen.

Wassermolche (Gattung *Notophthalmus*)

Diese Gattung umfaßt durchweg kleine Molche, die nur 9 bis 12cm lang werden. Sie kommen in Nord- und Mittelamerika vor und leben ähnlich den Molchen der Gattung *Triturus* aus Europa in Tümpeln und Teichen. *Notophthalmus* bildet im Gegensatz zu *Triturus*-Arten zur Fortpflanzungszeit keine Rückensäume aus, lediglich die Schwanzschneiden verbreitern sich. Bei der Paarung kommt es zu intensivem körperlichem Kontakt.

Grünlicher Wassermolch
(*Notophthalmus viridescens*)

Diese Art lebt im Osten von Nordamerika. Die Molche sind olivgrün gefärbt, wobei die Oberseite mit roten und schwarzen Flecken durchsetzt ist. Die Unterseite erscheint besonders im Frühjahr gelborange mit schwarzen Tüpfeln.

Sekundäre Geschlechtsmerkmale: Männchen zur Paarungszeit mit verbreiterter Schwanzschneide, geschwollenen Kloakenlippen und lappenartig verbreiterten Zehen an den Hinterextremitäten.

Haltung: In dicht bepflanzten Aquaterrarien, Schwimmpflanzen erleichtern den Zugang zum Landteil. Kühle Überwinterung bei 4 bis 6 °C nur bei nördlichen Rassen nötig, vertragen im Sommer Temperaturen bis 26 °C. Nahrung im Wasser vorwiegend Wasserflöhe, Tubifex und an Land Asseln, Nacktschnecken, Spinnen, Heimchen; Universalfutter sind Regenwürmer und Enchyträen.

Fortpflanzung: Der Grünliche Wassermolch (*Notophthalmus viridescens*) muß kühl überwintert werden, wenn er sich im Frühjahr im Aquarium fortpflanzen soll. Das Männchen packt zur Paarung das Weibchen von oben, wobei es sich mit seinen Hinterbeinschwielen, speziellen Hornplättchen, im Bereich der Vorderbeine seiner Partnerin festklammert. Zur Stimulierung wird das Weibchen mit Duftstoffen aus der Kloake angewedelt, bis es seinen Schwanz leicht anstellt. Schließlich setzt das Männchen seine Spermatophore ab, die das Weibchen ertastet

Notophthalmus viridescens, juvenil

und mit der Kloake aufnimmt. Nach 2 bis 3 Wochen legt das Weibchen 200 bis 400 Eier einzeln an Wasserpflanzen ab. Daraus schlüpfen nach 4 bis 6 Wochen die Larven von durchschnittlich 14 mm Länge. Im Alter von 3 Monaten setzt die Metamorphose ein. Die Jungmolche gehen an Land und müssen in ein Waldsalamanderterrarium umgesetzt werden. Die Jungtiere, im Jugendkleid rot aussehend (»Rotmolchstadium«), gehen erst im 3. Jahr zur Fortpflanzung ins Wasser zurück.

Arten mit ähnlichen Ansprüchen: Die kleineren Vertreter Schwarzgefleckter Wassermolch *(Notophthalmus meridionalis)* und Gestreifter Wassermolch *(Notophthalmus perstriatus)* aus dem Südteil der USA paaren sich ebenfalls im zeitigen Frühjahr bei niedrigen Wassertemperaturen. Dauerhaft neotene Arten sind nach wie vor umstritten. Ebenso ungeklärt ist, ob diese zur Fortpflanzung kommen.

Rippenmolche (Gattung *Pleurodeles*)

Auf der Iberischen Halbinsel und in Nordafrika vorkommend, leben die Rippenmolche in Teichen, Tümpeln und Seen. Sie sind durch einen abgeflachten Kopf und Warzenreihen an den Körperflanken gekennzeichnet. Dort münden auch die Rippenspitzen, die Haut erscheint dadurch insgesamt rauh.

Spanischer Rippenmolch *(Pleurodeles waltl)*
Diese Art lebt fast ausschließlich aquatisch. In wärmeren Klimaten von Nordafrika verkriechen sich die Rippenmolche bei der Austrocknung der Gewässer unter Steinen oder suchen tiefere Erdlöcher auf. Die Tiere sind unscheinbar graublau gefärbt und werden bis zu 30 cm lang.

Sekundäre Geschlechtsmerkmale: Der Schwanz ist beim Männchen länger als der Körper, zur Paarungszeit sind die Warzen an den Körperflanken rötlich gefärbt. Außerdem fallen die Männchen sofort durch die schwarzen Brunstschwielen an den Innenseiten der Vorderextremitäten auf.

Haltung: Große Aquarien, Bepflanzung mit robusten Wasserpflanzen, Temperaturen zwi-

Pleurodeles waltl: Paarung, darunter Larve

schen 18 und 22 °C sind optimal. Fütterung mit Regenwürmern, Fleischstreifchen, kleinere Tiere mit Regenwurmstücken, Wasserflöhen und Tubifex.

Fortpflanzung: Bei kühler Überwinterung (2 bis 6 °C) kommen die Molche meist zweimal im Jahr zur Eiablage. Das Männchen versucht zur Paarung unter das Weibchen zu schwimmen und mit seinem Vorderbein das der Partnerin zu umgreifen. Gelingt das, dann dreht sich das Männchen schnell unter dem Weibchen durch und ergreift das andere Vorderbein. In dieser Stellung schwimmen beide stundenlang umher. Erreicht die Paarung ihren Höhepunkt, gibt das Männchen einen Vorderarm seiner Partnerin wieder frei, so daß sich beide Tiere seitlich drehen können, und die Spermatophore wird übergeben. Die Paarungen wiederholen sich mehrmals. Erst Wochen später legt das Weibchen 200 bis 700 Eier einzeln bzw. in kleinen Klumpen an Wasserpflanzen, Aquarieneinrichtungen u. ä. ab. Schnurförmig abgesetzte Eier sind fast immer unbefruchtet und verpilzen nach 2 bis 3 Tagen. Aus den 4,6 bis 6 mm großen Eiern schlüpfen bei 22 °C nach 15 Tagen die 10 bis 14 mm langen, dunkel pigmentierten Larven. Sie haben nach 64 bis 90 Tagen eine Länge von 60 mm. Larvenlängen von 85 bis 100 mm sind schon eine Ausnahme. Nach Rückbildung der Kiemen und bei Temperaturen von 22 °C werden die Rippenmolche bereits im 2. Jahr geschlechtsreif.

Arten mit ähnlichen Ansprüchen: *Pleurodeles*

poireti aus den Küstengebieten von Mittel- und Ostalgerien wird von manchen Autoren als Unterart von *Pleurodeles waltl* angesehen. In der Fortpflanzung gibt es keine Unterschiede.

Feuerbauchmolche (Gattung *Cynops*)

Die Feuerbauchmolche bilden beim Wasseraufenthalt keine Hautsäume aus. Die Haut erscheint warzig und rauh. Das Paarungsverhalten dieser kleinen bis mittelgroßen Molche ist hochspezialisiert.

Japanischer Feuerbauchmolch (*Cynops pyrrhogaster*)

Er besiedelt die Japanischen Hauptinseln Hondo, Schikoku und Kiuschu und lebt dort in vegetationsreichen stehenden oder langsam fließenden Gewässern. Im Gebirge geht er in Höhen bis zu 1500 m. Die Molche sind oberseits unscheinbar gefärbt. Der Bauch ist hellorange bis karminrot mit schwarzen Tüpfeln.

Sekundäre Geschlechtsmerkmale: Männchen sind mit 12 cm Länge kleiner als Weibchen, Kopfseiten und Körperflanken zur Paarungszeit wulstartig verbreitert, auffallende Parotoiden, Schwanz der Männchen mit graublauem Belag und fadenförmigem Schwanzanhang versehen.

Haltung: mittelgroße Aquarien, zur Eiablage mit *Myriophyllum* reich bepflanzt. Temperaturen wechselnd von 6 bis 8 °C im Winter, bis 24 °C im Sommer. Als Futter Tubifex, Regenwürmer, Ersatzfutter kleingeschnittenes Rinderherz oder Leber, fressen von der Wasseroberfläche Blattläuse und Fruchtfliegen.

Fortpflanzung: Zur Stimulierung der Fortpflanzung ist eine Winterruhe notwendig. Die optimale Besetzung eines mittleren Aquariums sind 2 Männchen und 5 Weibchen. Paarungsbereite Männchen schwimmen viel umher, sie stoßen mit der Kinnspitze an die Kloake der Weibchen und in deren Flanken. Dann stellen sie sich quer vor ihrer Partnerin auf und wedeln ihr mit

Cynops pyrogaster

Cynops cyanurus

der Schwanzspitze Duftstoffe zu. Folgt das Weibchen nun dem Männchen, legt dieses ein Spermapaket ab, das vom Weibchen aufgenommen wird. Nach mehreren Tagen beginnt die Eiablage. Dabei werden die Eier, 100 bis maximal 600, einzeln an gefaltete Wasserpflanzenblätter geheftet. Die Eier sind schnell aus dem Aquarium der Elterntiere (Laichräuber) zu entfernen. Sie haben einen Durchmesser von 2,5 bis 3 mm. Bei Wassertemperaturen von 20 °C schlüpfen nach 20 Tagen die etwa 14 mm langen Larven. Sie wachsen in 60 Tagen auf eine Länge von 45 bis 55 mm heran und gehen innerhalb von 2 bis 3 Tagen als Jungmolche (Länge 25 bis 40 mm) an Land. Als Landteil genügt eine Korkinsel. Nach 2 Jahren sind die Molche 12 bis 14 cm lang und geschlechtsreif.

Arten mit ähnlichen Ansprüchen: Der Tüpfelmolch *(Cynops cyanurus)* aus Südost-China lebt in kühleren Gewässern und benötigt zur Fortpflanzung ebenfalls eine Winterruhe bei Wassertemperaturen von 1 bis 4 °C. Das trifft auch für den Chinesischen Zwergmolch *(Cynops orientalis)* zu, der nur 9 cm lang wird. Beide aquatischen Arten stimmen in der Fortpflanzung mit dem Japanischen Feuerbauchmolch überein. Bei *Cynops shataukokensis* aus China setzt die Balz schon bei Temperaturen von 14 °C ein. Wesentlich wärmeverträglicher ist der Schwertschwanzmolch *(Cynops ensicauda)* von den Japanischen Riukiu-Inseln. Er läßt sich bei Durchschnittstemperaturen von 22 °C halten, verträgt bis 24 °C und benötigt zur Fortpflanzungsstimulierung Temperaturen von 16 bis 18 °C im Winterhalbjahr. Diese Art, in den letzten Jahren erfolgreich nachgezogen, hat eine Embryonalzeit von 12 bis 18 Tagen, und die Larven werden mit 50 bis 65 mm recht groß. Die Fortpflanzungsfähigkeit kann bereits nach einem Jahr einsetzen.

Gebirgsmolche (Gattung *Euproctus*)

Diese Gattung umfaßt ausschließlich Gebirgsbachbewohner, die zur Paarungszeit keine Hautsäume ausbilden.

Pyrenäen-Gebirgsmolch *(Euproctus asper)*

In den Nord- und Mittelpyrenäen beheimatet, bewohnen die Molche kühle Tallagen. Sie leben dort unter Steinen und Wurzeln versteckt und unternehmen zur Fortpflanzung meist kurze Wanderungen zu den Gebirgsbächen. Die bis zu 16 cm langen Tiere haben oberseits eine unscheinbare graue Grundfarbe, die von einer gelben Rückenlinie und seitlich unregelmäßig angeordneten zitronengelben Flecken aufgelockert wird.

Sekundäre Geschlechtsmerkmale: Männchen kleiner, haben einen kräftigen muskulösen Schwanz, Brunftschwielen an den Zehen.

Haltung: Flachwasseraquarium mit größeren Steinen, Aquaterrarium, Wasserstand 8 bis 12 cm, Temperaturen zwischen 12 und 18°C, als Futter ganzjährig Tubifex, Enchyträen, Regenwürmer und Wasserarthropoden.

Fortpflanzung: Zur Paarung umfaßt das Männchen seine Partnerin mit Hilfe des Schwanzes und massiert mit den Hinterbeinen die Kloake des Weibchens. Nach der Übergabe der Spermatophore werden etwa 14 Tage später die 4 bis 5 mm großen Eier einzeln unter Steinen abgesetzt. Die Elterntiere sind danach aus dem Aquarium zu entfernen. Bei Temperaturen um 18°C schlüpfen nach etwa 20 Tagen die 13 mm langen Junglarven. Die Larvenzeit dauert durchschnittlich 4 Monate, bis bei einer Körperlänge von 55 bis 65 mm die Umwandlung beginnt. Dieser Vorgang dauert 20 Tage. Dabei tritt das Jugendfarbkleid, eine typische Rückenzeichnung aus unregelmäßigen gelben Flecken,

Euproctus asper, juvenil

deutlich hervor. Die Geschlechtsreife setzt nach etwa 2 Jahren ein.

Arten mit ähnlichen Ansprüchen: Der Korsische Gebirgsmolch *(Euproctus montanus)* ist eine kleinere Art, die zur erfolgreichen Vermehrung eine mindestens viermonatige Winterruhe an Land benötigt. Bei Temperaturen über 22°C verkriechen sich die Tiere ebenfalls in den Bodengrund des Terrariums, allerdings ist diese Sommerruhe nicht zur Fortpflanzungsstimulierung notwendig.

Der Sardinische Gebirgsmolch *(Euproctus pletycephalus)* lebt fast ständig an Land, das Männchen verläßt sofort nach der Paarung das Wasser. Das Weibchen legt 30 bis 70 Eier einzeln unter hohlliegenden Steinen ab.

Krokodilmolche (Gattung *Tylototriton*)

Krokodilmolche zählen mit einer Länge von 14 bis 20 cm zu den mittelgroßen Schwanzlurcharten. Sie haben eine rauhe, warzige Haut. Die Rippenspitzen sind seitlich hochgebogen und enden in den Warzenreihen an der Körperflanke. Hautsäume fehlen den Tieren zur Fortpflanzungszeit. Die Paarung erfolgt unter engem körperlichem Kontakt.

Burma-Krokodilmolch *(Tylototriton verrucosus)*

Diese Art ist von Südchina bis Burma und Thailand verbreitet. Sie lebt tagsüber versteckt unter Laub, Wurzeln und Steinen in Bergwaldregionen. Zur Fortpflanzung werden nahegelegene seichte, ruhig stehende Gewässer aufgesucht. Die Grundfärbung der Tiere variiert von graubraun bis schwarz, Rückenmitte, Warzenreihen, Kopf und Extremitäten sind orangegelb wie die Unterseite gefärbt.

Sekundäre Geschlechtsmerkmale: Männchen mit großen Parotoidenwülsten, längerer Schwanz, zur Paarung graublau schimmernd.

Haltung: Aquaterrarium mit flachem, 8 bis 12 cm hohem Wasserstand, Landteil aus Steinen und Rinden, gut zugänglich. Temperaturen von 20 bis 26°C optimal. Paarung wird stimuliert durch Zunahme der Tageslänge und Tempera-

Tylototriton verrucosus, Männchen

turanstieg. Ernährung mit Regenwürmern, Nacktschnecken, Tubifex, Wachsmottenlarven, Mehlkäferlarven sowie Fleischstreifchen von der Pinzette.

Fortpflanzung: Die Paarung erfolgt im Wasser. Das Männchen schwimmt dabei unter das Weibchen und versucht, mit den Vorderbeinen seine Partnerin zu umklammern. Ist das Weibchen paarungsbereit, wird die Klammerung gelockert, so daß die Spermatophore aufgenommen werden kann. Der Laich wird einige Zeit später einzeln oder in Klumpen, insgesamt etwa 200 Eier, im Freiland bis etwa 400 Eier, an Wasserpflanzen abgelegt. Der Eidurchmesser beträgt 7 mm. Die Elterntiere gehen danach wieder an Land. Nach 2 Wochen schlüpfen bei 24 °C die 12 bis 14 mm langen Junglarven, die durch breite Hautsäume an Rücken und Schwanz und wenig Pigmentierung am Körper auffallen. Nach etwa 3 Monaten haben sie eine Länge von 65 bis 70 mm und wandeln sich um. Die 50 mm langen Jungmolche haben dasselbe Farbkleid wie die Elterntiere und leben etwa 2 Jahre an Land, bevor sie zur Fortpflanzung ins Wasser gehen.

Arten mit ähnlichen Ansprüchen: Der Japanische Krokodilmolch *(Tylototriton andersoni)* beginnt bereits im März bei Temperaturen von 16 bis 18 °C mit der Fortpflanzung. *Tylototriton asperrimus*, mit einer Länge von 13 cm eine kleine Art aus Südost-China (Berglandbewohner), muß ebenfalls kühl überwintert werden und beginnt im zeitigen Frühjahr mit der Eiablage. Teilweise überwintern auch Larven, die erst im 2. Jahr zur Umwandlung kommen.

Gelbbauchmolche (Gattung *Taricha*)

Gelbbauchmolche sind durchweg kräftige, mittelgroße Schwanzlurche, die teilweise im Wasser leben. Zur Paarungszeit verbreitern sich die Schwanzschneiden. Die Paarung erfolgt unter engem körperlichem Kontakt.

Taricha granulosa, Paarung

Taricha granulosa, Ei und Embryonalentwicklung

Rauhhäutiger Gelbbauchmolch
(Taricha granulosa)

Diese Molche sind in der Küstenregion von Nordamerika, von Südalaska bis Kalifornien verbreitet. Sie besiedeln in Gebirgsregionen Waldbiotope und Felsen. Im Frühjahr suchen sie Tümpel, Seen oder langsam fließende Gewässer auf. Die mittelgroßen, bis 19 cm langen Molche sind oberseits hellbraun bis schwarzbraun gefärbt.

Sekundäre Geschlechtsmerkmale: Männchen mit Brunftschwielen an den Extremitäten, vergrößerte Kloake, Körperfärbung zur Paarungszeit dunkeloliv.

Haltung: ganzjährig in Aquaterrarien, bei kühlem Standort (16 bis 18 °C) genügt ein Aquarium mit Schwimminsel, dichte Bepflanzung mit *Myriophyllum* oder *Elodea*, Ernährung mit Wasserflöhen, Tubifex, Mückenlarven, zerschnittenen Regenwürmern.

Fortpflanzung: Im Aquaterrarium setzt in den Wintermonaten bei Temperaturen von 18 bis 22 °C die Paarung ein. Das kleinere, dunkel gefärbte Männchen (bis 16 cm lang) schwimmt über dem Weibchen und klammert sich mit Hilfe seiner Brunftschwielen an den Extremitäten der Partnerin fest. So schwimmen die Tiere lange Zeit umher. Das Weibchen wird zusätzlich durch Duftstoffe aus der Kinndrüse des Männchens stimuliert. Beim Höhepunkt der Paarung wird das Weibchen losgelassen, und das Männchen setzt vor ihm eine Spermatophore ab, die das Weibchen ertastet und aufnimmt. Die Eier werden etwa 10 Tage später einzeln oder in kleinen Klumpen an Wasserpflanzen abgelegt. Unter Freilandbedingungen wurden etwa 30 Eier pro Weibchen registriert, Aquarienzuchten brachten 6 bis 16 Eier. Bei 22 °C schlüpfen nach 30 Tagen die 12 mm langen Larven. Sie wachsen in 3 Monaten auf eine Länge von 60 mm heran und wandeln sich dann um. Jungsalamander leben 4 bis 8 Monate im Feuchtterrarium vorwiegend terrestrisch und gehen später zurück. Sie werden mit 3 Jahren geschlechtsreif.

Arten mit ähnlichen Ansprüchen: Der Kalifornische Gelbbauchmolch *(Taricha torosa)* lebt ebenfalls aquatil. Die Weibchen dieser Art legen bis zu 45 Eier. *Taricha rivularis* aus Nordkalifornien paart sich bei Temperaturen von 18 °C und legt meist nur 2 bis 3 Eiklumpen mit wenigen Eiern (bis 16 Stück) ab.

Taricha: Paarung und Laich

Salamander (Gattung *Salamandra*)

Namengebend für die gesamte Familie ist die Gattung der Salamander *(Salamandra)*, die sich durch landlebende Tiere mit rundem bis hoch ovalem Schwanzquerschnitt auszeichnet. Die geschlechtsreifen Tiere bilden keine Hautsäume aus. Männchen haben eine geschwollene Kloake. Die Paarung findet auf dem Lande statt.

Feuersalamander *(Salamandra salamandra)*

Der Feuersalamander ist in Mittel- bis Osteuropa weit verbreitet. Er ist ebenso in Kleinasien bis Nordafrika anzutreffen. In diesem riesigen Areal besiedelt er Berglandschaften (bis 1100 m Höhe). Er sucht tagsüber Verstecke, wie Höhlungen unter Steinen und Wurzeln oder unter Geröllhaufen, auf und ist nachts aktiv. Bei feuchter Witterung ist er auch tagsüber anzutreffen. Die Tiere sind durch ihre schwarzgelbe Färbung gut an den Untergrund angepaßt. Durch die Giftabsonderungen an den Ohrdrüsenwülsten sind die Salamander vor natürlichen Feinden sicher.

Sekundäre Geschlechtsmerkmale: Männchen bis 28 cm lang, Kopf wuchtig, kantig, zur Paarungszeit angeschwollene Kloake (Doppellippenwulst). Große Variationen von Körperbau und Färbung bei den 11 Unterarten.

Haltung: mittelgroße flache Terrarien, feuchter Bodengrund aus Lauberde und Mulm aus Buchenstubben, Verstecke unter Moos und Rinde. Eine Flachwasserschale mit Steinen muß gut zugänglich sein, da die Tiere schnell ertrinken. Futter je nach Größe der Salamander: Regenwürmer, Nacktschnecken, Gliedertiere aller Art, Fleischstreifchen von der Pinzette.

Fortpflanzung: Der Feuersalamander paart sich meist das ganze Jahr über, besonders aber im Herbst bei Temperaturen von 10 bis 12 °C und feuchter Witterung.

Es wird berichtet, daß bei Unterarten aus wärmeren Klimaten für die Paarungsstimulierung ansteigende Temperaturen mit Regenfeuchte wichtig sind. Zur Balz kriecht das Männchen unter das Weibchen, klammert sich mit seinen Vorderbeinen um die der Partnerin und trägt sie auf dem Rücken umher. Ist das Weibchen paarungsbereit, kommt es zum Kloakenkontakt, die Spermatophore wird abgesetzt und sofort vom Weibchen in die Kloake aufgenommen. In Falten der inneren Kloakenwand wird das Sperma so lange gespeichert, bis die Eier zur Befruchtung herangereift sind. Ältere Weibchen verpaaren sich in der Regel mehrmals und können dann über

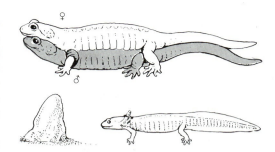

Salamandra salamandra: Paarung, Spermatophore und Larve

Jahre hinaus 12 bis 70 Larven absetzen. Dazu begeben sich die trächtigen Weibchen an die Wasserstelle im Terrarium. Meist gleich beim Absetzen schlüpfen aus den Eiern die 22 bis 30 mm langen Larven. Diese wandeln sich bei 22 °C nach 6 Wochen, bei 18 °C nach 4 Monaten bei einer Länge von 60 bis 95 mm um und gehen an Land. Haltung zunächst im Tradescantiaglas, Jungsalamander ertrinken schnell. Die Geschlechtsreife tritt nach 2 Jahren ein. Feuersalamander können bis zu 50 Jahre alt werden und bleiben fast bis zum Tode fortpflanzungsfähig.

Arten mit ähnlichen Ansprüchen: Der Alpensalamander *(Salamandra atra)* ist fast im gesamten Alpenraum verbreitet. Diese Art bevorzugt niedrige Temperaturen im Sommer (16 bis 20 °C)

Salamandra salamandra giglioli

Triturus vittatus zur Paarungszeit

und paart sich nachts. Nach einer Tragzeit von 2 Jahren werden zwei vollentwickelte Junge geboren, die sich auf Kosten der ursprünglich großen Zahl von Eiern im Uterus des Muttertieres entwickeln.

Wassermolche *(Gattung Triturus)*

Die formenreichste Gattung der Schwanzlurche mit derzeit 9 Arten und etwa 35 Unterarten stellen die Molche der Gattung *Triturus*, für die ein jahresperiodischer Biotopwechsel und die in der Fortpflanzungszeit breiten Hautsäume der Männchen typisch sind. Die Paarung findet stets im Wasser statt. Die Paarungsspiele verlaufen ohne direkten körperlichen Kontakt und stellen innerhalb der Schwanzlurche die höchste Entwicklungsstufe dar.

Bandmolch *(Triturus vittatus)*

Verschiedene Rassen ausbildend, ist der Bandmolch vom Kaukasus und der südlichen Schwarzmeerküste bis Nordisrael verbreitet. Er lebt in Ebenen und geht in Gebirgen bis etwa 300 m hoch. Im Frühjahr werden dichtbewachsene Tümpel, Teiche und Weiher aufgesucht, den Rest des Jahres verbringen die Tiere an Land unter Rinden, Steinen, in Erdlöchern oder in Baumstubben. Eine kühle, frostfreie Überwinterung ist wichtig. Die unscheinbar braun gefärbten Bandmolche bilden zur Paarungszeit farblich attraktive Hautsäume aus.

Sekundäre Geschlechtsmerkmale: Männchen bis 16 cm lang, Rückensaum höher als Körper und schwarzbraun/gelb senkrecht gestreift, dunklere Grundfärbung. Weibchen bis 19 cm lang, Grundfarbe heller, Flankenfleckung kleiner.

Haltung: Während des Frühjahrs im mittelgroßen Aquarium, Bodengrund aus grobem Kies, dichte Bepflanzung, Temperaturen bis zum Sommer zwischen 18 und 22°C. Dann flaches Terrarium mit Eichenmulm, Moos und Rinde. Ganzjährige Haltung auch im Aquaterrarium möglich, Schwimminsel aus Zierkork oder Schaumstoff. Winterruhe bei 6 bis 8°C. Fütterung mit Regenwürmern, Tubifex, Wasserflöhen, Fleischstreifen von der Pinzette.

Fortpflanzung: Zur Kontaktaufnahme stößt

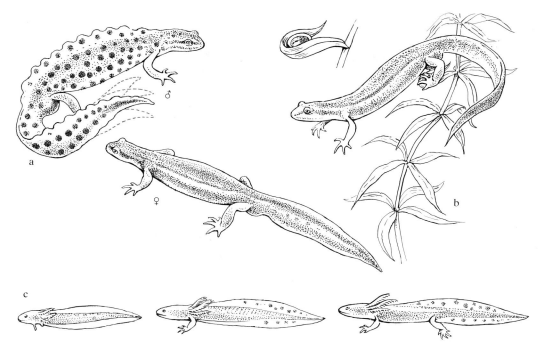

Triturus: a Balz, b Eiablage, c Larvenentwicklung

Tabelle 3: Überblick über ähnliche Arten der Gattung *Triturus*

das Männchen dem Weibchen mit dem Kopf in die Körperflanken- und Genitalregion. Dabei werden der Partnerin durch Vibrieren der seitlich abgebogenen Schwanzspitze Duftstoffe zugewedelt. Dieses »Wedeln« kann sich periodisch

Art	Eizahl (Stück)	Embryonalzeit (Tage)	Larven (Wochen)	Länge (mm)	Jungmolchlänge (mm)
Teichmolch (*T. vulgaris*)	100–300	12–15	6–10	30–45	30–35
Kammolch (*T. cristatus*)	200–300	14–21	9–12	50–85	50–80
Bergmolch (*T. alpestris*)	100–250	15–20	12	40–50 (70)	35–45
Fadenmolch (*T. helveticus*)	200–400	21	12–14	60–70	50–65
Marmormolch (*T. marmoratus*)	200–300	14–21	12–15	60–80	50–80
Spanischer Wassermolch (*T. boscai*)	100–200			30	
Italienischer Wassermolch (*T. italicus*)			9	30–40	25
Karpatenmolch (*T. montandoni*)		20–30	12–16	35–45	28–35

über mehrere Stunden wiederholen. Dazwischen führt das Männchen nickende Kopfbewegungen aus. Schließlich setzt es vor dem Weibchen eine Spermatophore ab, die dieses mit der Kloake ertastet. Ein Weibchen kann sich an verschiedenen Tagen mit mehreren Partnern paaren, so daß es stets Spermatophoren mehrerer Männchen empfängt. Nach 2 bis 3 Wochen legen die Weibchen bis zu 400 Eier (6 mm groß) einzeln an Wasserpflanzen ab. Zur Aufzucht der Jungmolche ist es am besten, die mit Eiern besetzten, oftmals eingerollten Wasserpflanzen in ein separates Aquarium zu überführen. Nach 12 Tagen schlüpfen bei 20°C die Larven. Sie sind 10 bis 12 mm lang und wachsen in den nächsten 9 bis 10 Wochen auf eine Länge von 55 bis 65 mm heran. Ehe die Metarmorphosezeit beginnt bilden sich die Kiemen zurück. Dann werden die Jungmolche in ein Tradescantiaglas überführt.

Neurergus strauchii, juvenil

Bergbachmolche (Gattung *Neurergus*)

Alle Vertreter der Gattung *Neurergus* leben aquatisch. Sie sind in weit auseinanderliegenden Gebieten in der Osttürkei sowie im Westen und Norden des Irak beheimatet.

Türkischer Bergbachmolch
(*Neurergus strauchii*)

Die bis zu 19 cm langen Molche sind tiefschwarz gefärbt.

Sekundäre Geschlechtsmerkmale: Brünftige Männchen mit leuchtend blauen Flecken an den Schwanzseiten.

Haltung: flaches Aquaterrarium, Wasserteil mit grobem Kies und hohlliegenden flachen Steinen, Steininsel, besetzt mit Wassermoos und Rinde. Überwinterung bei 0 bis 6°C, Maximaltemperatur 20°C, Wasserbewegung über Kreiselpumpe. Ernährung mit Regenwürmern, Tubifex, Mückenlarven oder Streifchen von Rinderherz und -leber.

Fortpflanzung: Das Paarungsspiel verläuft ohne jeden körperlichen Kontakt. Das Männchen stellt sich quer vor dem Weibchen auf und wedelt diesem mit der Schwanzspitze die Duftstoffe aus der Kloake zu. Die Spermatophore wird vor der Partnerin abgesetzt und von ihr aufgenommen. Einige Wochen später werden die 35 bis 70 Eier an die Unterseite von hohlliegenden Steinen im Wasser abgesetzt. Der Eidurchmesser beträgt 3 mm. Die Elterntiere sind aus dem Aquarium zu entfernen. Nach einem Monat schlüpfen bei einer Temperatur von 16°C die 13 bis 15 mm langen Larven. Bei höheren Temperaturen wachsen die Larven in 3 Monaten auf eine Länge von 45 bis 50 mm heran. Wenn sich die Oberseite dunkel einfärbt und eine gelbe Fleckung sichtbar wird, beginnt die Metamorphose. Die Jungmolche sind ca. 50 mm lang und drängen teilweise an Land. Eine Überwinterung als Larve wird gelegentlich beobachtet, besonders bei Temperaturen unter 12°C.

Arten mit ähnlichen Ansprüchen: Der Urmia-Molch (*Neurergus crocatus*) wird 18 cm lang und sollte nicht bei Temperaturen über 18°C gehalten werden. Eine larvale Überwinterung ist häufig. *Neurergus kaiseri* und *Neurergus microspillatus* gehen zeitweise an Land.

Gattung *Mertensiella*

Die in Kleinasien und auf den Ägäischen Inseln verbreiteten Lykischen Salamander (*Mertensiella luschani*) bleiben mit 12 cm Länge recht klein, die Männchen sind an einem 5 mm hohen Schwanzwurzelhöcker gut erkenntlich. Beim Paarungsspiel im Mai wird das Weibchen vom Männchen unterlaufen. Mit Hilfe des Schwanzwurzelhöckers beginnt die Stimulation der weiblichen Kloake, die Tiere geraten in Zuckungen, und das Männchen setzt einen etwa 12 mm hohen Samenträger ab. Das Weibchen senkt seine geweitete Kloake darüber und nimmt die Spermatophore auf. Bei Temperaturen von 18 bis 22 °C werden nach etwa 6 Wochen vollentwickelte Jungtiere mit einer Gesamtlänge von 30 bis 45 mm geboren. Eine Winterruhe bei Temperaturen von 6 bis 8 °C in den Monaten Dezember bis März stimuliert die Paarungsbereitschaft.

In den Südwestausläufern des Kaukasus in Höhenlagen von 600 bis 1000 m kommt der Kaukasus-Salamander *(Mertensiella caucasica)* vor, der bis 20 cm lang wird. Die Weibchen sind nach der Paarung etwa 2 Monate trächtig. Die Eier und Larven finden sich in flachen Kolken und Bachwasseransammlungen, wo sie in der Regel auch den ersten Winter überdauern. Mit einer Länge von 75 mm setzt die Metamorphose ein. Jungtiere halten sich in feuchten Biotopen am Gewässerrand auf. Die Geschlechtsreife tritt frühestens im 3. Lebensjahr ein, wenn die Tiere eine Gesamtlänge von 130 mm erreicht haben.

Gattung *Salamandrina*

Die im Westteil der Apenninen beheimateten Brillensalamander *(Salamandrina terdigitata)* werden nur 10 cm lang und benötigen ein kühl stehendes Waldsalamanderterrarium. Wechseltemperaturen von 6 bis 18 °C und eine Winterruhe erhöhen die Paarungsbereitschaft. Die Paarung erfolgt im Spätherbst. Im Frühjahr legt das Weibchen die Eier in kleinen Klumpen (bis 12 Stück) an Steine. Meist werden dabei Flachwasserstellen ausgesucht. Nach 2 Monaten sind die Larven 60 mm lang und beginnen mit der Umwandlung. Diese Art gilt als schwieriger Pflegling und ist nicht für Anfänger geeignet.

Gattung *Paramesotriton*

Der Chinesische Warzensalamander *(Paramesotriton chinensis)* (15 cm lang) benötigt ein Aquaterrarium und Wassertemperaturen bis 18 °C. Ebenso liebt *Paramesotriton deloustali* (20 cm

Paramesotriton hongkongensis, juvenil

lang) kühleres Wasser, dagegen muß *Paramesotriton hongkongensis* (14 cm lang) bei Temperaturen von 18 bis 22 °C gehalten werden. Die Männchen sind zur Paarungszeit am deutlichen seitlichen Schwanzband kenntlich. Die Larvalentwicklung dauert 3 bis 5 Monate. Die Jungmolche haben nach der Umwandlung eine Länge von 38 bis 50 mm.

Gattung *Pachytriton*

Ganzjährig in Flachwasseraquarien bei Temperaturen bis 18 °C lassen sich die Chinesischen Kurzfußmolche *(Pachytriton brevipes)* halten. Zur Paarung verbeißen sich die Partner (Maulzerren). Etwa 12 bis 16 Eier werden an der Unterseite von lose im Wasser liegenden Steinen angeheftet. Die Molche sind nach etwa 3 Jahren mit 16 bis 18 cm ausgewachsen und geschlechtsreif.

Angaben zu weiteren Familien
Aalmolche (Familie Amphiumidae)

Der Rumpf dieser Molche ist äußerst langgestreckt und gleichmäßig dick. Die kleinen Vorder- und Hinterbeine sind beim Wasserleben praktisch funktionslos. Die Familie besitzt außer Lungen zeitlebens funktionstüchtige, innere Kiemen.

Gattung *Amphiuma*

Der Zweizehen-Aalmolch *(Amphiuma means)* wird bis 118 cm lang und benötigt geräumige Flachwasseraquarien. Bei Temperaturen bis 24 °C im Sommer und 15 °C im Winter kommen die Tiere häufig zur Fortpflanzung. Im Herbst legt das Weibchen in eine flache Brutmulde bis zu 50 Eier ab, aus denen nach 3 bis 5 Monaten die etwa 50 mm langen Larven schlüpfen. Nach Rückbildung der äußeren Kiemen bei 80 bis 100 mm Länge ist die Larvalzeit beendet.

Amphiuma tridactylum, der Dreizehen-Aalmolch, und *Amphiuma pholeter* (nur 33 cm lang) werden selten in Aquarien gehalten.

Olme (Familie Proteidae)

Zu dieser Familie gehören ausschließlich im kühlen Wasser lebende Schwanzlurche.

Gattung *Proteus*

Die in den Höhlen des adriatischen Karst's beheimateten Grottenolme *(Proteus anguinus)* werden bis 30 cm lang und müssen in abgedunkelten, kühl stehenden Aquarien mit kalkhaltigem Wasser gehalten werden. Die Männchen sind an der aufgetriebenen Kloake und an dem kellenartig abgerundeten Schwanz erkennbar. Damit werden dem Weibchen Duftstoffe zugewedelt, so daß es dem Männchen folgt und die abgesetzte Spermatophore aufnimmt. Die Embryonalzeit dauert 3 Monate. Mit 5 Jahren sind die Tiere geschlechtsreif.

Gattung *Necturus*

Der Gefleckte Furchenmolch *(Necturus maculosus)* aus dem mittleren Osten der USA wird bis 45 cm lang und benötigt ein reich bepflanztes, sehr sauberes Aquarium. Die Tiere halten Temperaturen bis 20 °C aus und sollten auch im Winter nicht unter 7 °C gehalten werden. Das Weibchen heftet die Eier einzeln an Steine, Wasserpflanzen u. ä. und treibt eine Zeitlang Brutpflege. Erst im Alter von 5 Jahren werden die Jungtiere geschlechtsreif.

Alle Arten der Gattung *Necturus* sind nicht für Anfänger geeignet.

Armmolche (Familie Sirenidae)

Die Armmolche weisen nur noch ein Paar Vorderbeine auf, wovon sich auch die deutsche Bezeichnung ableitet. Die Armmolche kommen in zwei Arten in der Ostküstenregion der USA vor. Es sind Dauerlarven, die im Wasser leben. Über die Terrarienhaltung gibt es bisher nur relativ wenige Angaben.

Gattung *Siren*

Der Kleine Armmolch *(Siren intermedia)* wird bis 70 cm lang und benötigt tiefgründige Aquarien. Im Sommer sollten die Temperaturen 22 bis 26 °C betragen. Sonst genügen 18 bis 20 °C. Eier werden einzeln oder in Klumpen abgelegt.

Der Große Armmolch *(Siren lacertina)* hat im erwachsenen Zustand eine Länge von 100 cm.

Riesensalamander (Familie Cryptobranchidae)

In dieser Familie werden urtümliche Schwanzlurche, die ausschließlich im Wasser leben, zusammengefaßt.

Gattung *Andrias*

Der Chinesische Riesensalamander *(Andrias davidianus)* bewohnt saubere und kühle Fließgewässer in den Bergen Ostchinas und ist mit 180 cm der längste Schwanzlurch. *Andrias japonicus* auf der japanischen Insel Hondo wird nur 145 cm lang. Das Weibchen legt mehrere hundert Eier in Strängen, die vom Männchen besamt und bewacht werden. Die Larven haben eine Schlupflänge von 30 mm und wachsen in 4 bis 6 Jahren zu fertigen Riesensalamandern heran.

Gattung *Cryptobranchus*

Der Nordamerikanische Schlammteufel oder Hellbender *(Cryptobranchus alleganiensis)* wird bis 75 cm lang und lebt in schnellfließenden Strömen und Bächen. Er verträgt in Aquarien vorübergehend auch Temperaturen von 20 °C. Das Weibchen legt nach dem Paarungsspiel etwa 500 Eier in eine Brutgrube am Gewässergrund ab. Etwa 12 Wochen nach der Besamung dieser Eier schlüpfen 30 mm lange Larven. So lange bewacht das Männchen die Brut. Innerhalb von 2 Jahren wachsen die Larven heran und verlieren dann erst ihre äußeren Kiemen. Die Geschlechtsreife tritt erst nach 6 Jahren ein.

Froschlurche

Zungenlose (Familie Pipidae)

Der Name geht auf die fehlende Zunge zurück. Die Augen sind vielfach lidlos, Hornzähne fehlen. Seitenorgane sind in Form von Hautpapillen vorhanden. Leistenamplexus. Die Larven besitzen paarige Atemöffnungen.

Von den 4 Gattungen werden 3 ständig gehalten und zur Fortpflanzung gebracht.

Wabenkröten (Gattung *Pipa*)

Der Körper wirkt eckig, abgeflacht. An Kopf und Fingern befinden sich Tastorgane. Die Oberseite ist dunkel grauschwarz, die Unterseite heller gefärbt. Die Zehen besitzen Schwimmhäute. Wabenkröten sind in Mittel- und Südamerika verbreitet und leben in stehenden und langsam fließenden Gewässern, an die Wasserqualität werden keine Ansprüche gestellt. Sie sind vollaquatil, leben am Grunde und schwimmen ruckartig. Gefressen werden alle lebenden Tiere, die überwältigt werden können: Kleinkrebse, Würmer, Insekten und ihre Larven, Fische, Laich, auch Fleisch. Sie sind kannibalisch.

Von den 7 Arten der Gattung sind am bekanntesten die Kleine Wabenkröte *(P. carvalhoi)*, die Große oder Surinam-Wabenkröte *(P. pipa)* sowie *P. parva*.

Haltung: Es ist ein großes Aquarium einzurichten, das gut abgedeckt werden muß. Bodengrund ist nicht erforderlich, grober Kies kann eingebracht werden. Als Bepflanzung eignen sich Schwimmpflanzen, Bodenpflanzen müssen eingetopft werden. Steine oder Wurzeln mit Versteckmöglichkeiten sind notwendig. Die Was-

Pipa: Schwimmverhalten bei der Eiablage. Eier werden auf der Haut des Weibchens deponiert. (nach Rabb)

sertemperaturen können zwischen 20 und 30°C schwanken. Tagsüber ist eine Beleuchtung zweckmäßig.

Fortpflanzung: Zuchtgruppen nicht zu groß wählen, 1 bis 2 Männchen auf 2 bis 6 Weibchen genügen. Weiches Wasser ist erforderlich. Die Fortpflanzungsstimulierung kann durch Einleitung von kühlem Wasser (10 bis 14°C) erfolgen. Der Paarungsruf des Männchens ist ein typisches Klicken. Paarungsbereite Weibchen sind an der angeschwollenen, ringförmig ausgestülpten Kloake und der verdickten und schwammigen Rückenhaut zu erkennen. Der Leistenamplexus kann bis zur Laichabgabe viele Stunden bis Tage dauern. Laichabgabe und Besamung erfolgen während einer langsamen, vertikal kreisförmigen Schwimmbewegung (Salto rückwärts, turn over), wobei jeweils bis 6 Eier auf dem Rücken des Weibchens plaziert werden. Dieser Vorgang wiederholt sich mehrfach etwa alle 15 Minuten. Dabei werden die Eier vom Männchen jeweils nach vorn geschoben, bis die gesamte Rückenhaut mit Eiern bedeckt ist, nach 12 bis 24

Pipa: Schnitt durch die Haut des Weibchens mit Embryo. (nach Hilzheimer) 1 eingestülpte Epidermis, 2 Außenhaut, 3 Körperinneres

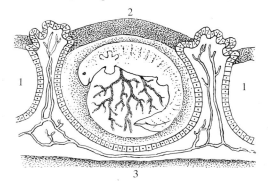

Pipa carvalhoi, Leistenamplexus

Pipa carvalhoi, Larve

Stunden mit bis 100 Eiern. Nach weiteren maximal 24 Stunden sind alle Eier in der Rückenhaut eingesunken und (bei *P. carvalhoi* und *P. parva*) überwachsen. Die Entwicklungszeit wird unterschiedlich angegeben, im Mittel beträgt sie bei *P. carvalhoi* bei 25 °C Wassertemperatur:

	Tage nach Eiablage	Größe (mm)
Ei		2–2,5
Larvenschlupf aus der Haut	15–25	12
Hinterbeine ausgebildet	60	–
Vorderbeine ausgebildet	75	50
Schwanz resorbiert	80	18–22

Der Laichvorgang kann sich alle 4 bis 5 Wochen wiederholen. Die Larven sind in ein gesondertes Becken zu überführen. Sie ernähren sich durch Filtrieren des Wassers. Deshalb sind anfangs feinste Schwebstoffe anzubieten (zerriebene und durch ein feines Tuch gepreßte Pflanzen wie Brennessel, Klee und Salat, Algen sowie Bäckerhefe, Haferschleim, später Zooplankton, Cyclops u. ä.). Die Jungfrösche nehmen nur tierische Nahrung zu sich.

Die Geschlechtsreife wird mit 6 bis 8 Monaten erreicht.

Bei *P. pipa* wird die gesamte Entwicklung vom Ei bis zum Jungfrosch in Brutkammern der Rückenhaut durchlaufen, die Dauer beträgt etwa 120 Tage.

Krallenfrösche (Gattung *Xenopus*)

Der Körper ist eiförmig, Kopf klein. Vorderbeine schwach, Hinterbeine stark muskulös. Zehen lang, die drei inneren mit schwarzen Krallen besetzt, Schwimmhäute sind vorhanden. Die Haut ist glatt, düster gefärbt. Seitliche Hautsinnesorgane und Tasttentakel befinden sich in Augennähe. Das Verbreitungsgebiet liegt in Afrika südlich der Sahara, wo die Tiere in verschlammten Gräben und Teichen, z.T. kleinen Wasseransammlungen leben. Sie sind vollaquatil, halten sich am Bodengrund auf, sind dämmerungs- und tagaktiv. Gefressen wird alle tierische Beute, die überwältigt werden kann. Kannibalismus tritt auf.

Von den 14 Arten der Gattung wird der Glatte Krallenfrosch (*X. laevis*) am häufigsten gehalten. Auf ihn beziehen sich die folgenden Angaben.

Weitere Arten: *X. muelleri*, *X. fraseri* und *X. tropicalis*. Der Kleine Kap-Krallenfrosch (*X. gilli*) ist in seinem Bestand bedroht und sollte nicht gehalten werden.

Haltung: Es sind Aquarien einzurichten wie für *Pipa*-Arten. Vertragen werden auch niedrigere Wassertemperaturen. *X. laevis* benötigt etwa 20 l Wasser je Tier, läßt sich im Sommer auch im Freilandbecken halten.

Fortpflanzung: Stimulierung ist möglich durch kühlere Überwinterung (Wassertemperatur 12 bis 15 °C) oder durch zeitweilige Wasserabsenkung, Auffüllen mit kühlerem Wasser (15 °C) nach einigen Tagen oder Wochen, Wasser danach wieder allmählich erwärmen (auf etwa 25 °C).

Xenopus laevis: Entwicklung der Larven in Tagen. Kopf-Schwanz-Länge in mm, Körpergewicht (blau) in mg, Entwicklungsstadien nach Gosner (Go). (nach Schneider)

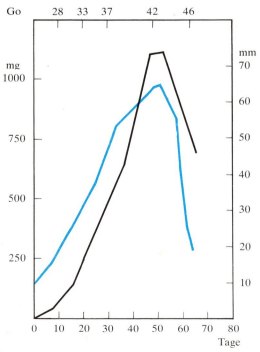

Das Einbringen eines Laichrostes kann zweckmäßig sein (Kannibalismus der Eltern). Das Männchen leitet die Paarung durch Trillern ein. Der Leistenamplexus kann sich über mehrere Tage erstrecken, es kommt zu Drehbewegungen in Längsachse. Dabei sind Klammerungsrufe zu hören, die sich vom trillernden Paarungsruf deutlich unterscheiden. Die Eier (bis 2000 Stück) werden meist nachts einzeln oder in kleinen Schüben abgegeben, sinken zu Boden oder bleiben an Wasserpflanzen u. a. kleben.

Verlauf der Larvenentwicklung:

	Tage nach Eiablage	Größe (mm)
Larvenschlupf aus dem Ei	2–3	
Vorderbeine ausgebildet	40–60	50–70
Schwanz resorbiert		80 (bis 110)

Die Larven stehen kopfabwärts schräg im Wasser und filtrieren feinste Nahrungspartikeln (s. *Pipa*). Die Geschlechtsreife tritt mit 6, meist mit 9 bis 12 Monaten ein. Die Tiere können ein hohes Alter erreichen (*X. laevis* 23 Jahre).

Zwergkrallenfrösche (Gattung *Hymenochirus*)

Die Unterschiede zu *Xenopus* bestehen darin, daß die Haut rauh ist und auch die Finger mit Schwimmhäuten versehen sind. Die Oberseite ist ocker bis dunkelbraun gefärbt und hell punktiert, Unterseite und Flanken sind hell, Hinterbeine lang. Die 4 Arten leben im tropischen Westafrika in flachen, durchsonnten Tümpeln und langsam fließenden Gewässern. Sie sind vollaquatil und ganztägig aktiv. Als Futter werden Plankton, Würmer, Insekten und deren Larven benötigt. Gehalten werden vor allem *H. boettgeri* und *H. curticeps*.

Haltung: Im Aquarium wie *Pipa*, im Gegensatz zu diesen wühlen sie aber nicht und können mit Aquarienfischen vergesellschaftet werden. Wassertemperaturen von 20 bis 28 °C.

Fortpflanzung: Stimulierung durch kühleres

Xenopus laevis

Wasser (18 bis 20 °C) ist möglich, aber nicht immer erforderlich. Das paarungswillige Männchen zeigt ein aufgeregtes Balzverhalten und bringt Pfeiftöne hervor. Der Leistenamplexus erfolgt meist nachmittags bis in die Nachtstunden. Der Laich wird mit dem Bauch nach oben an der Wasseroberfläche in kleinen Schüben abgegeben und schwimmt zunächst oben, sinkt danach ab und haftet an Pflanzen. Gesamtzahl der Eier bis 200, sie sind hellbraun und klebrig. Wegen des Kannibalismus der Eltern muß der Laich gesondert zur Entwicklung gebracht werden. Diese läuft bei 22 °C etwa wie folgt ab:

	Tage nach Eiablage	Größe (mm)
Larvenschlupf aus dem Ei	2–3	3
Hinterbeine sichtbar	30	12
Vorderbeine ausgebildet	55	
Schwanz resorbiert	60	10

Bei höheren Temperaturen (25 °C) reduziert sich die Gesamtentwicklung auf 35 Tage. Die Larven hängen nach wenigen Tagen kopfüber schräg dicht unter der Wasseroberfläche und suchen nach Nahrung. Diese besteht ausschließlich aus Zooplankton: Infusorien, Rotatorien, *Artemia*-Nauplien, *Cyclops*. Daphnien sind zu groß.

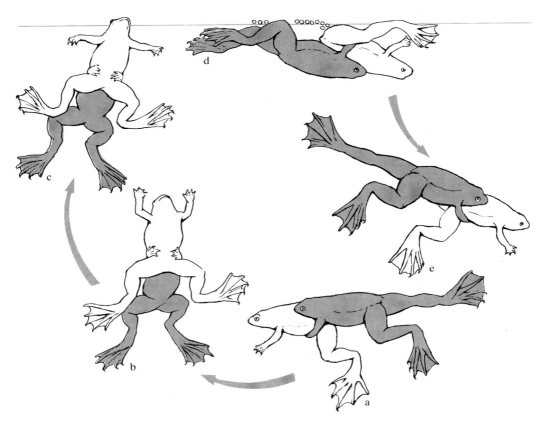

Hymenochirus: Schwimmverhalten bei der Eiablage. Eier schwimmen an der Wasseroberfläche. (nach Österdahl und Olsson)

Die nach oben gerichtete Mundpartie ist für den Fang der Beutetiere besonders ausgebildet. Beim Öffnen stülpt sich ein kurzes Mundrohr vor, dadurch entsteht ein Sog, der die Nahrung in die Mundhöhle einzieht. Bei Wassertemperaturen unter 25 °C stagniert die Entwicklung. Nach einem dreiviertel Jahr sind die Frösche 3 bis 4 cm lang und erreichen ihre Geschlechtsreife.

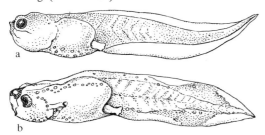

Unterscheidung der Larven von *Hymenochirus boettgeri* (a) und *H. curticeps* (b) durch die Schwanzpigmentierung. (nach v. Filek)

Scheibenzüngler (Familie Discoglossidae)

Der Name verweist auf die nicht vorstreckbare, scheibenförmige und am Mundboden flächig angewachsene Zunge. Leistenamplexus. Das Atemloch der Larven befindet sich auf der Bauchseite. Von den 5 Gattungen besitzen *Bombina* und *Discoglossus* terraristische Bedeutung.

Unken (Gattung *Bombina*)

Die Haut der Unken ist oberseits warzig und dunkel gefärbt, unterseits gelb oder rot und dunkel marmoriert. Die Pupille ist herzförmig. Die

Zehen tragen Schwimmhäute. Unken sind in Europa und Ostasien vom Flachland bis ins Gebirge verbreitet. Sie bevorzugen vegetationsreiche, stehende Gewässer (Teiche, Tümpel bis kleinste Wasseransammlungen), kommen aber auch in ruhigen Zonen von Flüssen und Bächen vor. Sie sind weitgehend aquatil, tag- und nachtaktiv, sonnen sich gern und leben gesellig. Hinsichtlich der Nahrung sind sie nicht wählerisch: Würmer, Nacktschnecken, Kleinkrebse, Insekten und deren Larven werden genommen. Die Beute wird meist im Wasser verschluckt.

Unken gehören zu den Tieren, die schon seit Beginn der Terraristik gehalten werden. Während die europäischen Arten, die Rotbauch- oder Tieflandunke (*B. bombina*) und die Gelbbauch- oder Bergunke (*B. variegata* einschließlich ihrer Unterarten *scabra*, *pachypus* und *kolombatovici*) schon seit längerer Zeit auch im Terrarium vermehrt werden, gelang dies mit den ostasiatischen Arten, der Orientalischen Rotbauchunke (*B. orientalis*) und der Riesenunke (*B. maxima*), erst in den letzten Jahren.

Haltung: Einzurichten ist ein Aquarium mit Landteil oder ein Aquaterrarium. Wasserpflanzen (submers und schwimmend) sind erforderlich. Zimmertemperatur genügt, gelegentlich direktes Sonnenlicht (Überhitzung vermeiden). Im Sommer ist ein Freilandterrarium mit Wasserteil zu bevorzugen.

Fortpflanzung: Zur Stimulierung der Fortpflanzungsbereitschaft ist eine kalte Überwinterung (4 bis 6°C) empfehlenswert. Die Fortpflanzungstätigkeit beginnt im Frühjahr, hält aber

Bombina variegata, Laich im Wasser

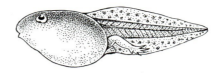

Bombina variegata: Larve. (nach Lanza)

den ganzen Sommer an. Sie wird eingeleitet durch das typische Unkenrufen der Männchen. Die Paare schwimmen im Leistenamplexus, abgelaicht wird überwiegend in der Nacht. Die Eier kleben einzeln oder in kleinen Klumpen an Wasserpflanzen. Abgelaicht wird schubweise zu 20 bis 30 Eiern, insgesamt bis 200 in Abständen von 1 bis 2 Wochen. Wegen des kannibalischen Verhaltens der Elterntiere sollten die Eier in einen gesonderten Aufzuchtbehälter überführt werden. Saures Wasser ist zu vermeiden. Die Entwicklung der Larven ist stark temperaturabhängig. Bei 20 bis 25 °C Wassertemperatur ergeben sich für *B. orientalis* und *B. variegata* im Mittel folgende Zeiten:

	Tage nach Eiablage	Größe (mm)
Beginn des Larvenschlupfes	3–7	5–10
Beginn der Entwicklung der Hinterbeine	14–18	38–40
Vorderbeine frei	27–28	40–45
Schwanz resorbiert	35–40	12–25

Bei Temperaturen bis 18°C kann sich die Entwicklungszeit verdreifachen. Die Ernährung der Larven sollte vielseitig sein: pflanzlich, tierisch, auch Trockenfutter wird angenommen.

Bei der Haltung von *B. maxima* ist zu beachten, daß die Tiere in Höhen bis zu 3000 m unter anderen Bedingungen leben als die übrigen Arten. Die Tiere halten sich mehr auf dem Landteil des Terrariums auf, die Temperaturen sollten nicht über 20°C ansteigen. Bei Wassertemperaturen von 16 bis 22°C beträgt die Embryonalentwicklung 8 bis 12 Tage, die Larvenentwicklung 6 bis 10 Wochen.

Besonderheit: Bei im Terrarium nachgezogenen rotbäuchigen Unken färbt sich die Körperunterseite in der Regel nur gelb. Nur durch die gezielte Verabreichung bestimmter Futtertiere (Bachflohkrebse, Daphnien, Stechmückenlarven) oder Farbstoffe (Carotinoide, gewonnen z. B. aus Paprika, oder Canthaxanthin enthaltende Fertigpräparate) läßt sich dieser Mangel beseitigen.

Scheibenzüngler
(Gattung *Discoglossus*)

Scheibenzüngler sehen den *Rana*-Arten ähnlich, ihre Haut ist oberseits glatt, einfarbig, ornamental gefleckt oder mit Längsstreifen, braun oder grünlich. Die Pupille ist herzförmig bis rund. Die Zehen haben Schwimmhäute, die beim Männchen stärker ausgebildet sind. Das Verbreitungsgebiet umfaßt die Mittelmeerländer, dort leben sie in und an unterschiedlichen Gewässern, sind weitgehend aquatil, tag- und nachtaktiv. Eine Winterruhe wird eingehalten. Das Futter besteht aus Insekten, Regenwürmern, Laich von Fischen und Lurchen. Kannibalismus tritt auf.

Von den beiden Arten der Gattung beziehen sich die folgenden Angaben auf den Gemalten Scheibenzüngler (*D. pictus*). Sie dürften sich auch auf den Sardischen Scheibenzüngler (*D. sardus*, z. T. auch als Unterart von *D. pictus* angesehen) übertragen lassen. *D. nigriventer* ist absolut schutzbedürftig und scheidet als Terrarientier aus.

Haltung: Auch hier ist ein Aquarium mit Landteil oder Aquaterrarium einzurichten. Zimmertemperatur genügt. Sonne und Licht sind günstig, daher bietet sich im Sommer Haltung im Freiland an.

Fortpflanzung: Stimulierung ist nach kühler Überwinterung durch höhere Temperatur (Strahlungswärme), ausgiebigere Fütterung und Wasserwechsel möglich. Das Männchen bildet starke Daumenschwielen aus, an den Rändern der Körperunterseite und den Oberseiten der Beine zeigt sich eine schwarze Punktierung. Der Ruf ist leise. Der Leistenamplexus erfolgt nachts, die Eiablage zieht sich über mehrere Wochen hin und geht in Schüben (nach jeweils 1 bis 2 Wochen) vor sich. Eizahl insgesamt mehrere Hundert. Die Eier haften nicht, sondern liegen einzeln oder zu kleinen Klumpen am Boden. Sie müssen wegen des Kannibalismus der Adulten in ein gesondertes Aquarium überführt werden. Die Entwicklung geht bei Temperaturen von 24 bis 25 °C schnell vor sich:

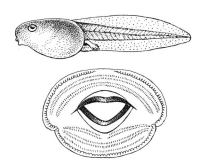

Discoglossus sardus: Larve und Mundfeld der Larve. (nach Lanza)

	Tage nach Eiablage	Größe (mm)
Beginn des Larvenschlupfes	1–3	3
Hinterbeine vorhanden	28	–
Vorderbeine frei	–	25–27

Ernährt werden die Larven anfangs mit pflanzlicher, später zunehmend mit tierischer Kost. Auch Trockenfutter ist geeignet.

Krötenfrösche
(Familie Pelobatidae)

Die Körperform erinnert an Kröten, ihre Haut ist aber glatt. Die Zehen sind mit Schwimmhäuten versehen, die Finger frei. Pupille vertikal.

Von den etwa 10 Gattungen wurden bisher nur 2 in Terrarien erfolgreich nachgezogen.

Schaufelkröten (Gattung *Pelobates*)

Ihr Körper ist gedrungen, die Haut glatt, z. T. mit kleinen Warzen, Oberseite variabel braun, grün und rot gefleckt. Der innere Mittelfußknochen

Pelobates fuscus, Leistenamplexus

Fortpflanzung: Über regelmäßige Gefangenschaftsnachzuchten liegen bisher keine Berichte vor. Sie dürften am ehesten in größeren Freilandanlagen zu erzielen sein. Die Tiere suchen nach kalter Überwinterung Gewässer auf. Im Leistenamplexus wird der Laich in kurzen, dicken Schnüren abgelegt, die mehrere tausend kleine Eier enthalten. Die Larven schlüpfen nach etwa einer Woche. Sie wachsen in etwa 2 bis 3 Monaten auf Größen bis 12 cm heran. Larvenüberwinterung kommt vor, sie führt zu Riesenwuchs (*P. fuscus* bis 18 cm, *P. syriacus* bis 16 cm).

ist zu einer verhornten, scharfen Schaufel umgebildet. Die Gattung ist im gemäßigten Europa und Westasien sowie in Nordafrika im Flachland in Gebieten mit lockeren, leicht erwärmbaren Böden verbreitet. Es handelt sich um besonders nach Regen nachtaktive Bodentiere, die sich tagsüber im Boden vergraben. Typisch ist ein knoblauchartiger Geruch bei Bedrohung. Die Nahrung besteht aus nachtaktiven Würmern, Schnecken, Insekten.

Von den 4 Arten sind der Messerfuß *(P. cultripes)*, die Knoblauchkröte *(P. fuscus)* und die Syrische Schaufelkröte *(P. syriacus)* terraristisch von Interesse.

Haltung: Das Terrarium erhält eine hohe, lockere Bodenschicht. Durch lokale Strahlungswärme ist im Behälter ein Temperatur- und Feuchtigkeitsgefälle zu schaffen.

Pelobates fuscus: Larve und Mundfeld der Larve. (nach Lanza)

Zipfelfrösche (Gattung *Megophrys*)

Die krötenartigen Frösche haben eine glatte Haut, die teilweise mit Leisten, Zipfeln und Noppen versehen ist. Zehen und Finger sind frei. Sie kommen in Südostasien, von den Ostausläufern des Himalaja bis zum indomalayischen Archipel vor und halten sich im Norden des Verbreitungsgebietes im offenen Gelände auf, auch als Kulturfolger in tropischen Gebieten in Regenwäldern. Es sind nachtaktive Bodentiere, die sich von Schnecken, Regenwürmern, Insekten und nestjungen Mäusen ernähren. Von den 23 Arten der Gattung ist nur der Zipfelfrosch *(Megophrys monticola nasuta)* in Terrarien nachgezogen worden.

Haltung: Es ist ein Regenwaldterrarium mit großem Wasserteil (Wassertiefe 5 bis 8 cm), Bepflanzung und dicken Rindenstücken einzurichten. Die Vorzugstemperatur beträgt 22 °C.

Fortpflanzung: Der Ruf des Männchens ist kurz abgehackt, etwa »cock«. Paarungswillige Weibchen werden im Leistenamplexus geklammert. Als Laichplatz wird Rinde gewählt, die sich halbrund gebogen im Wasser befindet und im mittleren oberen Teil einige Zentimeter aus

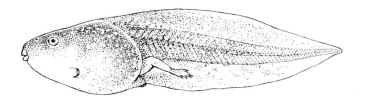
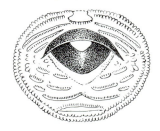

Megophrys monticola nasuta

dem Wasser ragt. Die Eier werden auf der Unterseite im Wasser-Luft-Grenzbereich, aber auch im feuchten Bereich oberhalb des Wasserspiegels angeklebt. Die Eier sind weiß, ihr Durchmesser beträgt etwa 2 mm. Sie sind anscheinend lichtempfindlich. Je Ablage wurden 1500 bis 2000 Eier gezählt. Der Laich ist mit der Rinde ohne Störung in einen Behälter mit höherem Wasserstand zu überführen. Die Entwicklung verläuft etwa wie folgt:

	Tage nach Eiablage	Größe (mm)
Schlupf	10	1,8
Beginn der Nahrungsaufnahme	25	2,0
Hinterbeine sichtbar	76	48
Vorderbeine vorhanden	79	55
Schwanz resorbiert	89	10–15

Die Larven hängen nach dem Schlupf an langen Fäden, verschwinden aber bald unter der Rinde. Sie leben etwa 2 Wochen vom Dottervorrat. Die Wassertemperatur sollte keinesfalls unter 20 °C sinken, zweckmäßig sind 24 °C. In dieser Zeit entwickeln sie einen nach oben gerichteten Mundtrichter, mit dem sie befähigt sind, auf der Oberfläche schwimmende Nahrungspartikel (Staubfutter) aufzunehmen. Abgesunkenes Futter kann nicht verwertet werden. Nach 45 Tagen

Megophrys monticola nasuta: Larve bei der Nahrungsaufnahme. (nach Schmidt)

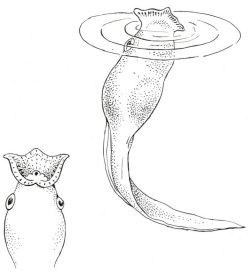

zeigen die Larven oberseits die hellbeige Zeichnung der Eltern, kurz darauf färbt sich die Unterseite schwarz. Mit dem Durchbrechen der Beine ist die übliche Wasserabsenkung auf etwa 3 cm vorzunehmen. Die Jungfrösche sind etwas wählerisch im Futter, Larven von Wachs- und Mehlmotten, Regenwurmstücken und Nacktschnecken werden jedoch angenommen.

Schaufelfußkröten (Gattung *Scaphiopus*)

Diese Gattung ist das nearktische Gegenstück zu *Pelobates*. Die Arten leben in Trockengebieten und werden durch Starkregen zur Fortpflanzung stimuliert. Entsprechende Versuche im Terrarium durch Beregnung mit leicht erwärmtem Wasser dürften erfolgversprechend sein.

Schlammtaucher (Familie Pelodytidae

Ähnlich den Schaufelkröten, jedoch kleiner, ohne Grabschaufel. 1 Gattung.

Schlammtaucher (Gattung *Pelodytes*)

Es sind schlanke Frösche mit flacher Schnauze, deren Haut mit kleinen Warzen in Längsreihen versehen ist. Die ovale Pupille steht senkrecht. Die Zehen tragen saumartige Schwimmhäute. Von den 2 Arten der Gattung ist der Westliche Schlammtaucher *(P. punctatus)* in Südwest- und Westeuropa, der Kaukasische Schlammtaucher *(P. caucasicus)* nördlich und südlich des Kaukasus bis in die angrenzende Türkei verbreitet. Die vorrangig nachtaktiven Tiere leben in den feuchtschattigen Uferregionen von Gewässern. Sie halten sich am Tage unter Steinen, Rinde, in Erdhöhlen, bei Regen auch außerhalb auf und klettern gut. Im Wasser sind sie nur zur Fortpflanzungszeit anzutreffen. Die Nahrung besteht aus nachtaktiven Würmern, Schnecken und Insekten.

Haltung: Es ist ein Feuchtterrarium mit Wasserteil einzurichten, Boden mit Versteckmöglichkeiten, eine vertikale Gliederung kann durch Astwerk mit Pflanzen geschaffen werden. Freilandhaltung empfehlenswert.

Fortpflanzung: Winterruhe erforderlich. Das Männchen ruft, der Leistenamplexus ist modifiziert (Klammerung nur mit den Oberarmen, die Unterarme liegen parallel an den Bauchseiten des Weibchens). Zur Eiablage sucht das Paar im Wasser senkrechte Zweige oder Halme auf, das Weibchen gibt beim Hochklettern eine doppelte Laichschnur ab, die jeweils mit den Hinterbeinen abwechselnd links und rechts halb hinter den Zweig geschoben wird (nicht schraubenförmig). Es werden innerhalb weniger Stunden mehrere Laichschnüre von jeweils etwa 5 cm bis 20 cm abgelegt. Die Anzahl der Eier beträgt bei *P. caucasicus* bis 400, bei *P. punctatus* über 1000. Das Einzelei ist etwa 1,5 m groß, weiß mit schwarzem Pol, der sich innerhalb einer Stunde nach oben dreht. Die Larven von *P. caucasicus* brauchen 75 bis 80, die von *P. punctatus* über 90 Tage zur Entwicklung, so daß sie teilweise überwintern müssen. Sie haben dann eine Gesamtlänge von 5 cm (*P. puntatus* 6,5 cm). Die Larven sind kannibalisch.

Echte Frösche (Familie Ranidae)

Die Familie ist außerordentlich reich an Gattungen (fast 40) und Arten (über 600), die unterschiedliche Formen und Lebensweisen aufweisen. Nur wenige Arten fanden jedoch Aufnahme in Terrarien.

Gattung *Rana*

Unterschieden werden Grünfrösche und Braunfrösche. Sie sind überwiegend spitzschnäuzig, glatthäutig, mit horizontalen Pupillen, sichtbarem Trommelfell, Zehen mit Schwimmhäuten. Eine dritte Gruppe zeigt abweichende Merkmale. Die Verbreitung ist weltweit: Europa (11 Arten), Asien (140 Arten), Afrika (40 Arten), Nord- und Mittelamerika (30 Arten). Sie leben überwiegend in oder an großen Gewässern, zumindest in der Fortpflanzungsperiode, Braun-

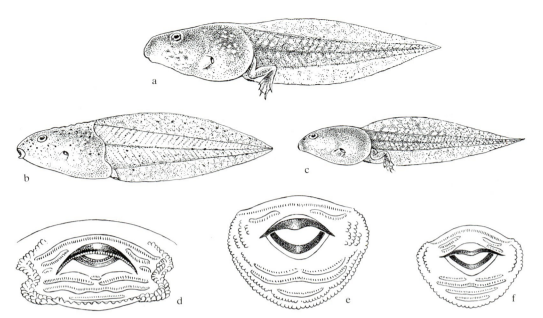

Larven und Mundfelder der Larven von *Rana catesbeiana* (a und d), *R. esculenta* (b und e), *R. latastei* (c und f). (nach Lanza)

frösche auch in Wiesen, Gärten, Wäldern, spezialisierte Arten auch in anderen Feuchtbiotopen. Einige Arten sind Kulturfolger (Reisfelder, Straßengräben). Die meisten Arten sind tagaktiv, sonnenbedürftig (Wassertiere) und leben im Wasser oder am Boden. Einige Arten werden bis 20 cm groß. Als Beute werden alle Insekten und kleinen Wirbeltiere angesehen, die überwältigt werden können.

Haltung: Unterbringung in Zimmerterrarien verbietet sich aus ethologischen und ökologischen Gründen. Geeignet sind Freilandterrarien oder größere Gewächshausanlagen. Wasser- und Landteil sind abwechslungsreich zu gestalten: Wasser z.T. mit submerser Bepflanzung, Schwimmblattpflanzen und freier Fläche, Landteil ebenfalls mit z.T. freier Bodenfläche, Gras, Stauden und Kleingehölzen.

Fortpflanzung: Über regelmäßige Nachzuchten liegen bisher nur Berichte aus Großfarmen oder Großlaboratorien über wenige Arten (Amerikanischer Ochsenfrosch, *R. catesbeiana*, Leopardfrosch, *R. pipiens*) vor. Unter den Bedingungen des Freilandterrariums scheinen Fortpflanzungsversuche aussichtsreich und sind z.T. – Japanischer Springfrosch (*R. japonica*) – gelungen. Das Männchen klammert im Achselamplexus. Laichabgabe (mit wenigen Ausnahmen) im freien Wasser in meist großen Klumpen (jeweils mehrere tausend Eier). Die Larven schlüpfen 1 bis 2 Wochen danach. Es wurden aber auch schon 6 Wochen (*R. japonica*) ermittelt. Die Hinterbeine beginnen sich nach 5 bis 10 Wochen zu entwickeln. Die Gesamtentwicklung bis zum fertigen Frosch dauert bis zu 3 Monate. Die Larvengröße ist unterschiedlich, Riesenlarven kommen vor. Die Geschlechtsreife wird nach 2 bis 4 Jahren erreicht.

Pyxicephalus adspersus

Grabfrösche (Gattung *Pyxicephalus*)

Von den wenigen Arten dieser Gattung ist ein bekannter Pflegling der Afrikanische Ochsenfrosch *(P. adspersus)*. Er hat einen gedrungenen, massigen und aufgetrieben wirkenden Körper und wird bis 12 cm (Weibchen) bzw. 24 cm (Männchen) groß. Der Rücken ist grün, mit Längsfalten und -warzen besetzt, der Bauch weiß bis gelb. Die Mundöffnung ist sehr groß und kräftig bezahnt. Die Art kommt im tropischen Zentralafrika vor, führt ein überwiegend verborgenes Leben am Boden, hält sich nur zu Beginn der Regenzeit in Gewässern auf.

Haltung: Geräumiges Terrarium mit mäßig feuchtem, tiefem Bodenteil oder Unterschlupfmöglichkeiten (Rinden- oder Steinplatten), 18 bis 25 °C, nachts kühler (bis 10 °C). Wasserteil einbauen, diesen aber nur zeitweilig füllen (Regenzeit). Die Frösche benötigen große Futtertiere: Insekten bis kleine Wirbeltiere. Der Nahrungsbedarf ist hoch, Überfütterung ist jedoch zu vermeiden (jeden 10. Tag maximal 2 Mäuse genügen, nur Jungtiere häufiger füttern). Einzelhaltung!

Fortpflanzung: Die verborgen lebenden Frösche sind durch eine simulierte Regenzeit (Beregnung, Füllung des Wasserteils, 24 °C) zur Fortpflanzung anzuregen. Die Männchen rufen laut und bellend. Die Weibchen setzen bis zu 4000 Eier ab. In Anpassung an kurze Regenzeiten verläuft die Larvenentwicklung sehr schnell (3 Wochen). Berichte über spontane Fortpflanzung liegen bisher nicht vor, sie gelang jedoch durch hormonelle Behandlung.

Gattung *Mantella*

In der Körperform ähneln sie Dendrobatiden. Die Pupille ist waagerecht, das Trommelfell sichtbar. Spannhäute fehlen, Haftscheiben sind dagegen vorhanden. Sie leben auf Madagaskar in Feuchtgebieten in der Nähe von Gewässern, am Boden auf verrottetem Laub, morschem

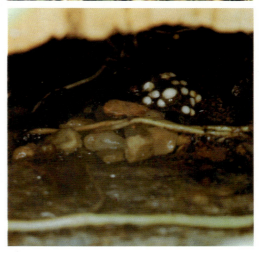

Mantella madagascariensis; Mantella betsileo; Mantella betsileo, Laich in der Höhle

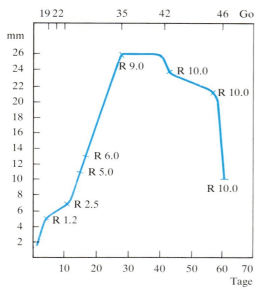

Mantella madagascariensis: Entwicklung der Larven in Tagen bei 24°C Wassertemperatur. Kopf-Schwanz-Länge (blau) in mm, R Rumpflänge in mm, Entwicklungsstadien nach Gosner (Go). (nach Wolpert und Müller)

Holz, zwischen Unterholz in Bodennähe. Sie sind vor allem früh, aber auch am späten Nachmittag und nachts aktiv, Mittagssonne wird vermieden. Kommentkämpfe während der Fortpflanzungszeit wurden beobachtet. Von den 4 Arten gibt es mit dem Goldfröschchen *(M. aurantiaca)* sowie mit *M. madagascariensis (= cowani)* terraristische Erfahrungen.

Haltung: Im Regenwaldterrarium, üppig epiphytisch bepflanzt, wodurch schattige Bodenpartien entstehen, die die bewegungsfreudigen Tiere benötigen. Günstig als Bodengrund ist Kies, teilweise mit Moos und Laub belegt. Beim Terrassieren der Rückwand mit vielen kleinen Schlupflöchern hat sich ein Aufbau aus Torfplatten wegen der Wasserbindung sehr bewährt. Ein Wasserteil ist erforderlich. Das Temperaturoptimum liegt bei 21°C, über 26°C sollte die Temperatur nicht ansteigen, Temperaturen bis 10°C werden vertragen. Keine helle Beleuchtung.

Fortpflanzung: Sie erfolgt auf Madagaskar meist von November bis Januar, im Terrarium auch zu anderen Zeiten nach Stimulierung durch geringere Feuchte und Temperatur unter 20°C.

Die Männchen zirpen grillenartig. Revierkämpfe sind üblich. Der Amplexus ist sehr kurz, wenige Minuten, manchmal nur Sekunden. 20 bis 60 Eier werden in kleinen Häufchen (halbe Walnuß) außerhalb des Wassers in Höhlen abgelegt, die Eier sind extrem lichtempfindlich. Die Embryonalentwicklung dauert bei etwa 20°C 4 bis 6 Tage. Die Larven sind anfangs weiß. Unter Freilandbedingungen schlängeln sie sich ins meist nahe gelegene Wasser oder werden durch Regen oder Erhöhung des Wasserstandes abgeschwemmt. Das geschieht teilweise auch im Terrarium, Sprühen wäre notwendig. Zweckmäßigerweise sollten die Eier unmittelbar vor dem Schlupf der Larven in ein spezielles Aquarium überführt werden. Die Mitteilungen über Entwicklungsdaten gehen weit auseinander:

	Tage nach Eiablage				
M. aurantiaca					
Larvenschlupf	3	4	4	14	14
Hinterbeine entwickelt	12	12	36	35–42	–
Vorderbeine entwickelt		22	48	48	–
Schwanz resorbiert	23	32	60–65	70–75	63
M. madagascariensis					
Larvenschlupf	3	8	10–13		
Hinterbeine entwickelt	30	–	24–27		
Vorderbeine entwickelt	40	–	35–38		
Schwanz resorbiert	60–65	31	41–54		

Die Unterschiede sind mit Sicherheit auf die unterschiedlichen Bedingungen in den Zuchtbehältern zurückzuführen.

Jungfrösche ertrinken leicht. Die Ernährung der winzigen Tiere (10 mm) ist nicht ohne Probleme. Sie fressen anfangs nur winzigste Insekten, z. B. Collembolen und Larven von Blattläusen. Erst nach etwa 14 Tagen werden auch kleine Fruchtfliegen angenommen. Die Frösche sind nach etwa 10 Monaten geschlechtsreif und erreichen ein Alter von 5 bis 6 Jahren.

Pfützenfrösche
(Gattung *Phrynobatrachus*)

Die im oder am Wasser lebenden Arten setzen ihren Laich im Wasser als Oberflächenfilm ab. Ei- und Larvenentwicklung verlaufen schnell. Fortpflanzung im Terrarium müßte zu erzielen sein.

Baumsteiger
(Familie Dendrobatidae)

Es handelt sich um überwiegend farbige, kleine (maximal 5 cm) Frösche. Ihre Haut ist glatt oder granuliert. Finger- und Zehenspitzen sind mit Haftpolstern versehen, Spannhäute fehlen meist. Die Arten zeichnen sich durch eine unterschiedlich entwickelte Brutpflege aus.

Bisher erlangten die drei schwer voneinander zu unterscheidenden Gattungen *Colostethus, Phyllobates* und *Dendrobates* terraristische Bedeutung. Die Zugehörigkeit der einzelnen Arten zu diesen Gattungen ist bei den Systematikern umstritten. Die 1987/88 erfolgten erneuten Bearbeitungen der Familie brachten die zusätzliche Aufstellung der Gattungen *Allobates, Epipedobates, Minyobates* und *Phobobates* mit neuer Einordnung der Arten. Diese mußte in der nachfolgenden Darstellung unberücksichtigt bleiben.

Blatt- und Baumsteiger werden auch verallgemeinernd als Färber- oder Pfeilgiftfrösche bezeichnet.

Gattung *Colostethus*

Frösche dieser Gattung sind am wenigsten auffällig gefärbt. Ihr Rücken ist meist braun oder oliv, ein hellerer dorsolateraler Längsstreifen ist vorhanden, eine farbige Warntracht fehlt. Die Bauchseite ist hell. Die Körpergröße beträgt zwischen 20 und 30 mm. Die Gattung ist zwischen Kostarika und Brasilien verbreitet und besiedelt Regenwaldgebiete bis in Höhen von 3000 m, meist besteht Bindung an Fließgewässer und Versteckmöglichkeiten. Es sind überwiegend tagaktive Bodentiere, die Reviere bilden.

Von den über 60 bekannten Arten wurden bisher folgende in Terrarien gehalten und zur Fortpflanzung gebracht:

C. inguinalis, C. nubicola, C. pratti, C. saulii, C. talamancae, C. trinitatis.

Haltung: Es ist ein Regenwaldterrarium mit flachem Wasserteil, darin Inseln, einer Uferzone, üppig bepflanzter Rückwand mit Verstecken und möglichst einer Wasserberieselung zu gestalten. Die hohe Luftfeuchtigkeit von 80 bis 100% wird so gewährleistet. Die Temperaturen von Luft und Wasser sollen etwa 24°C betragen (nachts etwas geringer), für Tiere aus größeren Höhen etwas kühler. Eine Vergesellschaftung der Arten kann erfolgen. Als Futtertiere sind nur kleine Insekten geeignet (Fruchtfliegen, frischgeschlüpfte Grillen, Blattläuse u.ä.).

Fortpflanzung: Stimulierend für den Beginn sind häufiges Sprühen und geeignete Höhlen als Laichplätze (Tontöpfe oder Kokosnußschalen mit Einschlupflöchern auf glatter Unterlage wie Eichenblätter, Petrischale oder Plastik). Die Anzahl der zu schaffenden Laichplätze richtet sich nach der Anzahl der Männchen, um gegenseitige Störungen zu vermeiden. Die Männchen haben eine kleine, kehlständige Schallblase und zirpen bzw. pfeifen. Nach Annäherung des Weibchens verschwinden beide Tiere in der Höhle. Es kommt zu Körperkontakt, z.T. kurzzeitigem Kopfamplexus. Die Eigelege sind meist sehr groß (bis 30 Eier) und werden auf dem Boden der Höhle abgegeben. Das Männchen übernimmt die Brutpflege und hält die Eier feucht.

Colosthetus trinitatus

Die geschlüpften Larven werden von ihm auf dem Rücken ins Wasser getragen, wo sie ihre Entwicklung fortsetzen. Die Larvenentwicklung läuft bei *C. inguinalis* (Wassertemperatur 20 bis 25°C) und *C. trinitatis* (24 bis 25°C) wie folgt ab:

	Tage nach Eiablage	Größe (mm)
C. inguinalis		
Schlupf	8–10	9
Hinterbeine	35	25
Vorderbeine	50	30
Schwanz resorbiert	60	10
C. trinitatis		
Schlupf	13–18	13
Hinterbeine	45–65	28
Vorderbeine	60–95	36
Schwanz resorbiert	65–100	

Die Larven sind anfangs mit Algen, dann mit Fertigfutter, Fischaufzuchtfutter und schließlich mit tierischer Nahrung (Insektenlarven, Regenwurmstückchen) zu ernähren. Eine Gemeinschaftshaltung ist möglich. Als Richtwert gilt, 1 l Wasser mit nicht mehr als 4 Larven zu besetzen. Der Übergang zum Landleben gestaltet sich ohne Probleme. Um Verluste an Eiern und Larven zu vermeiden, ist Entfernung der Gelege aus den Höhlen zweckmäßig. Sie werden mit der Unterlage in kleine Gefäße überführt, in denen sich nur eine niedrige Wasserschicht befindet (Eier dürfen vom Wasser nicht bedeckt sein).

Die Gelege sind abzudunkeln und täglich zu kontrollieren, gegebenenfalls zu übersprühen. Nach Erreichen der Schlupfzeit muß u. U. die Gallerthülle aufgerissen werden, um ein Absterben der Larven zu verhindern.

Die Geschlechtsreife wird mit etwa 8 bis 9 Monaten erreicht.

Blattsteiger (Gattung *Phyllobates*)

Blattsteiger sind sehr farbig, eine auffällige Längsstreifung überwiegt. Farben und Muster variieren je nach Herkunft. Finger- und Zehenkuppen sind unauffällig. Die Körpergröße mißt 15 bis 50 mm. Alle zeichnen sich durch mehr oder weniger wirksame Hautgifte aus. Die Larven besitzen eine rechts vom Schwanzsaum liegende Afteröffnung. Die Verbreitung reicht von Kostarika bis Brasilien, vorrangig werden feuchte Niederungen des Regenwaldes besiedelt. Alle Arten sind tagaktiv, halten sich am Boden auf und klettern. Revierbildung ist vorhanden, z.T. wird das Territorium vom Männchen aggressiv verteidigt. Die Nahrung besteht aus kleinen Futtertieren, in der Natur sind es viel-

Art	Adulte	Larven
lehmanni	18–24	
tinctorius	18–26 (bis 30)	
tricolor	18–30	20–27
bassleri	19–26	26
auratus (Kostarika)	21–24	
speciosus	22–24	
silverstonei	bis 25	
histrionicus	22–26	
granuliferus	22–26	
femoralis	23–25	
pictus	23–27	
terribilis	23–28	
quinquevittatus	23–28	
pumilio	23–29	25
vittatus	23–30	20–25
fantasticus	25–27	24
auratus (Panama)	25–28	22–24
leucomelas	25–29	25
azureus	26–28	23–25

Tabelle 4: Temperaturbedarf (in °C) von Dentrobatiden-Arten im Terrarium (Erfahrungswerte). Für aus höheren Lagen stammende Tiere sind die Haltungstemperaturen etwa 2 bis 3°C niedriger zu wählen. Nachts ist bei allen Arten eine Absenkung um etwa 5°C zweckmäßig.

Dendrobates tricolor, Gelege wird vom Männchen bewacht
Dendrobates tricolor, Männchen transportiert die Larven
Phyllobates vittatus, Männchen transportiert die Larven
Phyllobates terribilis, Männchen transportiert die Larven

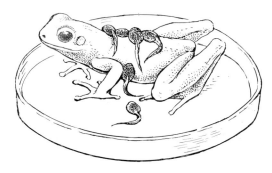

Phyllobates terribilis: Männchen bei der Aufnahme der frischgeschlüpften Larven (Hohlkreuz). (nach Beutelschiess)

fach Ameisen und andere Insekten dieser Größe.

Von den fast 30 Arten, die bisher beschrieben und zur Gattung *Phyllobates* gestellt wurden, bleibt nach neueren systematischen Auffassungen nur eine Gruppe von 5 Arten übrig:

Zweifarbiger Blattsteiger	*(P. bicolor)*
Schrecklicher Blattsteiger	*(P. terribilis)*
Gestreifter Blattsteiger	*(P. vittatus)*
Düsterer Blattsteiger	*(P. lugubris)*
Blaubäuchiger Blattsteiger	*(P. azureiventris)*

Sie wurden alle in Terrarien gehalten und in der Mehrzahl auch zur Fortpflanzung gebracht.

Haltung: Es ist ein Regenwaldterrarium einzurichten mit Wasserteil, Uferzone, üppiger Bepflanzung, Versteck- und Klettermöglichkeiten, einer Luftfeuchtigkeit von 80 bis 100 % und Temperaturen von etwa 24 °C (nachts kühler). Eine Wasserberieselung ist zweckmäßig, aber nicht Voraussetzung. Für ungestörten Fortpflanzungsablauf ist eine paarweise Haltung zu empfehlen, Rufkontakte zu Männchen in benachbarten Behältern sind jedoch stimulierend. Es werden auch etwas größere Futtertiere (Stubenfliegen, Wachsmotten) gefressen.

Fortpflanzung: Voraussetzung für den Beginn der Fortpflanzung sind glatte, waagerecht stehende Blattflächen, die sich z.T. gegenseitig überdecken. Auch künstliche glatte Flächen wie Petrischalen, Plastik, Eichenblätter am Boden, durch Töpfe oder Kokosnußschalen abgedeckt, sind geeignet. Die Männchen rufen, häufig von einem erhöhten Platz aus, verteidigen das Revier. Das Weibchen nähert sich, es kommt zum Körperkontakt, Hand-, z.T. Kopfauflegen auf das Männchen, Umkreisungen, Analkontakt und schließlich zur Eiablage. Die Anzahl der Eier beträgt je nach Alter des Weibchens und Art 10 bis 30 Stück. Das Männchen übernimmt die Brutpflege, indem es die Eier bewässert. Die Embryonalentwicklung dauert etwa 2 Wochen. Das Männchen nimmt die geschlüpften Larven auf den Rücken und transportiert sie in geeignete Wasseransammlungen. Die Larven ernähren sich herbivor und carnivor. Anfangs sind Grünalgen zu geben, denen zerriebene Pflanzenteile, später zerdrückte bzw. zerkleinerte Kleinkrebse, Insektenlarven, Enchyträen und Regenwürmer zugesetzt werden. Fischfertigfutter ist ebenfalls geeignet. Die Entwicklung der Larven dauert bei etwa 25 °C Wassertemperatur je nach Art zwischen 5 und 10 Wochen, die Endgröße beträgt dann bis 30 mm. Die Jungfrösche sind etwa 10 mm groß, sie nehmen in der Regel gleich kleinere Essigfliegen-Arten. Die Geschlechtsreife wird etwa mit einem Jahr erreicht, Rufe der Männchen sind z.T. schon einige Monate früher zu hören.

Nicht immer gelingt die natürliche Larvenentwicklung in der geschilderten Form. Störfaktoren (Überbesetzung, Streß, ungünstige Terrarienbedingungen) führen manchmal zur Unterbrechung des Ablaufes. Um Verluste zu vermei-

Larve von *Phyllobates vittatus.* a Bauchansicht, b Seitenansicht, c von oben gesehen. (nach Silverstone)

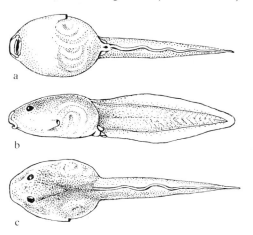

den, hat es sich bewährt, Eier und Larven unter künstlichen Bedingungen zur Entwicklung zu bringen. Die Eier werden mit der Unterlage entnommen (nicht zu früh, da die Besamung durch das Männchen teilweise erst mit der ersten Bewässerung erfolgt), in einen kleinen Behälter mit einem Wasserstand von 1 bis 2 mm überführt, der abgedeckt wird, um eine 100prozentige Luftfeuchtigkeit und Abdunkelung zu erzielen. Sie werden auf einer Wärmeplatte bei 18 bis 20°C Wassertemperatur gehalten, wobei der Wasserstand täglich kontrolliert und gegebenenfalls das Gelege besprüht werden muß. Schlupfreife Larven müssen in Einzelfällen aus dem Ei befreit werden. Dann setzt man sie in geeignete Behälter um (Größe je nach Anzahl der Larven) und erhöht die Temperatur auf 24 bis 25°C. Auch die Larven, die ihre Entwicklung bis zu diesem Stadium im Terrarium vollzogen haben und vom Männchen transportiert wurden, sollten in gesonderte Behälter überführt werden, da die Entwicklungsbedingungen in den Wasserteilen der Terrarien in der Regel nicht ausreichen. Sobald die Larven Hinterbeine entwickelt haben, müssen sie die Möglichkeit erhalten, an Land zu gehen. In den ersten Wochen ist die gesonderte Haltung der Jungfrösche von den Adulten getrennt anzuraten, um den normalen Ablauf der weiteren Entwicklung kontrollieren und gezielt füttern zu können.

Dendrobates tinctorius, Fingerkuppen als Geschlechtsunterschiede. Rechts *Dendrobates auratus*

Baumsteiger (Gattung *Dendrobates*)

Auch diese Frösche sind sehr farbig, meist gefleckt oder großflächig gemustert, seltener längsgestreift, und zeichnen sich durch große Farb- und Mustervariabilität aus. Die Größe beträgt zwischen 12 und 50 mm. Die Haftpolster der Männchen sind, besonders am 3. Finger, z. T. doppelt so breit wie der Finger. Larven besitzen eine mediane oder rechts vom Schwanzsaum liegende Afteröffnung. Die Arten sind lokal von Nikaragua bis Brasilien verbreitet, bevorzugen vorrangig feuchte Niederungen des Regenwaldes, ansteigend bis in Höhen von 2000 m. Sie sind tagaktiv, halten sich am Boden und kletternd in Stauden und Gehölzen (bis über 10 m) auf. Revierbildung und aggressive Territorialverteidigung sind zu beobachten.

Die Nahrung besteht aus kleinen Futtertieren, in der Natur vielfach Ameisen, im Terrarium Milben, Springschwänze, Essigfliegen und deren Maden, kleine Wachsmottenlarven, Larven von Dörrobstmotte und Getreideschimmelkäfer.

Knapp 50 Arten wurden bisher beschrieben. Die Auffassungen über die systematische Zuordnung haben in den letzten Jahren mehrfach gewechselt. 1987/88 wurde vorgeschlagen, die Gattung aufzuteilen und neue Gattungsnamen einzuführen. Alte und neue Namen sind in der nachfolgenden Aufzählung der im Terrarium gehaltenen und vermehrten Arten aufgeführt. Nach Artengruppen geordnet (nach Zimmermann) ergibt sich folgendes Bild:

D.-pictus-Gruppe *(Phyllobates, Epipedobates)*
   Rubinroter Baumsteiger *(D. parvulus)*
   Gemalter Baumsteiger *(D. pictus)*
   (D. pulchriceptus)
D.-tricolor-Gruppe *(Phyllobates, Epipedobates)*
   Marmorierter
     Baumsteiger *(D. boulengeri)*
     (D. espinosai)
   Dreifarbiger Baumsteiger *(D. tricolor)*
     (D. anthonyi)
D.-silverstonei-Gruppe *(Phyllobates, Epipedobates, Phobobates)*
   Roter Baumsteiger *(D. silverstonei)*
   Dreigestreifter
     Baumsteiger *(D. trivittatus)*
     (D. bassleri)
D.-femoralis-Gruppe *(Phyllobates, Epipedobates, Allobates)* *(D. femoralis)*
D.-leucomelas-Gruppe
   Goldbaumsteiger *(D. auratus)*
   Blauer Baumsteiger *(D. azureus)*
   Gelbstreifiger
     Baumsteiger *(D. leucomelas)*
   Färberfrosch *(D. tinctorius)*
D.-quinquevittatus-Gruppe
   Amazonas-Baumsteiger *(D. quinquevittatus)*
     (D. imitator)
     (D. variabilis)
   Genetzter Baumsteiger *(D. reticulatus)*
     (D. fantasticus)
D.-histrionicus-Gruppe
   Erdbeerfrosch *(D. pumilio)*
   Granulierter Baumsteiger *(D. granuliferus)*
   Glänzender Baumsteiger *(D. speciosus)*
   Punktierter Baumsteiger *(D. histrionicus)*
     (D. lehmanni)

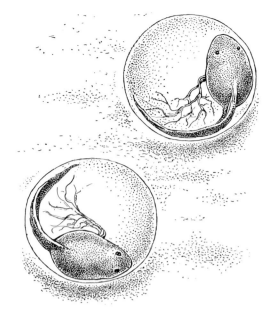

Dendrobates: Larven kurz vor dem Schlupf, von den ursprünglich beidseitig angelegten Kiemen ist nur die jeweils linke stark entwickelt.

Larven von *Dendrobates auratus* (a), *D. histrionicus* (b), *D. minutus* (c), *D. pumilio* (d), *D. tinctorius* (e). (nach Silverstone)

a

b

c

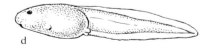
d

e

Haltung: Das Terrarium ist so einzurichten, wie es für *Phyllobates*-Arten beschrieben wurde. Als Bepflanzung sind jedoch für Arten der *D.-quinquevittatus*- sowie *D.-histrionicus*-Gruppe wasserhaltende Bromelien erforderlich. Als epiphytische Art hat sich besonders *Neoregelia schultesiana* bewährt, aber auch andere unbestachelte, hohe Luftfeuchtigkeit vertragende Arten sind zu verwenden.

Fortpflanzung: Innerhalb der Gattung läßt sich stufenweise ein immer komplizierter werdendes Laich- und Brutverhalten finden. Nach den bisherigen Beobachtungen im Terrarium können für die *Dendrobates*-Gruppen die in Tabelle 6 dargestellten Verallgemeinerungen getroffen werden. Die beobachteten Abweichungen innerhalb der Gruppen sind bei den einzelnen Arten, soweit bekannt, z.T. recht beträchtlich. Ob sie arttypisch oder haltungsbedingt sind, können nur weitere Beobachtungen zeigen.

Mit Ausnahme von Arten der *D.-histrionicus*-Gruppe hat sich bewährt, die Eier nach der Besamung aus dem Behälter zu entnehmen und gesondert zur Entwicklung zu bringen. Das Verfahren ist das gleiche wie bei *Phyllobates* beschrieben. Folgende Besonderheiten sind zu beachten: Während der Embryonalentwicklung bilden sich zwei lange, verzweigte Fadenkiemen heraus, in denen das Blut zu erkennen ist. Der rechte Kiemenfaden bildet sich sehr schnell zurück, der linke bleibt bis zum Schlupftermin erhalten. Vor der Rückbildung darf die Eihülle nicht geöffnet werden, obwohl auch solche Larven schon zur Entwicklung gebracht wurden. Die Larven vieler Arten sind einzeln zu halten, da sie untereinander aggressiv sind. Als Futter ist anfangs Algenaufwuchs, danach Zierfischfertigfutter und bald tierisches Futter anzubieten: zerdrückte Kleinkrebse und Wasserinsekten sowie deren Larven, zerteilte Enchyträen und Re-

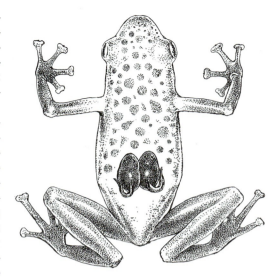

Dendrobates azureus: Männchen mit zwei Larven auf dem Rücken. (nach Hoogmoed)

genwürmer. Die Larven schnappen nach Luft, was aus der Art der natürlichen, meist kleinen Wasseransammlungen zu erklären ist.

Die Arten der *D.-quinquevittatus-* und *D.-histrionicus-*Gruppe haben innerhalb der Gattung die höchstspezialisierte Brutpflege: Die Weibchen ernähren die einzeln in Bromelientrichter transportierten Larven mit eigenen, unbefruchteten Eiern. Das Verhalten der Eltern und Lar-

Dendrobates pumilio, Eiablage. Rechts *Dendrobates imitator*, Larve im Ei

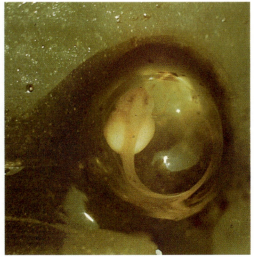

Tabelle 5: Angaben zur Entwicklung von Dendrobatiden-Arten

Art	Gelegegröße (Eianzahl)	Embryonal- zeit (Tage)	Bildung der Hinterbeine in Tagen nach Eiablage	Bildung der Vorderbeine in Tagen nach Eiablage	Jungfrosch	Geschlechts- reife (nach Monaten)
auratus	3–25	8	45–100	60–110	70–120	18
azureus	3–11	14–20	50–60	80–90	85–105	10–15
	40 Gelege/Jahr					
bassleri	12–40	6–12			30	
fantasticus	3–5	14				5
femoralis	10–30	14–21				
histrionicus }						
lehmanni	3–16	17	75–120		120–200	
			bei natürlicher Aufzucht durch das Weibchen 6 Wochen kürzer			
leucomelas	5–12	14–21	60	90	100	11
pictus	20–30	14–16			50–70	
pumilio	5–16	14	30–40	80–120	90–160	6
quinquevittatus	2–4 (bis 11) (alle 2–3 Wo.)	10–14		56–70	75–80	6–8
silverstonei	30					
speciosus	1–16	14			160	
terribilis	bis 13	10–20			50–60	
tinctorius	3–14	14–28	60–75	80–100	90–120	12
	alle 2–5 Wo.					
tricolor	10–20	10–16			40–50	
trivittatus	bis 30	14–18			40–60	
vittatus	7–21	20–25			40	

Tabelle 6: Unterschiedliches Fortpflanzungsverhalten innerhalb der Gattung Dendrobates

Verhalten	D. pictus- Gruppe	D. tricolor- Gruppe	D. silverstonei- Gruppe	D. leucomelas- Gruppe	D. quinquevittatus- Gruppe	D. histrionicus- Gruppe

Einleitung der Fortpflanzung	Zittern von Kehle, Flanken, Zehen; Treteln, Winken, Weibchen folgt Männchen, Ducken				
Werbung	Weibchen schiebt sich unter Männchen	Streicheln, Hand- und Kopfauflegen auf Partner, Körperkontakt, z.T. Anal-Anal-Kontakt			
Rufe	unregelmäßige Einzellaute	einzelne kurze Quärrlaute, regelmäßiges Trillern	unregelmäßige Einzellaute	z.T. einzelne Quärrlaute, z.T. Trillern	einzelne oder lange Quärrlaute
Suchen des Eiablageplatzes	Männchen sucht geeignete Stelle, Weibchen folgt, Männchen befeuchtet den Ablageplatz				
Ort des Ei-ablageplatzes	überdecktes Blatt		Höhle	Blätter, Trichter oder Blattachseln von Bromelien, Araceen oder Musaceen im Wasser oder dessen Nähe	außerhalb des Wassers
Amplexus	Kopfamplexus			ohne	
Spermaabgabe	vorher, sofort oder innerhalb 30 min nach der Eiablage				
Gelegebetreuung	Männchen bewacht, verteidigt und bewässert		Männchen bewässert	Eltern bewässern	
Embryonalentwicklung	etwa 2 bis 3 Wochen in Abhängigkeit von der Temperatur des Wassers				
Behandlung der frischgeschlüpften Larven	Männchen transportiert viele oder alle Larven eines Geleges gleichzeitig zum Wasser am Boden		Männchen transportieren die Larven einzeln oder zu wenigen ins Wasser am Boden	Weibchen transportieren die Larven einzeln oder zu wenigen ins Wasser in Bromelientrichter oder Blattachseln	
Haltung der Larven	gemeinschaftliche Haltung der Larven möglich, Larven verträglich		Einzelhaltung zu empfehlen, Larven unverträglich	Einzelhaltung der Larven erforderlich Larven kannibalisch	
Ernährung der Larven	herbivor, Staubfutter	herbivor und carnivor		oophag bis omnivor, Männchen ruft das Weibchen zur Ablage von Nähreiern	streng oophag, Weibchen sucht selbständig die Larven zur Ablage der Nähreier auf

ven ist hochinteressant und aufschlußreich. Der natürliche Vermehrungsablauf sollte nicht gestört werden, er bringt auch keine besonderen Schwierigkeiten mit sich, sofern häufiges Sprühen und Füllen der Bromelientrichter und -blattachseln mit Wasser nicht versäumt werden. Schwieriger ist die Aufzucht der sehr kleinen Jungfrösche mit winzigen Futtertieren. Die künstliche Aufzucht der Larven ist versucht worden mit Laich anderer Froscharten oder Eigelb von Vogeleiern in winzigen, am besten lufttrockenen Portionen und einem Wasserwechsel 1 bis 2 Stunden danach. Der Erfolg war meist unbefriedigend, der Anteil vorzeitig abgestorbener Larven oder nicht lebensfähiger Jungfrösche ist nach wochenlangen Mühen sehr hoch. Leichter ist es dagegen mit den Larven der *D.-quinquevittatus*-Gruppe, diese lassen sich auch mit dem üblichen Larvenfutter aufziehen.

Es ist damit zu rechnen, daß über die aufgeführten Arten schnell weitere Erkenntnisse vorliegen werden, daß man aber auch weitere Arten in Terrarien erfolgreich nachziehen wird, da das Interesse an diesen Tieren sehr groß ist. Dadurch werden sich mit Sicherheit auch neue Aussagen über Haltung und Fortpflanzung der Dendrobatiden ergeben.

Über die Entwicklungszeiten einzelner *Dendrobates*-Arten sind z.Z. die in Tabelle 5 (Seite 106) zusammengestellten Daten bekannt.

Ruderfrösche (Familie Rhacophoridae)

Eine Familie meist kletternder Gebüsch- und Baumbewohner, die in Afrika und Südostasien verbreitet sind und dort ökologisch an die Stelle der fehlenden Hyliden treten. Etwa 10 Gattungen.

Flugfrösche (Gattungen *Rhacophorus* und *Polypedates*)

Der deutsche Name steht für einige südostasiatische Arten, die durch große Finger- und Zehenhäute zu langen, abwärts sinkenden Gleitflügen befähigt sind. Über 80 Arten sind beschrieben.

Die laubfroschartigen Tiere haben vielfach einen flachen Kopf, die Augen treten stark hervor, die Pupille ist waagerecht. Haftscheiben sind meist groß, Spannhäute meist vorhanden. Die Grundfarbe ist braun, grau oder grün, gemustert.

Sie sind in Südostasien bis zu den Philippinen und auf Madagaskar verbreitet und besiedeln überwiegend Sträucher und Bäume, einige Arten sind bodenbewohnend. Teilweise Kulturfolger (Reisfelder, Brunnen). Die Aktivitätszeit fällt überwiegend in die Dämmerung und Nachtzeit. Sie ernähren sich wie Hyliden hauptsächlich von Insekten, aber auch Echsen werden gelegentlich gefressen. Kannibalismus ist verbreitet.

Haltung: Die Behälter sind wie für Hyliden zu gestalten: Größe höher als breit, Wasserteil, Kletteräste, epiphytische Bepflanzung, Luft- und Wassertemperatur 22 bis 26°C (*R. [Buergeria] buergeri* kühler). Grüne Arten sind schwieriger zu halten als braune.

Fortpflanzung: Obwohl der Gattung über 80 Arten angehören, ist bisher nur der Weißbartruderfrosch *(Polypedates leucomystax)* mehr oder weniger regelmäßig nachgezogen worden. Laichbereite Weibchen dieser Art brauchen zur Stimulierung eine Beregnung des Behälters (einige Tage jeweils 30 bis 60min). Die Männchen rufen dann, es kommt zum Achselamplexus. Sperma, Laich und eine vom Weibchen ausgeschiedene eiweißartige Flüssigkeit werden mit den Hinterbeinen zu einer schaumigen Masse geschlagen, die oft mehr als Tennisballgröße erreichen kann, außerordentlich klebrig ist und im Geäst über einer Wasserfläche festhaftet. Das Schaumnest trocknet äußerlich ab, wird fest, die innen sich haltende Feuchtigkeit verhindert das Austrocknen der bis 800 Eier. Die Embryonalentwicklung ist nach 2 bis 4 Tagen abgeschlossen. Erneute Beregnung verflüssigt den Schaum, die Larven rutschen auf Schaumfäden in das darunter befindliche Wasser oder tropfen ab. Die Larven entwickeln sich schnell, sie ernähren sich von pflanzlicher und tierischer Kost, von Algen, zerriebenen Pflanzen, Fischfertigfutter bis Insekten, Würmern und Wirbeltierfleisch wird alles angenommen. Gemeinsame Aufzucht

Polypedates leucomystax, zwei Larven kurz vor dem Verlassen des Wassers

ist möglich, sie sind nicht kannibalisch. Die Larven, die durch einen hellen Punkt zwischen den Nasenöffnungen gekennzeichnet sind, entwickeln sich schnell. Bei 24 bis 28 °C Wassertemperatur brechen die Vorderbeine nach etwa 40 Tagen durch, die Gesamtentwicklung bis zum fertigen Frosch ist nach 50 bis 70 Tagen abgeschlossen. Die Jungfrösche halten sich in unmittelbarer Nähe des Wassers auf, ertrinken aber leicht, wenn nicht viel Astwerk im, über und am Wasser vorhanden ist.

Bei eingehender Beschäftigung mit den natürlichen Umweltbedingungen müßte die erfolgreiche Nachzucht auch anderer Arten möglich sein, z. B. *R. (B.) b.ergeri, R. reinwardtii*.

Greiffrösche (Gattung *Chiromantis*)

Der deutsche Name ist nach der Fähigkeit, die inneren Finger den übrigen gegenüberzustellen, d. h. greifen zu können, gewählt. 3 Arten.

Die laubfroschartigen Tiere haben große Augen mit waagerechter Pupille. Die Haut ist granuliert bis warzig, Ausscheidungen giftig. Haftscheiben und Spannhäute sind vorhanden. Sie sind in Afrika verbreitet, *C. rufescens* im Regenwald, *C. petersi* und *C. xerampelina* in Savannen. Sie halten sich tagsüber auf Ästen o. ä. ruhend auf. Die Ernährung ist mit Insekten entsprechender Größe problemlos.

Haltung: Es sind große, hohe Terrarien mit Kletterkästen und stabilen Pflanzen einzurichten, für *C. rufescens* mit Regenwaldcharakter und größerem Wasserteil, für die anderen Arten sind sie trockener zu gestalten.

Fortpflanzung: Der 100 bis 200 Eier enthaltende Laich wird außerhalb des Wassers in weißen Schaumnestern abgesetzt. Zur Stimulierung der Vermehrung sind die in Savannen beheimateten Arten einer längeren Trockenzeit auszusetzen, danach ist der Behälter täglich zu beregnen. Das Paar schlägt im Amplexus gemeinsam ein Schaumnest (Walnußgröße). Die Larven tropfen nach 2 bis 4 Tagen in das darunter befindliche Wasser, wo sie sich weiterentwickeln.

Riedfrösche (Familie Hyperoliidae)

Die zu dieser Familie gehörenden Gattungen wurden lange Zeit zur Familie Rhacophoridae gestellt. Im Unterschied zu dieser kommen sie jedoch nicht im asiatischen Raum vor und erzeugen keine Schaumnester. Von den etwa 15 Gattungen wurden bisher nur wenige im Terrarium gehalten, das größte Interesse fand davon die Gattung *Hyperolius*.

Bananenfrösche (Gattung *Afrixalus*)

Das Aussehen auch dieser Frösche ist laubfroschartig. Die Pupille ist senkrecht, das Trommelfell meist unsichtbar. Finger sind frei, die Zehen mit Schwimmhäuten versehen. Haftscheiben groß. Das Männchen hat eine unpaare Schallblase, vielfach mit zentralem Fleck. Etwa 20 Arten. Sie sind im tropischen Afrika und auf Madagaskar verbreitet und halten sich im tropischen Regenwald, aber auch im offenen Gelände in Wassernähe auf. Sie sind nachtaktiv, verbergen sich tagsüber in lichtgeschützten Verstecken, sind scheu und besitzen ein gutes Springvermögen.

Haltung: Je nach Herkunft im Regenwaldterrarium mit Wasserteil oder im Aquaterrarium. Eine Berieselung ist zweckmäßig. Die Bepflanzung sollte üppig sein, bei der Auswahl der Pflanzen muß auf die Eignung für die Eiablage (s. d.) geachtet werden. Lufttemperatur im Mittel 28 °C, nachts 24 °C, Wassertemperatur etwas darüber, Luftfeuchtigkeit bei 90 Prozent.

Fortpflanzung: Ruf der Männchen ist sehr laut und ganzjährig zu hören. Ablauf bei *A. dorsalis:* Fortpflanzungszeit von August bis Januar. Beim Achselamplexus liegt der 3. Finger unter der Kehle des Weibchens. Die Eier werden auf Blättern, die über dem Wasser hängen, abgelegt. Dazu werden langgestreckte, elastische Blätter aufgesucht. Als gut geeignet haben sich Blätter der Pflanzengattungen *Cryptocoryne*, *Hydrocotyle* und *Nemaphila* erwiesen. Das Weibchen setzt sich mit dem Kopf zum Stiel auf das Blatt und rutscht rückwärts bis zur Spitze. Das Männchen biegt mit den Hinterbeinen die Blattränder nach oben zu einer Rinne, in die die Eier (20 bis 30 Stück) gelegt werden. Nach 10 Tagen schlüpfen die Kaulquappen und rutschen über die Blattspitze ins Wasser. In den ersten 10 Tagen erhalten die Quappen pflanzliche, danach animalische Nahrung. Die Larven sind hell gefärbt und punktiert. Nach 30 bis 40 Tagen sind die Hinterbeine entwickelt, nach etwa 75 Tagen verlassen die Jungfrösche, 7 bis 13 mm groß, das Wasser. Die Aufzucht der Jungfrösche gelingt mit Fruchtfliegen.

Rennfrösche (Gattung *Kassina*)

Der deutsche Name entstand nach der krötenartigen Fortbewegung. Die Gattung enthält etwa 10 Arten. Die Frösche sind kurzbeinig, die Pupille senkrecht, Spannhäute sind nur basal an den Zehen vorhanden. Die Arten sind auffallend gefleckt, sehr variabel. Sie sind in Afrika südlich der Sahara verbreitet und treten in Savannen mit wenigstens Temporärgewässern auf dem Boden, seltener in Gebüschen, auf. Die nachtaktiven Frösche ernähren sich von Insekten.

Haltung: Halbfeuchte Terrarien mit Kletterästen. Der Bodengrund ist mit Versteckmöglichkeiten auszustatten, Wasserteil mit Pflanzen. 20 bis 30 °C, nachts kühler.

Fortpflanzung von *K. senegalensis:* Männchen rufen laut und in Rufgruppen. Nach Lendenamplexus erfolgt die Ablage von etwa 400 Eiern klumpenweise an Wasserpflanzen. Die Embryonalentwicklung beträgt etwa 6 Tage. Die Larven leben von Algen, später räuberisch und werden z.T. (*K. maculata*) sehr groß. Die Entwicklung zum Jungfrosch ist nach etwa 80 bis 100 Tagen abgeschlossen.

Riedfrösche (Gattung *Hyperolius*)

Der deutsche Name bezieht sich auf den Aufenthaltsort in der Ufervegetation.

Die laubfroschartigen, unter 5 cm großen Frösche sind art- und geschlechtsspezifisch sehr

Hyperolius spec.

variabel gefärbt und gemustert. Schenkel und Füße sind vielfach rot. Die Männchen besitzen sehr farbauffällige Kehltaschen. Die taxonomisch schwierige Gattung (Beschreibung von Unterarten) ist in Afrika (südlich der Sahara) und auf Madagaskar verbreitet. Riedfrösche benötigen offenes Gelände, überwiegend in der Ufervegetation, aber auch in Buschland, Savannen bis zu offenen Stellen im Regenwald. Sie treten zahlreich vergesellschaftet auf, aber revierbildend. Tagsüber ruhen sie vielfach in der prallen Sonne (wobei sie sich z.T. fast weiß färben), die Aktivitätszeit fällt in die Dämmerung oder Nacht. Gefressen werden Insekten bis zu Stubenfliegengröße. Von den über 110 Arten bieten sich *H. concolor, H. fusciventris, H. marmoratus, H. puncticulatus* und *H. viridiflavus* zu Fortpflanzungsversuchen an.

Haltung: Geräumiges Aquaterrarium mit reichlicher Bepflanzung und größerem, bepflanztem Wasserteil. Wichtig ist ausreichende Belüftung. Die Tiere benötigen den Witterungsbedingungen entsprechend einen starken Tag- und Nachtwechsel: am Tage Lufttemperatur bis 28°C, es wird Strahlungswärme benötigt und vertragen (*H. marmoratus* bis 40°C), die Luftfeuchtigkeit kann auf 50 Prozent absinken. Nachts sollte die Temperatur auf unter 20°C sinken, während die Luftfeuchtigkeit auf 90 Prozent zu erhöhen ist. Die Tiere suchen nachts zeitweilig das Wasser auf. Im Sommer ist ungefilterte UV-Strahlung durch Aufstellen des Terrariums im Freiland von Vorteil.

Fortpflanzung: Die Stimulierung erfolgt durch Trockenzeit und anschließende Beregnung. Der Ruf der Männchen setzt abends ein und ist durchdringend hell und laut (z.T. rufen auch die Weibchen). Die unpaare Schallblase ist dabei fast so groß wie der übrige Körper. Es kommt zu Revierkämpfen. Das Weibchen wird im Achselamplexus geklammert. Die Eiablage erfolgt im Wasser an Pflanzen oder Steinen (bei *H. marmoratus, H. fusciventris*) oder außerhalb in der Nähe des Wassers auf Pflanzen *(H. concolor, H. fusciventris, H. puncticulatus)*, meist in mehreren Gelegen. Auch sonst gibt es Unterschiede:

Art	Eier insgesamt	Larvenentwicklung in Tagen Embryo	Gesamt
H. concolor	200	4–9	bis 60
H. fusciventris	250	5	
H. marmoratus	200–750	4	35–45
H. puncticulatus	80	9	50–60
H. viridiflavus	250		60–70

Die Aufzucht der Jungfrösche ist meist problemlos. Als Futter sind Fruchtfliegen geeignet. Nachzucht konnte bereits bis zur 10. Generation *(H. marmoratus)* erzielt werden. Nach einigen Generationsfolgen können sich Degenerationserscheinungen einstellen.

Gelbschenkelfrösche (Gattung *Phlyctimantis*)

Wegen weitgehender Ähnlichkeit mit Fröschen der Gattung *Kassina* müßten Fortpflanzungsversuche erfolgreich sein.

Waldsteigerfrösche (Gattung *Leptopelis*)

Die laubfroschartigen, meist nachtaktiven, großäugigen Frösche suchen nur zur Eiablage den Boden auf. Der Laich wird im feuchten Boden abgelegt. Ei- und Larvenentwicklung laufen langsam ab, die langgestreckten, schlanken Larven (Kongoaale) schlängeln sich über den Boden aktiv ins Wasser. Fortpflanzungsstimulierung durch entsprechend eingerichtete Terrarien und Beregnung.

Engmaulfrösche (Familie Microhylidae)

Der Name wurde nach der auffällig kleinen Mundöffnung gewählt. Vielfach sind es Bodenbewohner mit grabender Lebensweise, doch auch kletternde Arten kommen vor. Sie sind in tropischen Gebieten aller Kontinente verbreitet. Ihre Lebensweise ist noch wenig erforscht. Es handelt sich um Nahrungsspezialisten (Ameisen, Termiten). Die Fortpflanzung verläuft häufig gewässerunabhängig

Obwohl die Familie über 60 Gattungen enthält, ist sie terraristisch bisher nur gering beachtet worden. Wegen der vielen Wissenslücken sollten Haltung und Fortpflanzung versucht werden.

Asiatische Ochsenfrösche (Gattung *Kaloula*)

Der Name rührt von dem lauten Ruf der Männchen her. Es handelt sich um plumpe Tiere, die sich in Schrecksituationen aufblasen. Der Kopf ist breit und kurz, Pupille rund. Die kurzen Gliedmaßen haben Zehen mit Spannhäuten, Grabschwielen sind vorhanden. Ihr Verbreitungsgebiet erstreckt sich über das tropische und subtropische Südasien. Dort leben sie im Bodenbereich bewaldeter Gebiete bei Temperaturen um 30 °C. Kulturfolger. Sie sind dämmerungs- und nachtaktiv, während der Trockenzeiten vergraben sie sich im Boden.

Haltung: Terrarium mit größerer Bodenfläche, Torf-Erde-Gemisch als Bodengrund zum Eingraben (15 bis 20 cm) und zusätzlichen Versteckmöglichkeiten durch aufgelegte Rinde. Der Futterbedarf ist sehr hoch.

Fortpflanzung: Obwohl die Gattung 9 Arten enthält, liegt über erfolgreiche Nachzucht im Terrarium bisher nur vom Indischen Ochsenfrosch *(K. pulchra)* ein Bericht vor. Zur Stimulierung der Fortpflanzung sind gute Ernährung und Trockenhaltung (kein Wasserbehälter im Terrarium) bei Temperaturen um 24 °C Voraussetzung. Laichreife Weibchen werden mit den Männchen (kleiner, dunkle Kehle) in ein Aquaterrarium umgesetzt (Wasserstand 5 bis 10 cm, Temperatur um 2 bis 4 °C höher als vorher). Beregnung ist zweckmäßig, aber wohl nicht erforderlich. Nachts setzt der brüllend-blökende Ruf der Männchen ein, die Laichabgabe erfolgt meist noch in der gleichen Nacht. Der klebrige Laich mit großer Eizahl schwimmt in flächigen Klumpen an der Oberfläche des Wassers. Die ersten Larven schlüpfen bereits nach 24 Stunden. Auch die weitere Entwicklung vollzieht sich außerordentlich schnell. Bereits nach 11 Tagen sind die Larven ausgewachsen (35 mm) und besitzen Hinterbeine. Die Vorderbeine brechen am 13. Tag durch, und schon am 15. Tag verlassen die Jungfrösche das Wasser. Die kurze Entwicklungszeit dürfte als Anpassung an nur kurzzeitig vorhandene Wasseransammlungen zu deuten sein. Die Ernährung der Larven (zerriebenes Trockenfutter für Fische) und der Jungfrösche (Kleininsekten, Enchyträen) ist unproblematisch.

Tomatenfrosch *(Dyscophus antongilii)*

Die Gattung *Dyscophus* kommt mit 3 Arten an lokal begrenzten Stellen auf Madagaskar vor, *D. antongilii* im Nordosten. Der Name ist auf die auffällig gelbe bis rote Färbung der adulten Tiere zurückzuführen. Die Körpergestalt ist krötenähnlich breit, die Gliedmaßen sind kurz und kräftig. Hinter den Augen befindet sich eine Hautfalte, die seitlich bis zur Körpermitte reicht und ein dunkles Band zeigt. Tagsüber verbergen sich die Tiere, besonders die Männchen, in Verstecken, die Aktivitätszeit beginnt mit der Dämmerung. Die Weibchen erreichen Körpergrößen bis 10 cm, die Männchen sind $1/3$ kleiner.

Kaloula pulchra: Larve. (nach Schmidt)

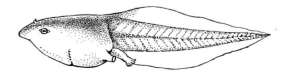

Dyscophus antongilii

Haltung: Das Terrarium ist wie bei *Kaloula* beschrieben zu gestalten. Versteckmöglichkeiten sind unbedingt zu schaffen. Ein Wasserteil sollte vorhanden sein, zumindest in der Jugendentwicklung wird das Wasser regelmäßig aufgesucht. Der Futterbedarf ist sehr hoch, Regenwürmer, Insekten und nestjunge Mäuse werden gefressen. Man hüte sich jedoch vor einem Überangebot an Futter, da die Tiere leicht träge werden und dann nicht zur Fortpflanzung zu bringen sind. Die Lufttemperaturen sollten bei 25°C liegen, nachts Abkühlung bis um 20°C.

Fortpflanzung: Männchen zeigen vereinzelt spontan Fortpflanzungsaktivität (Rufen, Amplexus), doch erwies sich eine gezielte Stimulierung als aussichtsreicher. Dazu ist im Frühsommer eine Trockenzeit zu simulieren, während der Bodengrund, Moos und Wasserbehälter fast völlig austrocknen. Zur Aufrechterhaltung einer schwachen Luftfeuchtigkeit ist in mehrtägigem Abstand leicht zu sprühen. Nach etwa 2 Monaten beginnt man, eine Regenzeit zu simulieren. Dazu ist durch Beregnen oder kräftiges Sprühen die Substratfeuchtigkeit schlagartig zu erhöhen und durch tägliche Wassergaben zu erhalten. Das Wasserbecken ist aufzufüllen, es sollte eine Steinplatte zum Sitzen enthalten. Die Männchen beginnen meist bereits im Versteck zu rufen, erscheinen bald, begeben sich zum Wasser, die Weibchen folgen. Der Amplexus setzt meist kurz vor der Dämmerung ein, die Eiablage erfolgt nachts oder vormittags ins Wasser. Je Weibchen werden bis 1000 Eier und mehr abgegeben, der Laich schwimmt an der Oberfläche. Nach einem Tag erfolgt der Schlupf, nach 4 Wochen erscheinen die Hinterbeine, nach weiteren 2 Wochen die Vorderbeine, 3 Tage später ist der Schwanz resorbiert. Die Larven liegen meist waagerecht im Wasser, sie sind Filtrierer und brauchen demzufolge staubfeines Trockenfutter (Hefe, Brennesselpulver). Die Wassertemperatur sollte etwa 24°C betragen. Überbesatz ist zu vermeiden (je Larve 1 l Wasser), täglicher Wasserwechsel ist erforderlich. Die Jungfrösche vertragen keine zu hohen Temperaturen (maximal 24°C), benötigen aber anfangs eine hohe Luftfeuchtigkeit.

Außer den beiden aufgeführten Arten wurden auch andere Arten bereits im Terrarium gehalten, z. B. *Scaphiophryne marmorata, Glyphoglossus molossus, Microhyla melli, M. pulchra*. Nachzucht gelang offenbar nicht, weitere Versuche sollten jedoch angestellt werden. Eine für den Terrarianer reizvolle Aufgabe dürfte es auch sein, Kurzkopf- oder Regenfrösche (Gattung *Breviceps*) im Terrarium zu halten und zur Fortpflanzung zu bringen. Sie leben überwiegend unterirdisch. Beregnung stimuliert die Fortpflanzung. Die Eier werden in einer selbst gegrabenen Erdhöhle abgelegt, die Entwicklung vollzieht sich dort bis zu fast oder völlig metamorphisierten Jungfröschen.

Wendehalsfrösche (Gattung *Phrynomerus*) leben am und im Boden, selten kletternd. Sie sind gut haltbar im warmen halbfeuchten Terrarium, sind aber Nahrungsspezialisten (Ameisen, Termiten). Fortpflanzungsstimulierung durch Beregnung. Laich wird frei im Wasser abgelegt, haftet z. T. an Pflanzen. Larven sind Filtrierer. Eine auch farblich ansprechende Art ist *Ph. bifasciatus*.

Bei *Dyscophus antongilii* und einer *Microphyla* spec. wurden erfolgreiche Nachzuchten auch durch Hormonbehandlung erzielt.

Kröten (Familie Bufonidae)

Von den etwa 20 Gattungen der Familie hat die Gattung *Bufo* die größte terraristische Bedeutung.

Kröten i. e. S. (Gattung *Bufo*)

Der Körper ist kräftig-kompakt, Haut meist warzig, z.T. verhornt, meist mit kräftig ausgebildeten paarigen Parotoiddrüsen. Die Gliedmaßen sind kurz und stämmig, Finger frei. Zehen vielfach mit Spannhäuten, Hinterfuß z.T. mit Grabeschaufel. Männchen deutlich kleiner als Weibchen, z.T. mit kehlständiger Schallblase. Die Gattung ist weltweit verbreitet mit Ausnahme von Madagaskar, Australien, Neuseeland, Pazifikinseln (z.T. aber künstliche Ansiedlung) von den gemäßigten bis tropischen Breiten. Der Biotop ist von Art zu Art sehr unterschiedlich, er reicht von trockenem, offenem Gelände, Grasland, Halbwüsten, Feuchtgebieten bis zu tropischen Regenwäldern, Ebene bis Gebirge. Gelegentlich sind die Tiere in Kulturlandschaften anzutreffen. Alle sind dämmerungs- und nachtaktive Bodentiere, die sich tagsüber in Verstecken aufhalten. Frischverwandelte Jungkröten sind dagegen vielfach tagaktiv.

Der Nahrungsbedarf ist meist hoch, besonders bei tropischen Arten. Je nach Größe werden Regenwürmer, Nacktschnecken, alle Insekten und deren Entwicklungsstadien, auch kleine Wirbeltiere (Mäuse und Jungvögel) genommen.

Trotz der etwa 200 Arten und der verbreiteten Beliebtheit der Kröten als Terrarientiere liegen Berichte über Terrarienhaltung nur für wenig über 20 Arten vor. Davon betrafen drei die einheimischen *Bufo bufo*, *B. calamita* und *B. viridis*, auf die jedoch nachfolgend nicht eingegangen wird, da sie sich als Gewohnheitslaicher mit der damit verbundenen engen Bindung an ein bestimmtes Laichgewässer einer planmäßigen Vermehrung im Terrarium entziehen. Außerdem verbietet die Naturschutzgesetzgebung die Haltung dieser Arten. Von den außereuropäischen Arten haben sich viele als genügsame und ausdauernde Pfleglinge erwiesen. Es gelang jedoch nur in wenigen Fällen, die Tiere zur Fortpflanzung zu bringen. Zu erwarten ist dies auch nur bei Arten, deren Vermehrung nicht an feste Jahreszeiten, bestimmte Laichgewässer oder großflächige Gewässer gebunden ist und die insgesamt eine stärkere ökologische Plastizität aufweisen. Bei vier Arten gelang bisher die Nachzucht: bei der kolumbianischen Riesenkröte *(B. blombergi)*, der Aga-Kröte *(B. marinus)* und der Pantherkröte *(B. regularis)* sowie der kleinen *B. parvus*.

Haltung: Als Bodenbewohner benötigen Krö-

Bufo gargarizans, links Männchen, rechts Weibchen

ten keine hohen Terrarien. Aus der scheinbaren Trägheit der Tiere sollte nicht auf einen geringen Platzbedarf geschlossen werden. Die dämmerungs- und nachtaktiven Tiere sind nachts vielfach sehr lebhaft, was an der Verwüstung unzweckmäßig eingerichteter Behälter am Morgen festzustellen ist. Das Terrarium sollte, falls nicht einer halbsterilen Haltung der Vorzug gegeben wird, Laufflächen, Versteckmöglichkeiten und einen Wasserbehälter aufweisen. Als Laufflächen haben sich flache Steinplatten als zweckmäßig erwiesen, zwischen denen sich ein Gemisch aus Lauberde, Sand und Torf befindet. Als Versteck dienen hohles Holz und flach liegende Rinde. Der Wasserbehälter muß fest installiert sein und möglichst einen Abfluß aufweisen. Die Wassertiefe richtet sich nach der Größe der Kröten (mindestens 10cm). Gute Lüftung der Behälter ist angebracht. Pflanzen dienen mehr der Dekoration, sie müssen mit Töpfen zwischen den Steinen fest verkeilt werden. Der hohe Stoffwechsel besonders der großen Arten erfordert eine häufige Reinigung des Behälters, besonders des Wassers, was bei der Gestaltung berücksichtigt werden muß. Die Lufttemperatur soll bei 25°C ± 5°C liegen, nachts um 5°C kühler.

B. marinus eignet sich nach Berichten auch zur Freihaltung in der Wohnung.

Larven von *Bufo bufo* (a), *B. viridis* (b), *B. blombergi* (c). (nach Lanza und Schmidt)

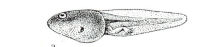

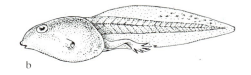

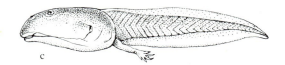

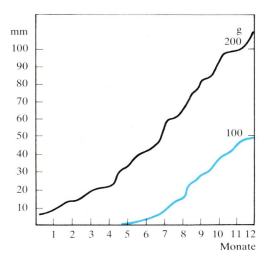

Bufo blombergi: Entwicklung der Jungfrösche in den ersten 12 Monaten. Kopf-Rumpf-Länge (blau) in mm, Körpergewicht in g. (nach Vogt)

Fortpflanzung: Erwachsene und gut ernährte Kröten der vorstehend genannten Arten bedürfen in der Regel zur Auslösung der Fortpflanzung einer Stimulierung. Das können sein: Einschaltung einer Trockenperiode (bei *B. marinus* z. B. etwa 9 Tage), tägliches Überbrausen, Wasserwechsel mit gleichzeitiger Erhöhung der Wassertemperatur, Erhöhung der Lichtzufuhr. Die Paarungsbereitschaft der Männchen wird durch Rufen angezeigt. Der Amplexus erfolgt hinter den Vorderbeinen der Weibchen. Der Laich wird in meterlangen Laichschnüren abgegeben. Die Eier darin sind einzeln oder zu mehreren (bis 6) nebeneinander angeordnet. Die Eizahl pro Weibchen liegt bis zu weit über 10 000. Im Aquarium wurden folgende Entwicklungsdaten festgestellt:

	Tage nach Eiablage		
	B. blombergi	B. marinus	B. regularis
Schlupf	4	2	2
Hinterbeine			
Ansätze	16		12–14
entwickelt	30	24	32–37
Vorderbeine	36	30	38
Jungfrosch	43–47	35–37	42 (30–120)

Je nach Larvenbesatz werden die Aufzuchtbehälter stark durchlüftet, und das Wasser ist täglich zu wechseln. Der Nahrungsbedarf ist hoch, gefüttert wird mit Fischtrockenfutter.

Systematische Fortpflanzungsversuche sollten auch mit anderen Krötenarten unternommen werden, ebenfalls mit den übrigen, z.T. bereits gehaltenen Arten der Bufoniden-Gattungen *Dendrophryniscus, Nectophryne* (Baumkröten) und *Melanophryniscus*.

Stummelfußfrösche, Harlekinfrösche (Gattung *Atelopus*)

Schlanke, vielfach etwas knochig wirkende Frösche mit schlanken Gliedmaßen. Körpergröße zwischen 30 und 50 mm, die Männchen bleiben fast stets deutlich kleiner. Von den Fingern und Zehen sind die innen liegenden bei den meisten Arten wesentlich kürzer. Zehen einiger Arten mit Spannhäuten. Sehr farbenprächtig, variabel, mit hochgiftigem Hautsekret. Tagaktiv, Bodenbewohner, langsame Fortbewegung. Männchen rufen, z.T. auch Weibchen.

Die Gattung ist von Kostarika, Venezuela bis Bolivien verbreitet, über inselartige Vorkommen wird von Guayana und einem kleinen Gebiet an der Ostküste Brasiliens berichtet. Der Biotop ist sehr unterschiedlich. Besiedelt werden tropische Regenwälder im Tiefland bis zu kühleren Nebelwäldern im Gebirge (bis zu 4000 m). Die Frösche leben an kleineren Bachläufen am Ufer oder in dessen Nähe, die Weibchen außerhalb der Fortpflanzungszeit häufig auch weiter davon entfernt. Steine und Fallaub dienen als Versteck.

Gefressen werden kleinere Insekten, im Terrarium Essigfliegen, kleine Grillen, Wachsmottenlarven, Wiesenplankton. Die Nahrungsaufnahme muß überwacht werden, wegen der Bedächtigkeit der Bewegungen der Frösche ist zu verhindern, daß sich die Futtertiere zu schnell verkriechen.

Atelopus-Arten sind vor allem wegen ihrer Färbung begehrte und beliebte Terrarientiere, deren dauerhafte Haltung bisher jedoch vielfach gescheitert ist. Von den 43 beschriebenen Arten sind nur sehr wenige gehalten worden, darunter *A. flavescens, A. ignescens, A. spumarius, A. varius*. Früher wurde *A. varius zeteki*, eine besonders schöne und große Form, viel gefangen, inzwischen ist sie vom Aussterben bedroht und unter strengen Schutz gestellt.

Haltung: Stummelfußfrösche benötigen eine größere Bodenfläche, an die Höhe der Terrarien werden keine Ansprüche gestellt. Als wichtigstes Gestaltungselement dient eine Fließwassereinrichtung, etwa eine Bachimitation, durch die mittels Pumpe ein ständiger Wasserstrom fließt. Die Luft- und Wassertemperaturen müssen in Anpassung an die Herkunft niedrig liegen, zwischen 18 und 20°C, nachts bei etwa 15°C. Nur Tieflandarten, wie z.B. *A. flavescens*, benötigen um etwa 5 bis 7°C höhere Temperaturen. Das Terrarium muß Lüftungsmöglichkeiten haben. Die ständig hohe Luftfeuchte von 80 bis 100 Prozent ist durch Sprühen zu erzielen sowie durch Bepflanzung mit Moos und Farnen, ergänzt durch Laub, Rinde und Steine.

Fortpflanzung: Bisherige Versuche, *Atelopus*-Arten im Terrarium zur Fortpflanzung zu bringen, verliefen ohne vollen Erfolg. Entweder kam es nur zum Amplexus, oder abgelegte Eier verpilzten, oder die Larven starben vor der Metamorphose ab. Nur über die wärmebedürftigere Art *A. flavescens* liegt eine Angabe über die gelungene Vermehrung vor.

Eine der Voraussetzungen scheint die Trennung der Geschlechter außerhalb der Fortpflanzungszeit zu sein. Bei vielen Arten besteht sonst die Gefahr des Daueramplexus, was nicht selten zum Erdrosseln des Weibchens oder Verhungern des Männchens führt. Im Anschluß an den Achselamplexus werden mehrere hundert Eier (*A. ignescens* über 350, *A. varius* über 900) in Form von Schnüren im Luft-Wasser-Bereich der Steine angeheftet. Die Embryonalzeit beträgt etwa 7 Tage. Die Larven heften sich mittels einer Saugvorrichtung senkrecht hängend an Steine an und raspeln den Algenbewuchs ab. Die Jungfrösche sind etwa 7 mm groß und benötigen Collembolen o.ä. als Futter.

Laubfrösche (Familie Hylidae)

Die Familie gliedert sich in etwa 37 Gattungen mit etwa 640 Arten, davon sind mehrere von größtem terraristischen Interesse.

Finger und Zehen sind mit Haftscheiben und Spannhäuten versehen. Das Trommelfell ist gut sichtbar, die Pupille waagerecht. Schallblase ist mit einigen Ausnahmen kehlständig. Weltweit verbreitet mit Ausnahme der Äthiopis und Südostasien.

Laubfrösche i. e. S. (Gattung *Hyla*)

Die Haut der Laubfrösche ist grün, gelb bis braun gefärbt, z. T. gefleckt, glatt (Ausnahme *H. acuminata*), z. T. granuliert, besonders die Bauchseite. Die Beine sind kräftig, zum Springen geeignet. Haftscheiben und Spannhäute sind meist vorhanden, ebenso eine kehlständige Schallblase. Laubfrösche kommen in Europa, Asien (ohne südöstliche Gebiete), Afrika nördlich der Sahara, Nord-, Mittel- und Südamerika sowie auf den Großen Antillen vor. Sie halten sich überwiegend in der Strauch- und Gehölzflora in der Nähe der Laichgewässer auf, doch auch davon abweichende Biotope bis hin zu Grasland und Trockengebieten werden besiedelt. Laubfrösche sind überwiegend dämmerungs- und nachtaktiv, sie klettern. Einige Arten sonnen sich tagsüber.

Die außerordentliche Beliebtheit der Laubfrösche hat dazu geführt, daß von den etwa 260 Arten mit immer weiteren Arten eine Terrarienhaltung versucht worden ist. Über mehr als 40 Arten liegen entsprechende Berichte in der Terrarienliteratur vor. Eine planmäßige Nachzucht im Terrarium ist jedoch auch in dieser Gattung noch die Seltenheit. Berichtet wird über folgende Arten: Europäischer Laubfrosch (*H. arborea*, einschließlich der Unterart *H. a. sarda*), Canon-Laubfrosch *(H. arenicolor)*, Riesenlaubfrosch *(H. boans)*, Kalifornischer Laubfrosch *(H. cadaverina)*, Karolina-Laubfrosch *(H. cinerea)*, *H. crepitans, H. ebraccata, H. pulchella* (früher *H. raddiana*), Königslaubfrosch *(H. regilla)*, Kleinasiatischer Laubfrosch *(H. savignyi*, früher als Unterart von *H. arborea* betrachtet), *H. variabilis*.

Haltung: Die Ansprüche der einzelnen *Hyla*-Arten an die Einrichtung des Terrariums sind entsprechend der weltweiten Verbreitung und den voneinander abweichenden Biotopen sehr unterschiedlich. Einheitlich ist nur, daß dem Klettervermögen und -bedürfnis Rechnung getragen werden muß, d. h., die Behälter sollen geräumig, höher als breit sowie mit Kletterästen und -pflanzen ausgestattet sein.

Die meisten Arten benötigen gut belüftete Terrarien mit nicht zu hoher Luftfeuchtigkeit und Strahlungswärme, im Sommer möglichst un-

Hyla savignyi, Männchen mit dunkler Kehle

Hyla ebraccata, Laich frei auf einem Blatt. Rechts *Hyla sarignyi*

gefiltertes Sonnenlicht, und einen Wasserbehälter. Arten aus extremen Trockengebieten sind auf Stellen mit hoher Wärmeeinwirkung (bis 40 °C) angewiesen. Arten aus Regenwaldgebieten benötigen dagegen hohe Luftfeuchtigkeit (90 bis 100 Prozent) und kommen mit weniger Lüftung aus. An den Bodengrund werden in der Regel keine besonderen Ansprüche gestellt, er sollte sich jedoch leicht reinigen lassen. Ein größerer Wasserteil ist erforderlich.

Freilandterrarien und Gewächshäuser bieten für viele Arten besonders günstige Bedingungen.

Fortpflanzung: Die Art der Eiablage ist innerhalb der Gattung nicht einheitlich. Von den meisten Arten wird zwar der Laich frei ins Wasser abgegeben, meist in kleinen Klümpchen, wobei teilweise stehende und wärmere, in anderen Fällen fließende und damit kühlere und sauerstoffreichere Gewässer bevorzugt werden. Es gibt aber auch zu beachtende Sonderformen. Einige mittel- und südamerikanische Arten wie *H. boans, H. crepitans, H. faber* und *H. rosenbergi* bauen am Rand von Gewässern in lehmhaltiger Erde runde Laichgruben mit einem Durchmesser von 15 bis 30 cm und mit erhöhtem Rand von 5 bis 10 cm Höhe. In das sich in den Gruben sammelnde Wasser wird der Laich abgelegt. Auch Laichablage frei auf über dem Wasser hängende Blätter gibt es *(H. ebraccata)*. Wichtig für die Auslösung des Fortpflanzungsverhaltens in Terrarien ist die artgemäße Stimulierung. Bei Arten aus gemäßigten Breiten ist das in der Regel eine kalte Überwinterung, die einen Winterschlaf auslöst. Nach dessen Beendigung muß den Tieren das aktive Aufsuchen eines für die Eiablage geeigneten Wasserteiles geboten werden. Die Männchen sammeln sich dort, rufen, die Weibchen folgen, und in den sich anschließenden Abendstunden kommt es zum Achselamplexus und zum Ablaichen. Bei *H. arborea* ist das in Gefangenschaft geglückt, jedoch nur in großen Freilandterrarien und entsprechend eingerichteten Gewächshäusern. Eine Ausnahme macht *H. savignyi*, der in der Zimmervitrine mit und auch ohne kühle Überwinterung im März bzw. April abgelaicht hat. Bei 26 °C Wassertemperatur verlief die Entwicklung nach der Eiablage wie folgt:

2. Tag: kommaförmige Embryonen im Ei sichtbar
3. Tag: erste Larven schlüpfen
4. Tag: alle Larven geschlüpft
32. Tag: Hinterbeine im Ansatz sichtbar
42. Tag: Vorderbeine brechen durch
44. Tag: erste Jungfrösche verlassen das Wasser
46. Tag: Schwanz vollresorbiert, Jungfrosch 12 mm

Auch *H. a. sarda* konnte ohne Winterschlaf, allerdings im Gewächshaus, zur Fortpflanzung gebracht werden. Die Eiablage erfolgte in 4 bis 5 Klumpen zu je 12 bis 20 Eiern.

Tropische *Hyla*-Arten werden meist durch die einsetzende Regenzeit zur Fortpflanzung stimuliert. Im Terrarium sollte man eine Trockenzeit von wenigstens 2 bis 3 Wochen simulieren (geringes Wasserangebot, nicht sprühen, niedrige Luftfeuchtigkeit und Temperatur). Danach ist täglich zu beregnen und die Temperatur zu erhöhen. Bei vorher optimal gehaltenen Fröschen setzen Rufen, Klammern und Eiablage meist sofort ein. Beispiele dafür sind die bereits in den 30er Jahren und später erzielten Erfolge bei *H. cinerea*, *H. pulchella* und *H. regilla* sowie Nachzuchten von *H. ebraccata* und *H. variabilis* in den 80er Jahren. Die Entwicklung der beiden zuletzt genannten verläuft wie folgt:

	Tage nach Eiablage	
	H. ebraccata	*H. variabilis*
Eizahl	210–240	60–110
	(5 Gelege)	(3–4 Gelege)
Schlupf	3.	3.
Hinterbeine		
erscheinen	44.	34.
entwickelt	56.	
Vorderbeine	61.	56.
Jungfrosch	65	60–95
adult	6–8 Mon.	6 Mon.

Die unterschiedlichen Entwicklungszeiten können auch haltungsbedingt sein.

Den *Hyla*-Arten, die im Boden Laichgruben bauen, richtet man besonders geräumige, mit großer Bodenfläche versehene Terrarien ein.

Hyla savignyi, frischgeschlüpfte Larve mit Außenkiemen und Klebdrüsen

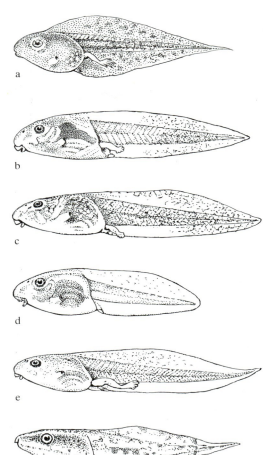

Larven von *Hyla arborea* (a), *H. arenicolor* (b), *H. boans* (c), *H. cadaverina* (d), *H. crepitans* (e), *H. ebraccata* (f), *H. regilla* (g). (nach Lanza und Duellman)

Der Boden muß neben dem Wasserteil einen Abschnitt leicht lehmiger Erde enthalten, der die Möglichkeit des Wasserstaus bietet. Durch entsprechende Regulierung ist der erforderliche Wasserstand herzustellen.

Arten aus Trockengebieten, wie *H. cadaverina* und vor allem *H. arenicolor*, sind durch eine

Hyla savignyi

6- bis 8wöchige kühle (etwa 8 °C) Überwinterung zu stimulieren. Danach sind die Temperaturen an den Ruheplätzen der nachtaktiven Frösche ansteigend zu erhöhen, während der Boden und vor allem das Wasser schattig und vor allem wesentlich kühler (20 °C) zu halten sind. Nach Rufen der Männchen (ähnlich wie Schafe) und Amplexus werden etwa 200 Eier im Wasser abgelegt. Die Larven schlüpfen nach 10 Tagen, die weitere Entwicklung verläuft ohne Probleme und ist nach etwa 10 Wochen abgeschlossen.

Antillenlaubfrösche (Gattung *Osteopilus*)

Hierzu zählen 3 Arten, die vielfach zur Gattung *Hyla* gestellt wurden. Sie kommen auf den Großen Antillen, den Bahamas und Jamaika vor. Terraristisch interessant und beliebt ist der

Kuba-Laubfrosch (*Osteopilus septentrionalis*)

Die Haut ist leicht gekörnt, die Pupille waagerecht, das Trommelfell groß. Finger und Zehen tragen große Haftscheiben, Spannhäute sind nur an den Zehen vorhanden. Die Oberseite ist grün, grau, sandfarben bis bräunlich, z.T. mit dunkler Marmorierung, die Farbe auch wechselnd, variabel. Körpergröße der Weibchen bis 9 cm, der Männchen bis 6 cm. Die Art kommt auf Kuba einschließlich der nördlich und südlich gelegenen Inseln vor; nach Florida und Puerto Rico wurde sie eingeführt. Die dämmerungs- und nachtaktiven Tiere klettern in der Strauch- und Gehölzflora. Sie sind als Kulturfolger anzusprechen.

Haltung: Große, vor allem hohe Terrarien sind mit kräftigen Kletterästen und robusten Pflanzen auszustatten, die das ungestüme Springen während der Futtersuche aushalten. Bewährt haben sich Bilbergien und andere breitblättrige Bromelien ohne Stacheln, Philodendron-Arten, Sansevierien. Das Wasserbecken sollte einen großen Teil der Bodenfläche ausmachen. Die Tiere können bei Zimmertemperatur (20 °C) gehalten werden, 25 bis 30 °C sind jedoch optimal. Im Sommer bietet sich bei warmem Sonnenwetter Freilandhaltung an, ungefiltertes Sonnenlicht dürfte sich positiv auswirken. Als Futter eignen sich Insekten, Regenwürmer, kleine Fische und Mäuse sowie Streifen von Herzfleisch und Fisch.

Fortpflanzung: Gut ernährte adulte Tiere werden durch trockenere Haltung, Herabsetzung der Temperatur und geringere Fütterung über einige Wochen und anschließendes Auffüllen

Osteopilus septentrionalis, Achselamplexus

des Wasserteils mit frischem Wasser mit über 20 cm Tiefe, Temperatur über 20°C und Besprühen stimuliert. Die Männchen haben dann schwarze Brunstschwielen an den Daumen entwickelt, fangen an zu rufen und klammern. Der Achselamplexus kann sich über Tage erstrecken. Die Laichablage erfolgt im Wasser in Schüben, wobei das Weibchen ein Hohlkreuz macht, das Männchen nach hinten rutscht und die austretenden Eier besamt. Der Laich breitet sich flach auf der Wasseroberfläche aus, er enthält je Weibchen etwa 1000 bis 2000 Eier. Die Entwicklung verläuft bei 25 bis 30°C Wassertemperatur wie folgt (Tage nach Eiablage):

	Tage nach Eiablage	Größe (mm)
Schlupf	2.–3.	7
Hinterbeine	29.	
Vorderbeine	42.	40–42
Schwanz resorbiert	45.	12–18

Die Kaulquappen können mit Trockenfutter für Fische ernährt werden, besser ist jedoch ein vielseitiges Angebot von pflanzlicher und tierischer Kost mit Kalkzugabe. Die Jungfrösche werden dann kräftiger. Bei Wassertemperaturen unter 20°C fressen die Larven kaum oder gar nicht, Temperaturen unter 15°C wirken tödlich. Die Jungfrösche beginnen nach 5 bis 6 Tagen Essigfliegen zu fressen. Der Futterbedarf ist groß. Bald setzt eine Größendifferenzierung ein, und es ist dann wichtig, die Jungfrösche nach Größen zu selektieren, da die meist kleineren Männchen wegen des Kannibalismus Gefahr laufen, von den meist größeren Weibchen gefressen zu werden.

Knickzehenlaubfrösche (Gattung *Ololygon*)

Seit 1977 aus der Gattung *Hyla* herausgelöste Gruppe von Laubfröschen mit z.T. abweichenden Merkmalen. Sie sind laubfroschartig, aber spitzschnäuzig, meist dunkel gefärbt. Die 1. Zehe, z.T. auch der 1. Finger, werden während der Ruhepause (kopfabwärts) nach hinten abgeknickt.

Ololygon boulengeri wurde nachgezogen. Der Körper ist dunkel gefärbt, der Unterlage angepaßt braun, grau und grün gemustert, die Haut runzlig. Männchen sind 40 mm, die Weibchen 50 mm lang. Die Art kommt in Mittelamerika von Nikaragua bis Panama, an der Pazifikseite bis Nordwest-Ekuador vor. Sie lebt in der Strauchregion feuchter Niederungen. Die Frösche sind nachtaktiv, ruhen am Tage meist mit dem Kopf nach unten, flüchten bei Störungen erst spät, springen selten.

Haltung: Im Regenwaldterrarium bei Tagestemperaturen von 26 bis 28°C, nachts 5°C niedriger. Ernährung mit Insekten.

Fortpflanzung: Dazu werden die Tiere in einen Behälter umgesetzt, dessen gesamte Bodenfläche aus Wasser (etwa 5 cm hoch) besteht, darin einige Steinplatten, darüber Äste. Außerdem ist zu beregnen und die Wassertemperatur auf 28°C zu erhöhen. Männchen rufen und klammern, nachts werden über 500 Eier ins Wasser gelegt.

Der Larvenschlupf erfolgt am 2. Tag, die Metamorphose ist nach 40 bis 80 Tagen abgeschlossen. Jungfrösche sind hellgrün mit dreieckigem dunklem Fleck zwischen den Augen. 2 bis 3 Tage nach Resorption des Schwanzes wird die Haut runzlig. Nach 7 Monaten beginnen die Männchen vereinzelt zu rufen.

Australische Laubfrösche (Gattung *Litoria*)

Erst Anfang der 70er Jahre aus der Gattung *Hyla* herausgelöste Gruppe von etwa 100 Arten, die ausschließlich auf Australien einschließlich benachbarter Inseln im Norden (Sulawesi, Timor, Neuguinea bis Salomonen) und Süden (Tasmanien) verbreitet sind. Sie leben überwiegend in der Strauch- und Gehölzflora, aber auch am Boden und semiaquatil. Einige sind Kulturfolger. Ihre Aktivitätszeit fällt überwiegend in die Dämmerungs- und Nachtzeit.

Die australischen Hyliden sind als Terrarientiere ebenfalls beliebt, insbesondere der Korallenfinger (*L. caerulea*) wird seit langem gehalten. Er ist nicht scheu, ortstreu, und hält über 20 Jahre in Gefangenschaft aus.

Litoria caerulea, Paar im Amplexus

Haltung: In großen Behältern, höher als breit, je nach Biotop unterschiedlich gestaltet. Der Goldlaubfrosch *(L. aurea)* braucht ein Aquaterrarium mit großem Wasserteil, aber auch Kletter- und Versteckmöglichkeiten, während der Korallenfinger und der Australische Riesenlaubfrosch *(L. infrafrenata)* mit relativ kleinen Wasserbehältern auskommen, aber ebenfalls gute Klettermöglichkeiten benötigen.

Zimmertemperatur genügt, warme Stellen werden aber gern angenommen.

L. caerulea eignet sich auch für die freie Haltung im Zimmer, wenn man eine Blumenbank mit Bromelien bietet. Als Futter sind außer Insekten auch Wirbeltiere entsprechender Größe geeignet.

Fortpflanzung: Regen nach einer ausgiebigen Trockenzeit scheint die wesentlichste Stimulation zur Fortpflanzung zu sein. Über eine spontane Eiablage im Terrarium wurde von *L. infrafrenata* und *L. caerulea* berichtet. Bei *L. caerulea* gelang die Laichabgabe auch nach Hormonbehandlung (1000 Eier, ein Ballen, im Freiland dagegen mehrere Ballen mit 100 bis 200 Eiern, insgesamt über 2000 Eier). In beiden Fällen wurde der Laich ins Wasser abgegeben, die Larven konnten zum Schlüpfen und zur Weiterentwicklung bis zur Metamorphose gebracht werden (bei *L. caerulea* innerhalb 3 Wochen). Die Jungfrösche entwickelten sich ohne Probleme. Es scheint nicht ausgeschlossen, daß bei einer biotopgerechten Haltung, die auch die klimatischen Standortbedingungen weitgehend nachzuahmen sucht, weitergehende Vermehrungsergebnisse zu erzielen sind, auch mit anderen Arten.

Gattung *Osteocephalus*

Von den 6 Arten der Gattung wurde *O. verrucigér* im Terrarium nachgezogen. Diese in Ekuador sowie Peru und Kolumbien vorkommende Art wird bis 6 cm groß, hat eine laubfroschähnliche Gestalt, ist überwiegend bräunlich gefärbt und großäugig. Die Frösche sind mit Ausnahme der Jungtiere dämmerungs- und nachtaktiv, tagsüber verbergen sie sich in Bromelientrichtern.

Haltung: Das Regenwaldterrarium, mit Kletterästen und Bromelien und einer Luftfeuchte von über 80 Prozent, sollte höher als breit sein. Die Temperaturen müssen am Tage etwa 25 °C betragen, nachts etwas unter 20 °C. Als Futter sind Insekten geeignet, größere werden bevorzugt.

Fortpflanzung: Nach Stimulierung der Paarungsbereitschaft durch Beregnung rufen und klammern die Männchen. Der Laich wird in Ballen ins freie Wasser abgegeben. Je Weibchen wurden bis 2000 Eier gezählt. Die Larven schlüpfen spätestens am 5. Tag. Bei Wassertemperaturen zwischen 15 und 27 °C schwankt die Entwicklungszeit bis zur Metamorphose zwischen 35 und 100 Tagen. Temperaturen von 17 bis 20 °C scheinen am günstigsten zu sein. Die Larven sind omnivor. Sie reagieren auf nicht optimale Aufzuchtbedingungen sehr stark mit Entwicklungsstörungen. Sofort nach Durchbrechen der Vorderbeine verlassen sie das Wasser, der Schwanz wird innerhalb einer Woche resorbiert. Die Jungfrösche wachsen bei 20 bis 24 °C rasch heran, sie sind jedoch gegen zu hohe Besatzdichten im Terrarium empfindlich.

Gattung *Phyllodytes* (Syn. *Amphodes*)

4 Arten, nachgezogen wurde *Phyllodytes luteolos*.

Die laubfroschartigen Tiere sind oberseits unterschiedlich grün bis fast grau gefärbt, je nach Aufenthaltsort. Die Pupille liegt horizontal, das Trommelfell ist deutlich sichtbar. Haftscheiben sind gut ausgebildet. Die Körpergröße beträgt 23 bis 28 mm.

Die Art tritt im Küstenbereich Ostbrasiliens von Pernambuco bis Espirito Santo im Dünenbereich unmittelbar an der Küste bis in die Nebelwälder der Gebirge auf.

Die nachtaktiven Tiere sitzen tagsüber im Wasser von Bromelientrichtern. Sie zeigen ein stark ausgeprägtes Territorialverhalten; ein ins Revier eindringender Frosch wird mit den Kiefern gepackt.

Haltung: Im Terrarium müssen mehrere Bromelien wachsen, die nicht zu kleine, aber wasserhaltende Trichter haben. Eine Temperatur von 25 bis 30 °C ist optimal, nachts bis zu 10 °C kühler. Als Nahrung sind Fruchtfliegen und Stubenfliegen geeignet.

Fortpflanzung: Das in einer Bromelie rufende Männchen wird vom Weibchen aufgesucht. Die wenigen Eier (2 bis 5) werden dicht unter der Wasseroberfläche in den zentralen Trichter der Bromelie abgelegt. Das Männchen sucht danach eine andere Bromelie auf, wo sich der Vorgang wiederholt (bis 2mal wöchentlich). Die Anzahl der Bromelien ist entscheidend für den Umfang der Fortpflanzung. Brutpflege findet nicht statt. Die Embryonalentwicklung ist bei 25 °C nach 4 bis 5 Tagen abgeschlossen. Die geschlüpften Larven zeigen nach wenigen Tagen ein kannibalisches Verhalten. In der Natur ist deshalb in jedem Trichter nur eine Larve zu finden. In der Terrarienhaltung empfiehlt sich Einzelhaltung der Larven. Die Ernährung ist unproblematisch mit Kleintieren, auch Froscheiern, Eigelb, Trockenfutter. Die Metamorphose erfolgt nach 6 bis 8 Wochen.

Die gelungene Haltung und Fortpflanzung dieser Art im Terrarium könnte Anstoß sein, auch andere Bromelienbewohner unter den Hyliden zu pflegen, wenn es auch z. T. größere Unterschiede (Mobilität der Larven, obligate Oophagie) zu beachten gilt.

Baumfrösche (Gattung *Smilisca*)

Der typische Hylidenkörper ist variabel grün und braun gefärbt, meist gefleckt, die Seiten sind vielfach genetzt, Schenkel quergebändert. Die Pupille ist waagerecht, das Trommelfell sichtbar, Haftscheiben und Spannhäute sind vorhanden. Das Männchen besitzt eine paarige Schallblase. Die Gattung ist in den Niederungen Mexikos über Mittelamerika bis in den Nordwesten Südamerikas (Kolumbien, Ekuador) verbreitet und lebt dort im tropischen Regenwald bis in höhere Lagen (2000 m) und bis in Gebiete mit langer Trockenzeit. Die Tiere sind dämmerungs- und nachtaktiv, kletternd, weit springend. Zur Fortpflanzungszeit halten sie sich an der Wasseroberfläche auf.

Von den 6 Arten wurden bisher *S. baudinii* und *S. phaeota* im Terrarium nachgezogen.

Smilisca baudinii

chen rufen und klammern, die Laichabgabe erfolgt ins Wasser. Der Laich schwimmt an der Wasseroberfläche. *S. phaeota* laicht zweimal im Jahr mit je 200 bis 300 Eiern. Die Larvenentwicklung geht sehr schnell vor sich: Der Larvenschlupf erfolgt nach einem Tag, am 4. Tag die erste Futteraufnahme, am 18. Tag waren die Hinterbeine, am 29. Tag die Vorderbeine entwickelt, am 32. Tag war die Umwandlung beendet. Die Aufzucht der Jungfrösche verlief nicht ohne Probleme (Infektionen, Krämpfe, Wasserbäuche).

Haltung: Im Regenwaldterrarium mit größerem Wasserteil und viel Kletter- und Versteckmöglichkeiten, hoher Luftfeuchte und einer Temperatur bis 28°C, nachts kühler.

Fortpflanzung: S. baudinii wird durch Trockenheit und anschließenden Regen zur Fortpflanzung stimuliert, für *S. phaeota* genügt schon eine Erhöhung der Wassertemperatur. Die Männ-

Beutelfrösche (Gattung *Gastrotheca*)

Der Körper ist etwas gedrungener als bei anderen Hyliden, der Kopf breit, die Rückenfarbe grün oder bräunlich, dunkel gefleckt. Die Zehen sind mit Spannhäuten versehen, die Haftscheiben klein. Das Weibchen hat auf dem Rücken eine Bruttasche, deren Öffnung sich in Kloakennähe befindet. Die Gattung ist von Panama, dem nördlichen und östlichen Südamerika bis Nordargentinien und dem östlichen und südöstlichen Brasilien verbreitet. Die größte Artenvielfalt gibt es in Kolumbien, Ekuador, Peru. Sie bewohnen Regenwälder der Ebene und Gebirge bis zu andinen Hochgebirgsgrasregionen. Die Frösche sind sehr bewegungsarm. Sie sitzen tagsüber auf »Stammplätzen« (Äste oder Bo-

Larven und Mundfelder von *Smilisca baudinii* (a, c) und *S. phaeota* (b, d). (nach Duellman)

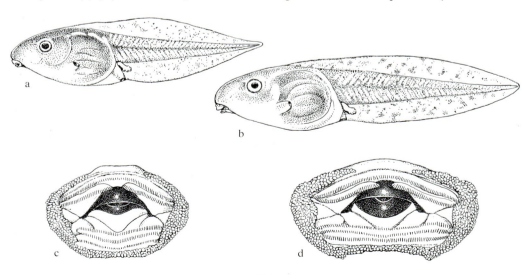

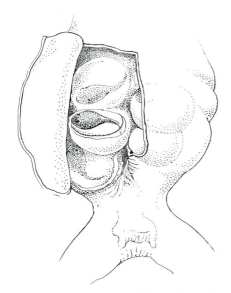

Gastrotheca ceratophrys: geöffnete Bruttasche mit Larven. (nach Duellman)

denverstecke) und wandern nachts langsam umher. Sprünge erfolgen sehr selten und nicht weit. Das Sonnenlicht wird gescheut. Obwohl 39 Arten bekannt sind, liegen Erfahrungen mit der Fortpflanzung im Terrarium vor allem mit *G. marsupiata* vor.

Haltung: Im Regenwaldterrarium mit Klettermöglichkeiten, waagerechten Sitzplätzen, üppiger Bepflanzung und Wasserbecken bei Tagestemperaturen bis 25°C (nachts kühler) und hoher Luftfeuchtigkeit (80 bis 100 Prozent). Die Überwinterung sollte kühl erfolgen (10°C).

Fortpflanzung: Beutelfrösche haben eine interessante Brutpflege entwickelt. Die Männchen rufen, klammern im Achselamplexus (z.T. auch an den Kopfseiten) und lassen sich häufig viele Stunden umhertragen. Nach Aufsuchen einer waagerechten Fläche wird die Eiablage eingeleitet, indem das Weibchen sein Körperende anhebt, es macht ein Hohlkreuz. Darauf bildet das Männchen mit nach innen gekehrten Füßen eine Rinne auf dem Körper des Weibchens, wobei die Zehen am bzw. im Rand der Bruttasche liegen, und scheidet aus der Kloake eine milchige Flüssigkeit aus, die durch seitliche Bewegungen des Körpers zu einem Schaum wird. Gleichzeitig wird die Rückenhaut des Weibchens so nach vorn und unten gedrückt, daß dessen Kloake nach oben gezogen wird. Nach etwa 20 bis 30 Minuten erscheint das erste Ei, in Schüben danach weitere. Sie gleiten, begünstigt durch die Abschüssigkeit der Rinne, den Schaum und die fördernden Bewegungen des Männchens z.T. mit den Zehen, in die Bruttasche des Weibchens. Bis zu 200 Eier werden abgelegt und in der Bruttasche untergebracht. Danach trennen sich die Tiere. Der ganze Vorgang kann nach 45 Minuten beendet sein oder auch bis zu 3 Stunden dauern. Ob die Spermien bereits in der milchigen Flüssigkeit enthalten sind oder erst während der Eiablage abgegeben werden, ist noch nicht beschrieben worden. Die Eier werden in der Bruttasche aktiv versorgt. Eier außerhalb der Bruttasche entwickeln sich nicht. Nach 5 bis 7 Wochen sucht das Weibchen das Wasser auf, zieht mit den Zehen die Öffnung der Bruttasche auf und entleert den Inhalt, geschlüpfte und kurz vor dem Schlupf stehende Larven, unbefruchtete Eier und Hautfetzen, ins Wasser. Durch Hineingreifen mit den Zehen wird die Tasche völlig entleert.

Die Gesamtentwicklung läuft etwa wie folgt ab:

Eientwicklung in der Bruttasche: 35 bis 50 Tage;

Larvenentwicklung außerhalb der Bruttasche: Hinterbeine am 12., Vorderbeine am 36. Tag und Jungfrosch am 44. Tag;

Gastrotheca marsupiata, Weibchen mit gefüllter Bruttasche

Gesamtentwicklung: 80 bis 95 Tage.

Im Gegensatz zu anderen Anuren liegt hier eine ausgesprochen lange Eientwicklungszeit vor. Es wäre reizvoll, auch die Entwicklung anderer *Gastrotheca*-Arten im Terrarium zu beobachten, zumal es Abweichungen von vorstehend beschriebenem Ablauf gibt. Bei *G. oviferum* z. B. werden nur etwa 20 Eier abgelegt, und es vollzieht sich die gesamte Entwicklung bis zum Jungfrosch in der Bruttasche.

Schüsselrückenlaubfrösche (Gattung *Fritziana*)

3 Arten. Im Gewächshaus wurde *F. goeldii* zur Fortpflanzung gebracht.

Die Frösche sind kurzschnäuzig, dadurch Augen besonders vorn stehend und herausragend, Pupille waagerecht. Körper schlank, Rücken hellbraun, braun bis fast schwarz und mit dunkler Rückenzeichnung, die sich auf dem Kopf gabelt. Die Weibchen sind 4,5 cm, die Männchen 3,5 cm groß. Die Art lebt in Brasilien im Gebirge um São Paulo und Rio de Janeiro, im tropischen Regenwald in Höhen zwischen 700 und 800 m in Gebieten mit ausgeprägter Regen- und Trockenzeit (Trockenzeit 2 bis 3 Monate um den August mit Temperaturen um 15 °C). Es sind dämmerungsaktive Baumbewohner, die während der Ruhe in Bromelien sitzen.

Haltung: Im Regenwaldterrarium mit Kletterästen und reichlich epiphytischen Bromelien. Wasserbecken sind nicht erforderlich, wenn in den Bromelientrichtern ständig Wasser steht. Wegen der Standorttreue der Frösche ist auch die Haltung in entsprechend eingerichtetem Gewächshaus möglich. Lufttemperaturen etwa 25 °C.

Fortpflanzung: Stimulierung erfolgt durch kühlere und trockenere Haltung im August (Trockenzeit). Nach dem Rufen des Männchens und Amplexus werden bis zu 20 relativ große Eier auf dem Rücken des Weibchens in einer schüsselartigen Vertiefung untergebracht, deren Ränder sich bei einigen Arten im Gegensatz zu *Gastrotheca* spec. zu einer dünnhäutigen und durchsichtigen Bruttasche schließen können.

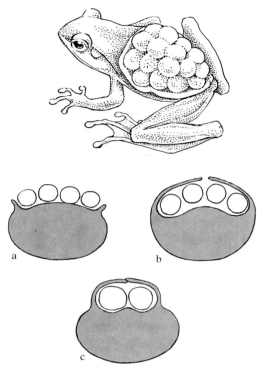

Fritziana goeldii: Weibchen mit Eiern. Darunter: Querschnitte durch den Rücken mit offener (a *F. goeldii*), halbgeschlossener (b *F. fissilis*) und geschlossener Bruttasche (c *Flectonotus pygmaeus*). (nach Duellman)

Die Larvenentwicklung bis zum Schlupf dauert dort etwa 4 Wochen, danach werden die jungen, schwarzen Kaulquappen in Bromelientrichter befördert. Sie entwickeln sich ohne weitere Betreuung durch die Eltern relativ schnell: Am 7. Tage nach dem Schlupf erscheinen die Hinterbeine, am 21. Tag die Vorderbeine, am 30. Tag sind die Jungfrösche fertig. Die Ernährung der Jungfrösche gestaltet sich wegen ihrer geringen Größe (ca. 7 mm) recht schwierig.

Rotaugenfrösche (Gattung *Agalychnis*)

8 Arten. Im Terrarium zur Fortpflanzung gebracht wurde der Rotaugenfrosch (*Agalychnis callidryas*).

Der Körper ist schlank, die Gließmaßen auf-

Agalychnis callidryas. Rechts *Agalychnis callidryas*, Laich auf einem Blatt

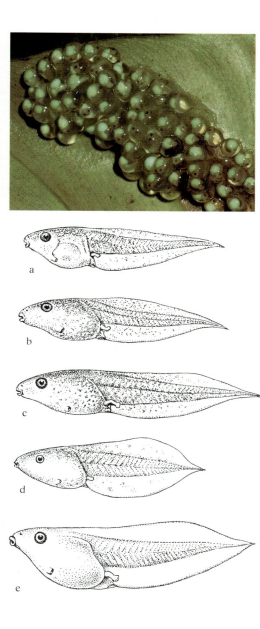

fallend dünn und lang. Oberseite grün, Flanken gelblich mit blauem Querstreifen, Oberarme und -schenkel ebenfalls blau, Finger und Zehen rot. Die 1. ist kürzer als die 2. Zehe. Augen groß mit senkrechter Pupille und roter Iris, das untere Augenlid netzartig gezeichnet. Weibchen bis 7 cm, Männchen kleiner. Sie kommen vom südlichen Mexiko (Linie Veracruz – Oaxaca) südostwärts bis Panama im tropischen Regenwald mit Wechsel von Regen- (März bis September) und Trockenzeiten bei Temperaturen von 20 bis 27 °C vor. Sie sind streng nachtaktiv, bewegen sich langsam kletternd, selten springend.

Haltung: Es ist ein Regenwaldterrarium mit Klettermöglichkeiten und reicher Bepflanzung einzurichten. Das Wasserbecken sollte wegen der reichlichen Kotmassen einen Abfluß besitzen und sich so leicht reinigen lassen. Als Futter müssen nachtaktive Insekten geboten werden.

Fortpflanzung: Zur Stimulierung ist zweckmäßigerweise im Winter eine mehrwöchige Trockenzeit zu simulieren: Wasserangebot nur in einer kleinen Schale, Luftfeuchtigkeit unter 70 Prozent, Temperatur nicht über 20 °C, geringes Futterangebot. Im Frühjahr ist dann die Regenzeit einzuleiten: Wasserstand auf 20 cm bringen, heizen auf etwa 24 °C und belüften, nachts Lüftungsschlitze schließen, um eine Luftfeuch-

Larven von *Agalychnis saltator* (a), *A. callidryas* (b), *A. spurelli* (c), *A. annae* (d), *A. moreletti* (e) sowie Mundfeld von *A. callidryas* (f). (nach Duellman)

tigkeit von 100 Prozent zu erzielen, jeden Abend beregnen und reichliches Nahrungsangebot sichern. Paarungswillige Männchen beginnen dann mit Rufen, laichbereite Weibchen werden geklammert, das Paar sucht das Wasser auf, und es kommt zur Eiablage. Der Laich wird in Gelegegrößen von etwa 50 hellgrünen Eiern an der Unterseite von Blättern, die sich wenige Zentimeter über der Wasseroberfläche befinden, angeheftet. Zweckmäßig ist die Entnahme der Blätter und Überführung in einen gesonderten Behälter mit den gleichen Bedingungen, um die weitere Entwicklung verfolgen zu können. Nach etwa 7 Tagen schlüpfen die Larven und fallen ins Wasser, nach weiteren 2 Tagen beginnen sie mit der Nahrungsaufnahme. Sie stehen schräg mit dem Kopf nach oben im Wasser und sind mit Staubfutter, später auch gröberer pflanzlicher und tierischer Kost zu ernähren.

Die Gesamtentwicklung vom Schlupf bis zum Jungfrosch dauert etwa 40 bis 50 Tage. Jungfrösche ertrinken leicht. Die Geschlechtsreife wird nach etwa 2 Jahren erreicht.

In entsprechender Weise müßten auch andere *Agalychnis*-Arten zu halten und zu vermehren sein. Zu beachten sind jedoch die jeweiligen Herkunftsgebiete. *A. annae* z. B. lebt an Berghängen mit subtropischem Regenwaldklima und ist deshalb an niedrigere Temperaturen, insbesondere nachts, angepaßt. Die Gesamtentwicklung bis zum Jungfrosch dauert bei dieser Art über 200 Tage.

Greif- und Makifrösche (Gattung *Phyllomedusa*)

Im Habitus sind die Greiffrösche den *Agalychnis*-Arten ähnlich. Unterschiede: 1. Finger und 1. Zehe länger als 2. (außer *P. bicolor*), den übrigen opponierbar (dadurch Umgreifen der Äste möglich), Iris weißlich (nie rot oder gelb), oberer Teil des grünen Unterlides durchscheinend (nie genetzt). Die Männchen haben schwarze Brunstschwielen an den Daumen. *Phyllomedusa*-Arten kommen in Kostarika, Panama und an den Pazifikhängen Kolumbiens sowie in Südamerika östlich der Anden von Trinidad bis

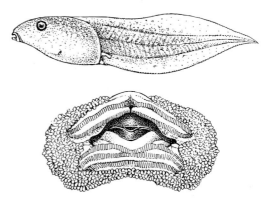

Larve und Mundfeld von *Phyllomedusa lemur*. (nach Duellman)

Nordargentinien vor. Sie bewohnen den tropischen Regenwald, sind aber auch an andere Biotope angepaßt (*Ph. sauvagei* in semiariden Steppen!). Sie sind gebüsch- und baumbewohnend, nachtaktiv und zeigen eine langsame Fortbewegung (chamäleonartig).

Von den über 30 *Phyllomedusa*-Arten wurden in den letzten Jahren in zunehmendem Maße Nachzuchten im Terrarium erzielt, weitere sind trotz vieler Probleme bei der Haltung dieser Tiere zu erwarten. Zu nennen sind *P. burmeisteri, P. exilis, P. guttata, P. hypochondrialis, P. lemur, P. marginata, P. rhodei, P. tomopterna*.

Haltung: In der Regel im geräumigen Regenwaldterrarium mit Kletterästen und üppiger Bepflanzung. Die Temperaturen sollten zwischen Tag (22 bis 26 °C) und Nacht um 5 bis 10 °C wechseln, ebenso die Luftfeuchtigkeit (nachts 100 Prozent, tagsüber 70 Prozent). Wichtig ist eine ausreichende Belüftung des Behälters.

Wegen der weiten Verbreitung der Gattung und der unterschiedlichen Lebensweise der einzelnen Arten müssen jedoch spezifische Bedürfnisse beachtet werden, wenn Haltung und Fortpflanzung von Erfolg sein sollen.

Fortpflanzung: In der Regel wird die Fortpflanzung durch den Wechsel von Trockenzeit (bis zu 3 Monaten) zur Regenzeit stimuliert. Es gibt aber Ausnahmen, wie *P. lemur*, die an ganzjährig verteilte Niederschlagsmengen angepaßt sind, oder *P. marginata*, die gegen stärkere Beregnung in Terrarien empfindlich sind und auch ohne diese laichen. Die Weibchen tragen das Männchen im Amplexus mitunter tagelang mit sich herum. Zum Ablaichen wird meist aus einem Blatt eine Tüte gefaltet, in der je nach Art 20 bis 40 (*P. tomopterna* bis 80) Eier abgelegt werden. Es gibt aber auch Arten, die in Höhlen oder Nischen laichen *(P. marginata)* bzw. im Freiwasser *(P. cochranae)*. Die Eientwicklung dauert etwa 10 bis 14 Tage, während dieser Zeit muß die Luftfeuchtigkeit hoch sein, damit die Gelege, die ja nicht durch Schaum o. ä. geschützt sind, nicht austrocknen. Man kann die Blätter mit Gelegen auch in gesonderte Behälter überführen. Die geschlüpften Larven rutschen in der Regel in das darunter befindliche Wasser (25°C), z.T. schnellen sie durch Schwanzschläge auch hinein. Die Larven sind z.T. *(P. exilis, P. guttata)* auf die Nahrungsaufnahme von der Wasseroberfläche spezialisiert (Trichtermund), verhalten sich aber meist wie die Mehrzahl der Anurenlarven. Die bisher ermittelte Gesamtentwicklungszeit der Larven liegt bei 2 bis 3 Monaten, bei *P. exilis* dauerte sie 5 Monate. Die Jungfrösche verlassen sofort nach dem Durchbrechen der Vorderbeine das Wasser, wobei sie ohne entsprechende Vorsorge leicht ertrinken. Auch bei der Nahrungsaufnahme sind sie in den ersten Tagen z.T. unbeholfen, deshalb sollte das Futterangebot reichlich sein, und sie sollten in nicht zu großer Anzahl in gut belüfteten Terrarien aufgezogen werden.

Die meisten *Phyllomedusa*-Arten sind heikel in der Pflege. Nicht optimale Haltungsbedingungen lassen Parasitierungen oder Infektionskrankheiten zur Todesursache werden.

Gattung *Pachymedusa*

Nur 1 Art: Mexikanischer Gespenstfrosch *(P. dacnicolor)*.

Der Körper ist kräftig, nicht so schlank wie bei *Agalychnis*- und *Phyllomedusa*-Arten, Gliedmaßen kürzer, doch Finger und Zehen lang. Haftscheiben sind vorhanden. Oberseite grün, seitlich befinden sich helle Punkte, Bauch weiß. Auffällig ist die goldfarbene, schwarz gesprenkelte Iris und die senkrechte Pupille. Weibchen sind 10 cm, Männchen bis 7 cm groß, Schnauzenspitze bei beiden unterschiedlich ausgebildet.

Verbreitet ist die Art in Mexiko, und zwar in den Niederungen der Pazifikküste von Sonora bis zum Isthmus von Tehuantepec einschließlich Balsas-Becken, an Hängen bis 1000 m. Sie bevorzugt Savannen, trockenes Tiefland, Hanglagen mit kurzer Regenzeit von Juni bis Oktober. Sie lebt in Gebüsch und Bäumen und ist ganzjährig aktiv.

Haltung: Ein geräumiges Terrarium mit besonders viel Klettermöglichkeiten und Pflanzen, Temperaturen um 25°C, nachts wenigstens 5°C kühler. Nur zur Regenzeit muß die Luftfeuchtigkeit durch Sprühen oder Beregnen erhöht werden. Am Boden ist dann auch eine größere Wasserfläche zu bieten. Gefüttert wird mit Insekten und nestjungen Mäusen.

Fortpflanzung: Nach Simulierung der Regenzeit (ab Juni) kommt es zum mehrtägigen Amplexus. Der Laich wird in mehreren Gelegen zu je 100 bis 200 Eiern an Pflanzen (und an anderen Flächen) in der Regel über der Wasserfläche angeheftet. Die Luftfeuchtigkeit ist auf 100 Pro-

Pachymedusa dacnicolor: geschlechtsspezifische Unterschiede der Schnauzenspitze. (nach Duellman)

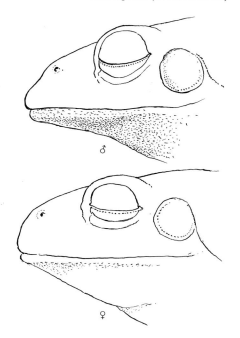

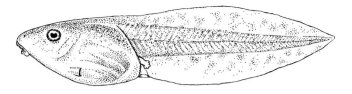
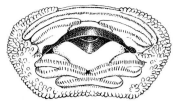

Pachymedusa dacnicolor: Larve und Mundfeld. (nach Duellman)

zent zu erhöhen, die Temperatur sollte 22 bis 23 °C betragen. Die Larven schlüpfen nach 8 bis 10 Tagen und fallen ins Wasser. Nach 45 Tagen sind die Hinterbeine frei beweglich, nach 55 Tagen brechen die Vorderbeine durch. Die Jungfrösche sind etwa 22 cm groß und fressen nach etwa einer Woche bereits Stubenfliegen.

Heuschrecken- oder Grillenfrösche *(Acris crepitans, A. gryllus)*

Semiaquatile, nicht kletternde, gesellig lebende Arten, die keine besonderen Temperaturansprüche stellen und auch im Freilandbehälter gehalten werden können. Fortpflanzungsstimulierung durch kühlere Haltung im Winter und spätere Beregnung. Laich im Wasser.

Kronenlaubfrösche *(Anotheca spinosa)*

Dieser auch im Aussehen interessante Frosch hat sich bisher im Terrarium als sehr kurzlebig erwiesen. Seine Fortpflanzung gleicht der vieler Regenwaldbewohner. Die Eier werden in wassergefüllten Bromelientrichtern oder Baumhöhlen abgelegt. Die Terrarientemperatur sollte nicht über 24 °C ansteigen.

Helmkopffrösche (Gattung *Hemiphractus*)

Nachtaktive Bodenbewohner mit großem, mit spitzen Fortsätzen versehenem Kopf. Aggressiv, Frösche fressend. Die Fortpflanzung ist insofern interessant, als sich die wenigen Eier in der Rückenhaut des Weibchens entwickeln. Larven und Jungfrösche besitzen plazentaartige Anhänge. Entlassen wird der fertig metamorphosierte Jungfrosch (ähnlich *Pipa*). Die Terrarienpflege wegen der Ernährungsweise nur geeignet, wenn aus eigener Nachzucht ungeschützter Froscharten genügend Futtertiere anfallen.

Krötenlaubfrösche (Gattung *Phrynohyas*)

Nachtaktive Baumbewohner, die zur Fortpflanzungsstimulierung auf eine starke, ausgiebige Beregnung angewiesen sind. Der Laich wird als Oberflächenfilm ins freie Wasser abgegeben. Hautsekrete sind stark toxisch.

Südfrösche (Familie Leptodactylidae)

Die Familie enthält 51 Gattungen mit über 700 Arten, die biologisch, ökologisch und morphologisch sehr unterschiedlich sind. Terrarienhaltung wurde mit vielen Arten versucht und ist auch häufig gelungen, über erfolgreiche Nachzuchten im Terrarium liegen jedoch nur wenige Berichte vor.

Hornfrösche (Gattung *Ceratophrys*)

Hornfrösche werden bis 20 cm groß, haben eine rundliche, plumpe Körperform und kräftige Gliedmaßen. Die Haut ist warzig und ornamental gefärbt. Kopf groß, Mundspalte sehr breit. Das obere Augenlid steht vielfach zipfelförmig hoch. Das Männchen besitzt Daumenschwielen. Die Gattung kommt im tropischen und subtropischen Südamerika östlich der Anden vor und bewohnt den Bodenbereich des Regenwaldes, aber auch trockenere Gebiete. Die Frösche halten sich im Boden vergraben, nur mit den Augen herausschauend, auf und lauern auf Beute.

Haltung: Da die Tiere überwiegend im Boden leben und sich eine Vergesellschaftung wegen der Gefräßigkeit ausschließt, genügen flache Terrarien mit größeren Ausmaßen. Pro Tier sollten wenigstens 25 × 30 cm Bodenfläche zur Verfügung stehen. Als Bodengrund empfiehlt sich eine lockere Mischung aus Torf und Sand, die wenigstens eine Tiefe von 10 cm, besser 20 cm, aufweisen soll. Substrat und Luft sollen mäßig feucht sein, regelmäßige Frischluftzufuhr ist wichtig. Ein Wasserbehälter ist erforderlich, da die Tiere zumindest vor der Häutung ins Wasser gehen. Zimmertemperatur genügt, der Boden ist tagsüber lokal bis auf 26°C zu erwärmen. Urin und Kot werden im Boden, und zwar wegen des großen Futterbedarfs und des daraus resultierenden hohen Stoffwechsels in großen Mengen abgegeben, weshalb ein häufiger Substratwechsel unumgänglich ist. Als Futter werden Schnecken, Würmer, große Insekten und Mäuse gereicht.

Fortpflanzung: Terrariennachzucht wurde bisher offenbar nur beim Großen Hornfrosch *(C. cornuta)* erzielt. Nach Haltung im Freilandterrarium bei warmer Witterung und anschließender Hormonbehandlung beider Geschlechter kam es zum Rufen des Männchens, Achselamplexus und zur Laichabgabe frei ins Wasser. Die Entwicklung der Larven verlief wie folgt: Embryonalentwicklung innerhalb 24 Stunden, Schlupf der Larven am 1. Tag nach der Eiablage. Die Larven sind carnivor und fallen sich gegenseitig und alles sich Bewegende an. Einzelhaltung ist also erforderlich. Bereits am 4. Tag zeigen sich die Knospen der Hinterbeine, ab 16. Tag sind die Hinterbeine frei beweglich. Am 21. Tag beulen die Vorderbeine die Haut aus, sie brechen ab 22. Tag durch. Ab 25. Tag wird die Nahrungsaufnahme eingestellt, die gesamte Metamorphose ist am 36. Tag abgeschlossen, und die etwa 23 mm langen Jungfrösche gehen an Land. Auch

Ceratophrys ornata

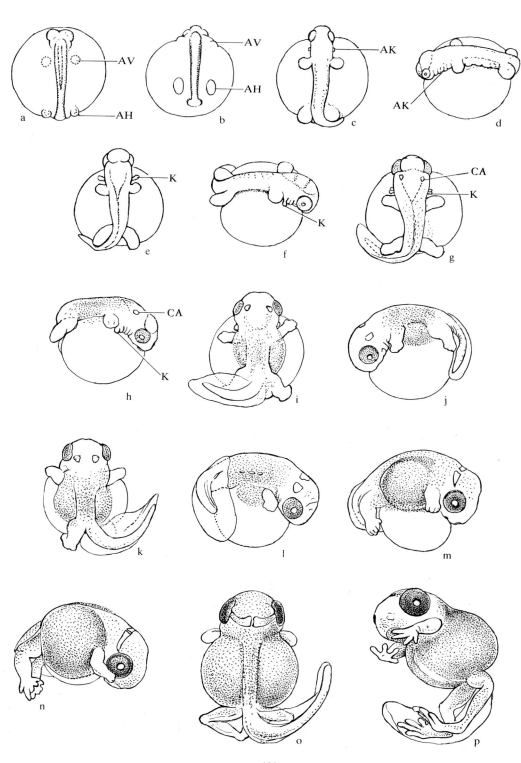

die weitere Entwicklung verläuft schnell, bereits mit 3 Monaten werden nestjunge, mit 6 Monaten erwachsene Mäuse gefressen, die ersten Männchen zeigen bereits Daumenschwielen.

Von den etwa 10 Arten der Gattung müßten der Schmuckhornfrosch *(C. ornata)* und der Schildhornfrosch *(C. varia)* ebenfalls im Terrarium zur Fortpflanzung zu bringen sein, Hormonbehandlung führte bei *C. ornata* bereits zum Erfolg.

Antillen-Pfeiffrösche (Gattung *Eleutherodactylus*)

Die etwa 400 Arten dieser Gattung zeigen sehr unterschiedliche Merkmale. Sie sind 1 bis 10 cm groß. Ihre Verbreitung reicht von Mexiko über Mittelamerika bis Brasilien und Nordargentinien. Die Biotope sind je nach Verbreitungsgebiet sehr unterschiedlich. Von der Ebene bis in Höhen von 4000 m besiedeln sie meist halbfeuchte Gebiete, selten Gehölze. Die Tiere sind meist nachtaktiv, am Tage halten sie sich in Schlupfwinkeln auf.

Haltung: Geeignet sind halbfeuchte Terrarien, deren Boden mit Moos, Steinplatten, Rinde u. a. belegt wird, damit Versteckplätze entstehen.

Fortpflanzung: Die relativ großen Eier werden in Höhlungen abgelegt und machen dort ihre gesamte Entwicklung durch. Nach wenigen Wochen schlüpfen voll entwickelte Jungfrösche. Bei einer Art von St. Lucia *(E. johnstonei?)* wurde die Fortpflanzung mehrfach im Terrarium beobachtet. Ein Froschpaar verschwand, nachdem die Männchen ihr vogelstimmenähnliches Rufen hören ließen, in einer Höhle unter einem Stein. Nach etwa 30 Minuten erschien das Pärchen wieder. Eine Kontrolle ergab, daß die Höhle mit etwa 30, im Durchmesser 3 mm großen Eiern ausgefüllt war. Am Ende der 3. Woche schlüpften die Jungfrösche im Zeitraum von 2 Tagen. Sie sind nur 3,5 mm groß, können aber bereits weite Sprünge ausführen.

Pfeif- oder Südfrösche (Gattung Leptodactylus)

Artenreiche Gattung, die als neotropisches Gegenstück zur Gattung *Rana* gilt. Lebensweise mehr oder weniger semiaquatil. Terrarienhaltung möglich, große Arten *(L. pentadactylus)* benötigen viel Platz und sind z. T. kannibalisch. Fortpflanzungsweisen mit Abwandlungen: Laich in Schaumnestern, die in oder auf dem Wasser schwimmen oder sich in Gruben oder Höhlen des feuchten Bodens befinden. Entwicklung der Larven im Wasser, bei einigen Arten analog zur Gattung *Eleutherodactylus* bis zum Jungfrosch im Ei. Versuche zur Fortpflanzung im Terrarium bieten sich an und sind teilweise auch schon gelungen.

Augenkröten (Gattung *Pleurodema*)

Leicht haltbare Art für das halbfeuchte, kühle Terrarium mit Wasserteil. Stimulierung durch Beregnung. Laich wird von Schaum umgeben und im Wasser abgesetzt.

Gattung *Physalaemus*

Bodenbewohner, leicht haltbar. Zur Stimulierung sind ein größerer Wasserteil im Terrarium und Beregnung erforderlich. Der Laich wird im Schaumnest auf dem Wasser schwimmend abgegeben, die Larven entwickeln sich im Wasser.

Familie Myobatrachidae

Zu dieser Familie gehören neuerdings Gattungen, die früher als Unterfamilie zu den Leptodactylidae gehörten, sich aber von dieser u. a.

Eleutherodactylus coqui: komplette Entwicklung vom Embryo (a) bis zum voll metamorphosierten Jungfrosch im Ei (p).
AV Anlage der Vorderbeine, AH Anlage der Hinterbeine, AK Anlage der Kiemen, K Kiemen, Ca Calciumablagerung. (nach Townsend und Stewart)

durch ihre ausschließliche Verbreitung in der australischen Region unterscheiden. Ihr gehören 20 Gattungen an, 2 davon sind terraristisch interessant.

Australische Sumpffrösche
(Gattung *Limnodynastes*)

Der Körper dieser Frösche ähnelt den Raniden, ist aber etwas gedrungener und kleiner. Die Gliedmaßen sind kräftig, die Finger ohne, die Zehen basal mit Spannhäuten versehen. Pupille waagerecht. Die Gattung ist in Australien und Neuguinea verbreitet, wo sich die Tiere meist in der Nähe zeitweiliger oder permanenter Gewässer am Boden aufhalten, zeitweilig sind sie semiaquatil.

Haltung: Es ist ein Aquaterrarium mit trocknerem Bodenteil und Versteckmöglichkeiten sowie flachem Wasserteil zu gestalten. Zimmertemperatur genügt, im Sommer ist Freilandhaltung möglich. Die Nahrung besteht aus Insekten.

Fortpflanzung: Trockene und kühle Haltung im Spätherbst oder zu Winterbeginn wirkt stimulierend. Danach sind die Frösche durch Beregnung feuchter zu halten. Die Männchen rufen sehr laut (Trommelfrosch!), sie klammern im Achselamplexus. Wenn es zur Eiablage kommt, sondern die Männchen eine leicht schleimige Substanz aus, die vom Weibchen durch paddelnde Bewegungen der Vorderbeine zu Schaum geschlagen wird. Dieser Schaum, der an der Wasseroberfläche schwimmt, enthält bis zu 600 Eier. Eier, die zu Boden sinken, entwickeln sich meist nicht. Es empfiehlt sich, die Eltern aus dem Behälter zu nehmen, weil die Gefahr besteht, daß die adulten Frösche das Schaumnest zerstören. Am 2. bis 3. Tag hängen die geschlüpften Larven an Pflanzen oder Beckenwänden, nach einem weiteren Tag schwimmen sie aktiv umher. Die Metamorphose ist nach 2 bis 3 Monaten abgeschlossen. Ungünstige Haltungsbedingungen können die Entwicklung verzögern, es kann dann zum Riesenwuchs kommen (bis 7 cm, ähnlich *Pelobates fuscus*). Die Larven sollten vielseitig ernährt werden.

Von den etwa 10 Arten wurden bereits *L. tasmaniensis* und *L. peronii* regelmäßig nachgezogen.

Gattung *Adelotus*

Die einzige Art, der Australische Unkenfrosch *(A. brevis)*, ist unkenähnlich, der Rücken graubraun, der Bauch schwarzweiß marmoriert, Unter- und Innenseite der Hinterbeine und Leistengegend rot gefleckt. Der Kopf ist gestreckt, die Schnauze rund, die Pupille waagerecht. Spannhäute fehlen. Das Männchen mißt bis 4,5 cm, das Weibchen bleibt kleiner.

Die Art ist im südost-australischen Küstenbereich verbreitet und hält sich im Feuchtgebiet der bewaldeten oder offenen Landschaft auf. Sie lebt am Boden in Schlupflöchern in Wassernähe.

Limnodynastes tasmaniensis

Haltung: Geeignet ist ein halbfeuchtes Terrarium mit Wasserbehälter, Zimmertemperatur genügt. Die Nahrung besteht aus Insekten.

Fortpflanzung: Die Art scheint im Terrarium spontan zu laichen. Es wird ebenfalls ein Schaumnest angelegt. Die Entwicklung der Larven ist nach etwa einem Monat abgeschlossen.

Angaben zu weiteren Familien

Im folgenden sollen noch einige Vertreter aus Familien genannt werden, die im Rahmen dieses Buches nicht näher beschrieben wurden, bei denen jedoch eine Vermehrung unter terraristischen Bedingungen zu erreichen sein könnte:

Schwanzfrösche (Ascaphidae)

Ascaphus truei ist wegen seiner Fortpflanzungsbiologie (innere Befruchtung durch Kopulationsorgan, Saugmaul der Larven) für terraristische Versuche sehr reizvoll.

Die Biotopansprüche (kühle Fließgewässer) setzen im Terrarium jedoch besondere Bedingungen voraus (Wasser auch im Sommer auf etwa 10°C herunterkühlen, durch Pumpen eine starke Strömung erzeugen).

Nasen- oder Grabkröten (Rhinophrynidae)

Rhinophrynus dorsalis wird als im Boden lebende Art durch Starkregen und Überschwemmungen zur Fortpflanzung stimuliert, was terraristisch lösbar ist. Die Larven ähneln mit ihren Maulbarteln denen von *Xenopus*. Wegen der hohen Nahrungsspezifität der Adulten (Termiten!) werden der Haltung jedoch Grenzen gesetzt.

Nasenfrösche (Rhinodermatidae)

Rhinoderma darwini ist wegen der bizarren Kopfform und der hochspezialisierten Brutpflege (Eiablage an Land, Aufnahme der schlupfreifen Larven in den Kehlsack, dort Entwicklung bis zum Jungfrosch) eine hochinteressante Art. Haltung in kühlen Flußuferterrarien, kalte Überwinterung bieten.

Harlekinfrösche (Pseudidae)

Die *Rana*-artigen, im Wasser lebenden *Pseudis*-Arten sind wegen der riesenwüchsigen Larven (bei *P. paradoxus* bis 25 cm) interessant. Haltung in geräumigen, üppig bepflanzten Tropenaquarien (25°C).

Glasfrösche (Centrolenidae)

Centrolenella-Arten sind laubfroschartig, aber dünnhäutig, z.T. durchsichtig-zart und sehr heikel in der Haltung. Sie laichen auf Blättern über dem Wasserspiegel ab, eine Fortpflanzung im Terrarium dürfte nur erfahrenen Terrarianern gelingen.

Ferkel- oder Schaufelnasenfrösche (Hemisidae)

Die *Hemisus*-Arten, die überwiegend unterirdisch leben, haben eine interessante Fortpflanzungsform, die den fortgeschrittenen Terrarianer vor eine reizvolle Aufgabe stellt. Die Weibchen legen ihre Eier in einer glattwandigen, unterirdischen Höhle ab und graben nach dem Schlupf der Larven einen Gang bis zum freien Wasser, durch den die Larven aktiv die Höhle verlassen. Weiterentwicklung im Wasser.

Quellenverzeichnis und weiterführende Literatur

Zeitschriften

Amphibia-Reptilia · Societas Europaea Herpetologica. Akademische Verlagsgesellschaft, Wiesbaden

Aquarama · Magazin für internationale Aquarien- und Terrarienkunde, Andreas-Verlag Mühlheim/Ruhr

aquarien magazin · Aquarien und Terrarien. Kosmos-Verlag, Stuttgart

Aquarien-Terrarien · Monatsschrift für Vivarienkunde und Zierfischzucht. Urania-Verlag Leipzig/Jena/Berlin

Die Aquarien- und Terrarienzeitschrift (DATZ) · Alfred Kernen Verlag, Stuttgart

Das Aquarium mit Aqua Terra · Zeitschrift für Aquarien- und Terrarienfreunde, Albrecht Hiller Verlag, Minden

Akvárium Terárium · Casopis československých akvaristu a teraristu Panorama, Praha

Copeia · American Society of Ichthyologists and Herpetologists, Gainesville

elaphe · Aquaristisch-terraristische Beiträge, Kulturbund der DDR, Berlin

herpetofauna · Die Zeitschrift für den Terrarianer. herpetofauna - Verlags - GmbH, Weinstadt

Herpetologica · The Herpetologists League, Lawrence

ISSD Newsletter · International Society for the Study of Dendrobatid Frogs, Madiuson (Wisconsin)

Journal of Herpetology · Society for the Study of Amphibians and Reptiles, Athens (Ohio)

Lacerta · Nederlandse vereniging voor herpetologie zu terrariumkunde, Driebergen

Salamandra · Zeitschrift für Herpetologie und Terrarienkunde der DGHT, Frankfurt/Main

Sauria · Die Zeitschrift für Terrarianer. Terrariengemeinschaft Berlin, Berlin (West)

Bücher

Amlacher, E.: Taschenbuch der Fischkrankheiten. Jena 1981

Bassleer, G.: Bildatlas der Fischkrankheiten. Leipzig/Jena/Berlin 1983

Brünner, G.: Terrarienpflanzen – richtig gepflegt. Stuttgart 1981

Duellman, W. E.: The Hylid Frogs of Middle America. Kansas 1970

Engelmann, W.-E., J. Fritzsche, R. Günther u. F. J. Obst: Lurche und Kriechtiere Europas. Leipzig, Radebeul 1985

Filek, W. v.: Frösche im Aquarium. Stuttgart 1981

Friedrich, U., u. W. Volland: Futtertierzucht. Stuttgart 1981

Fritzsche, J.: Das praktische Terrarienbuch. Leipzig, Radebeul 1981

Frost, D. R.: Amphibian Species of the World, a taxonomic and geographical reference. Lawrence, Kansas, 1985

Geyer, H.: Praktische Futterkunde für den Aquarien- und Terrarienfreund. Stuttgart 1929 (und folgende Auflagen)

Große, W.-R.: Olme, Molche, Salamander. Leipzig, Radebeul 1983

Harding, K. A.: New world amphibians. Oxford, New York 1983

Heselhaus, R.: Pfeilgiftfrösche. Praktische Winke zur Pflege und Zucht. Essen 1984

Heselhaus, R.: Laubfrösche im Terrarium. Essen 1987

Heselhaus, R., u. M. Schmidt: Harlekinfrösche der Gattung Atelopus. Münster 1988

Herrmann, H.-J., und St. Gerlach: Froschlurche im Terrarium. Leipzig, Radebeul 1984

Klewen, R.: Die Landsalamander Europas. Wittenberg 1987

Lilge, D., u. H. v. Meeuwen: Grundlagen der Terrarienhaltung. Hannover 1979

Isenbügel, E., u. W. Frank: Heimtierkrankheiten. Stuttgart 1985

Jocher, W.: Futter für Vivarientiere. Stuttgart 1975

Kleinsteuber, E., u. G. Fiedler: Futter für Terrarientiere. Leipzig, Radebeul 1982

Klingelhöffer, W.: Terrarienkunde, 2. Teil: Lurche. Stuttgart 1956

Lanza, B.: Anfibi, Rettili. Firenze 1983

Marcus, L. C.: Amphibien und Reptilien in Heim, Labor und Zoo. Stuttgart 1981

Matz, G., u. M. Vanderhaege: BLV Terrarienführer. München, Wien, Zürich 1980
Nitzke, G.: Terrarientiere Bd. 1 und 2. Stuttgart 1980
Nietzke, G.: Fortpflanzung und Zucht der Terrarientiere. Hannover 1984
Nöllert, A.: Die Knoblauchkröte. Wittenberg Lutherstadt 1984
Obst, F. J., K. Richter u. U. Jacob: Lexikon der Terraristik und Herpetologie. Leipzig 1984
Oostveen, H.: Kleurrijke dagkikkers voor het Paludarium. Utrecht 1976
Parker, H. W., u. A. Bellairs: Die Amphibien und die Reptilien. Lausanne 1972
Petzold, H. G.: Aufgaben und Probleme der Tiergärtnerei bei der Erforschung der Lebensäußerungen der Niederen Amnioten (Reptilien). Milu 5 (1982), S. 485–786
Reichenbach-Klinke, H. H.: Krankheiten der Amphibien. Stuttgart 1961
Rimpp, K.: Salamander und Molche. Stuttgart 1976
Rogner, M.: Tropische Frösche. Minden 1986
Schulte, R.: Frösche und Kröten. Stuttgart 1980
Silverstone, Ph. A.: A Revision of the Poison-Arrow Frogs of the Genus Dendrobates Wagler. Los Angeles 1975
Silverstone, Ph. A.: A Revision of the Poison Arrow Frogs of the Genus Phyllobates Bibron in Sagra (Family Dendrobatidae). Los Angeles 1976
Stettler, P. H.: Handbuch der Terrarienkunde. Stuttgart 1978
Wehner, W.: Kleine Terrarienkunde. Leipzig, Jena, Berlin 1966
Wyniger, R.: Insektenzucht. Stuttgart 1974
Zimmermann, E.: Das Züchten von Terrarientieren. Stuttgart 1983
Zimmermann, H.: Tropische Frösche, Pflege und Zucht. Stuttgart 1978
Zimmermann, H.: Futtertiere von A–Z. Stuttgart 1982

Anhang

Tierhaltung und Artenschutz

Aufgrund des beträchtlichen Rückganges der freilebenden Amphibien sind im letzten Jahrzehnt weltweit Bemühungen zu verzeichnen, die gesamte Herpetofauna und deren Lebensräume unter Schutz zu stellen. Diese Bestrebungen können nur erfolgreich sein, wenn kontinuierlich die Ursachen des Arten- und Individuenschwundes erforscht werden. An der Spitze der Ursachen steht zweifelsfrei die weltweite, ständig zunehmende Zerstörung des natürlichen Lebensraumes der Amphibien aus den unterschiedlichsten Gründen. An zweiter Stelle ist der kommerzielle Fang und Handel von Tieren für die Verarbeitung zu Delikatessen, Gebrauchsgegenständen, Schmuck und Souvenirs anzuführen. Auch der berufsmäßige Fang von Amphibien für die öffentliche und private Haltung in Terrarien kann eine Bedrohung der wildlebenden Arten darstellen, wenn der Fang unkontrolliert erfolgt und die Haltung nur unter dem Gesichtspunkt des Besitzes möglichst seltener Arten gesehen wird.

Dagegen kann die Haltung von Amphibien in Terrarien dem Gedanken des Artenschutzes durchaus entgegenkommen, wenn die Tiere nur in begrenzter Anzahl und unter fachlich-qualifizierter Kontrolle dem freien Bestand entnommen werden und die Terrarienhaltung ausschließlich unter dem Gesichtspunkt der erfolgreichen Fortpflanzung betrieben wird. Dadurch käme es zur Vertiefung des Wissens und zur Versorgung interessierter Terrarianer mit gesunden Nachzuchttieren, auch eine biotopgerechte Wiederbesiedlung zeitweilig ungeeigneter Lebensräume wäre denkbar.

Dem Artenschutz wurde durch das Erarbeiten von »Roten Listen« in vielen Ländern entsprochen. Sie enthalten eine Auflistung von jeweils existenzbedrohten Tierarten und wurden auf der Basis des internationalen »Rotbuches« der International Union for the Conversation of Nature and Natural Resources (IUCN) aufgestellt.

Der Handel mit bedrohten Tierarten wird international durch das »Washingtoner Artenschutzabkommen« (CITES) von 1973 geregelt, ergänzt für europäische Arten durch die »Berner Konvention« von 1979. Entsprechende nationale Rechtsbestimmungen sind in der BRD:

das Gesetz über Naturschutz und Landschaftspflege (Bundesnaturschutzgesetz – BNatSchG) die Verordnung zum Schutz wildlebender Tier- und Pflanzenarten (Bundesartenschutzverordnung – BArtSchV) in der Fassg. der Bekanntm. vom 18. Sept. 1989 (BGBl. I, S. 1677, ber. S. 2011)

Im Rotbuch der IUCN von 1986 sind folgende Amphibien enthalten:

Wissenschaftlicher Name	Gefährdungskategorie	Verbreitung
Schwanzlurche		
Cryptobranchidae		
Andrias davidianus	V	China
Andrias japonicus	IV	Japan
Ambystomatidae		
Ambystoma californiense	III	USA
Ambystoma dumerilii	IV	Mexiko
Ambystoma lermaensis	IV	Mexiko
Ambystoma macrodactylum	II	USA
Ambystoma mexicanum	IV	Mexiko
Plethodontidae		
Batrachoseps aridus	II	USA
Batrachoseps simatus	IV	USA
Batrachoseps stebbinsi	IV	USA
Eurycea nana	IV	USA
Hydromantes brunus	IV	USA
Hydromantes shastae	IV	USA
Phaeognathus hubrichti	IV	USA
Plethodon larzelli	V	USA
Plethodon neomexicanus	III	USA
Plethodon richmondi	VI	USA
Typhlomolge rathbuni	II	USA
Typhlotriton spelaeus	VI	USA
Salamandridae		
Chioglossa lusitanica	III	Portugal
		Spanien
Proteidae		
Proteus anguinus	III	Italien
		Jugoslawien
Froschlurche		
Leiopelmatidae		
Leiopelma archeyi	IV	Neuseeland
Leiopelma hamiltoni	IV	Neuseeland
Leiopelma hochstetteri	IV	Neuseeland
Pipidae		
Xenopus gilli	III	Südafrika

Wissenschaftlicher Name	Gefährdungs-kategorie	Verbreitung
Discoglossidae		
Discoglossus nigriventer	II	Israel
Pelobatidae		
Pelobates fuscus insubricus	II	Italien
Ranidae		
Conraua goliath	III	Kamerun
Nesomantis thomasseti	V	Seychellen
Rana latastei	III	Italien
		Jugoslawien
Rana pipiens fisheri	II	USA
Sooglossus gardineri	V	Seychellen
Sooglossus seychellensis	V	Seychellen
Rhacophoridae		
Tachycnemis seychellensis	VI	Seychellen
Bufonidae		
Bufo boreas nelsoni	V	USA
Bufo exsul	III	USA
Bufo houstoensis	II	USA
Bufo periglenes	II	Kostarika
Bufo retiformis	III	Mexiko
Nectophrynoides occidentalis	III	Guinea, Elfenbeinküste
Leptodactylidae		
Batrachophrynus macrostomus	VI	Peru
Eleutherodactylus jasperi	IV	Puerto Rico
Philoria frosti	IV	Australien
Rheobatrachus silus	III	Australien

Die römischen Ziffern geben den Gefährdungsgrad an. Von den insgesamt 8 Gefährdungskategorien der IUCN bedeuten im vorliegenden Fall:

II »Gefährdet«: Arten oder Unterarten, deren Überleben unwahrscheinlich ist, wenn die sie bedrohenden Faktoren weiter wirken können.

III »Anfällig«: Arten oder Unterarten, die in naher Zukunft in die Kategorie II eingestuft werden müssen, falls sich die sie bedrohenden Faktoren nicht ändern.

IV »Selten«: Arten oder Unterarten, die nur in kleinen Populationen vorkommen, noch nicht unmittelbar bedroht sind, deren Risiko aber in ihrem kleinen Verbreitungsgebiet liegt.

V »Unbestimmt«: Arten oder Unterarten, die in die Kategorien II, III oder IV gehören, über die jedoch zu wenig Informationen vorliegen, um eine Einstufung vornehmen zu können.

VI »Unsicher«: Arten oder Unterarten, deren Status aufgrund ungenügender Kenntnisse nicht festzulegen ist.

Bildnachweis

R. Bech, Bitterfeld: 39
J. und Ch. Beutelschiess, Kirchheim u. T.: 23, 28, 33, 41
A. Dietel, Oschersleben: 26
W. Fiedler, Leipzig: 62, Titelbild

W. R. Große, Halle: 2
H. J. Herrmann, Suhl: 1, 3, 24, 25, 26, 44
U. Kaden, Halle:
K. Krintler, Piding: 31, 32, 36, 48, 52
U. Köpernick, Dresden: 4, 7, 9, 10, 11, 12, 13, 14, 15, 29
G. Masurat, Kleinmachnow: 17, 18, 19, 20, 21, 22, 27, 30, 34, 35, 37, 38, 40, 42, 43, 45, 46, 47, 49, 50, 53–61
W. Mudrack, Berlin (West): 5, 6
M. Panser, Kleinmachnow: 51
P. Sacher, Wittenberg: 12
B. Thiesmeier, Bochum: 8

Danksagung

Die Erarbeitung dieses Buches wurde auf vielfältige Weise unterstützt. Für fachliche Hinweise, Vermittlung von Erfahrungen, Überlassung von Tieren sowie Bereitstellung von Literatur und von Bildvorlagen danken die Autoren vor allem O. Beaver, Chianmai; R. Bech†, Bitterfeld; J. und Ch. Beutelschiess, Kirchheim; P. Debold, Stralsund; K. Dedekind, Berlin; J. Gerth, Altenburg; P. Hallmann, Zepernick; J. Hammermeister, Berlin; H. J. Herrmann, Suhl; S. Hertel, Halle; R. Heselhaus, Münster; U. Kaden, Halle; U. Köpernick, Dresden; K. Krintler, Piding; M. Laubner, Dresden; Hj. Lüthi, Bern; W. Mudrack, Berlin (West); F. J. Obst, Dresden; G. Praedicow, Erfurt; F. Rehberg, Münster; P. Sacher, Wittenberg; D. Schmidt, Schönow; B. Thiesmeier, Bochum.

Besonderen Dank für vielseitige Hilfe schulden die Autoren auch ihren Ehefrauen. Irene Masurat hat ihre praktischen terraristischen Erfahrungen in die Darstellung mit einfließen lassen. Sie und Gisela Große haben Anteil an der technischen Bearbeitung des Manuskriptes.

Gesetzliche Bestimmungen in der Bundesrepublik Deutschland

Mögen die Haltungs- und Zuchtbedingungen, die Sie Ihren Pfleglingen bieten können, noch so optimal und vielleicht gar »besser als in der Natur« sein, so sollte sich jedoch niemand dazu verleiten lassen, geschützte oder gar besonders geschützte Tierarten aus der Natur zu entnehmen und zu Hause zu halten, sofern er dafür nicht triftige Gründe und eine Genehmigung der zuständigen Naturschutzbehörde besitzt. Um die rechtliche Situation in der BRD für jeden deutlicher zu machen, finden Sie im folgenden für den Lurchehalter wichtige Auszüge aus dem Bundesnaturschutzgesetz (BNatSchG), der Bundesartenschutzverordnung (BArtSchV) sowie dem Tierschutzgesetz (TSchG).

Gesetz über Naturschutz und Landschaftspflege

(Bundesnaturschutzgesetz - BNatSchG)

in der Bekanntmachung der Neufassung vom 11.3.1987 (BGBl. I, S. 889) (Auszug – Punktzeilen bedeuten ausgelassene Abschnitte)

§ 20 a
Begriffsbestimmungen

(1) Im Sinne dieses Abschnittes sind Tiere:
a) wildlebende, gefangene oder gezüchtete und nicht herrenlos gewordene sowie tote Tiere wildlebender Arten,
b) Eier, Larven, Puppen und sonstige Entwicklungsformen von Tieren wildlebender Arten,

. . . .

(2) Als Tiere und Pflanzen im Sinne dieses Abschnittes gelten auch ohne weiteres erkennbare Teile von Tieren und Pflanzen wildlebender Arten sowie ohne weiteres erkennbar aus ihnen gewonnene Erzeugnisse. Bei Tieren und Pflanzen der Arten, die der Verordnung (EWG) Nr. 3626/82 des Rates vom 3. Dezember 1982 zur Anwendung des Übereinkommens über den internationalen Handel mit gefährdeten Arten freilebender Tiere und Pflanzen in der Gemeinschaft (ABl. EG Nr. L 384 S. 1) unterliegen, gelten für die Besitz-, Vermarktungs- und sonstigen Verkehrsverbote (§ 20 f Abs. 2) und die Vorschriften über die Ein- und Ausfuhr (§§ 21 bis 21f) als ohne weiteres erkennbar nur die in Artikel 2 dieser Verordnung genannten Teile und Erzeugnisse.

(3) Für die Abgrenzung einer Tier- oder Pflanzenart im Sinne dieses Abschnittes ist ihre wissenschaftliche Bezeichnung maßgebend. Die Art schließt alle untergeordneten Ordnungsstufen der zoologischen oder botanischen Systematik ein.

(4) Heimisch im Sinne dieses Abschnittes ist eine wildlebende Tier- oder Pflanzenart, die ihr Verbreitungsgebiet oder regelmäßiges Wanderungsgebiet ganz oder teilweise
1. im Geltungsbereich dieses Gesetzes hat oder in geschichtlicher Zeit hatte oder
2. auf natürliche Weise in den Geltungsbereich dieses Gesetzes ausdehnt.

Als heimisch gilt eine wildlebende Tier- oder Pflanzenart auch, wenn sich verwilderte oder durch menschlichen Einfluß eingebürgerte Tiere oder Pflanzen der betreffenden Art im Geltungsbereich dieses Gesetzes in freier Natur und ohne menschliche Hilfe über mehrere Generationen als Population erhalten.

(5) Population im Sinne dieses Abschnittes ist die sich selbst erhaltende Gemeinschaft wildlebender Tiere oder Pflanzen einer bestimmten Art innerhalb eines bestimmten Raumes.

(6) Im Sinne dieses Abschnittes ist ferner
1. Inverkehrbringen: das Anbieten, Vorrätighalten zur Abgabe, Feilhalten und jedes Abgeben an andere,
2. Mitgliedstaat: ein Staat, der Mitglied der Europäischen Gemeinschaften ist,
3. Drittland: ein Staat, der nicht Miglied der Europäischen Gemeinschaften ist.

(7) Der Ein- und Ausfuhr im Sinne dieses Abschnittes steht jedes sonstige Verbringen in den oder aus dem Geltungsbereich dieses Gesetzes gleich.

§ 20b
**Allgemeine Vorschriften
für den Arten- und Biotopschutz**

(1) Zur Vorbereitung, Durchführung und Überwachung der Aufgaben nach § 20 Abs. 1 treffen die Länder geeignete Maßnahmen
1. zur Darstellung und Bewertung der unter dem Gesichtspunkt des Artenschutzes bedeutsamen Populationen, Lebensgemeinschaften und Biotope wildlebender Tier- und Pflanzenarten, insbesondere der in ihrem Bestand gefährdeten Arten,
2. zur Festlegung von Schutz-, Pflege- und Entwicklungszielen und zu deren Verwirklichung.

(2) Die Länder erlassen zur Verwirklichung des Arten- und Biotopschutzes weitere Vorschriften, insbesondere über den Schutz von Biotopen wildlebender Tier- und Pflanzenarten.

§ 20d
**Allgemeiner Schutz
wildlebender Tiere und Pflanzen**

(1) Es ist verboten,
1. wildlebende Tiere mutwillig zu beunruhigen oder ohne vernünftigen Grund zu fangen, zu verletzen oder zu töten.
. . . .

(2) Gebietsfremde Tiere und Pflanzen wildlebender und nicht wildlebender Arten dürfen nur mit Genehmigung der nach Landesrecht zuständigen Behörde ausgesetzt oder in der freien Natur angesiedelt werden. Dies gilt nicht für den Anbau von Pflanzen in der Land- und Forstwirtschaft. Die Genehmigung ist zu versagen, wenn die Gefahr einer Verfälschung der heimischen Tier- oder Pflanzenwelt oder eine Gefährdung des Bestandes oder der Verbreitung heimischer wildlebender Tier- oder Pflanzenarten oder von Populationen solcher Arten nicht auszuschließen ist.

(3) Die Länder können weitere Vorschriften erlassen; sie können insbesondere die Voraussetzungen bestimmen, unter denen die Entnahme von Tieren oder Pflanzen wildlebender nicht besonders geschützter Arten aus der Natur zulässig ist.

§ 20e
Besonders geschützte Tier- und Pflanzenarten

(1) Der Bundesminister für Umwelt, Naturschutz und Reaktorsicherheit wird ermächtigt, durch Rechtsverordnung mit Zustimmung des Bundesrates bestimmte wildlebende Tier- und Pflanzenarten oder Populationen solcher Arten unter besonderen Schutz zu stellen, soweit dies
1. wegen der Gefährdung des Bestandes heimischer Arten durch den menschlichen Zugriff im Geltungsbereich dieses Gesetzes oder wegen der Verwechslungsgefahr mit solchen gefährdeten Arten oder
2. wegen der Gefährdung des Bestandes nichtheimischer Arten oder Populationen durch den internationalen Handel oder wegen der Verwechslungsgefahr mit solchen gefährdeten Arten

erforderlich ist (besonders geschützte Arten). Besonders geschützte Arten, die vom Aussterben bedroht sind, sind in der Rechtsverordnung als solche zu bezeichnen (vom Aussterben bedrohte Arten). In Rechtsverordnungen nach Satz 1 können bestimmte besonders geschützte Tier- und Pflanzenarten sowie durch Anbau gewonnene Pflanzen bestimmter besonders geschützter Arten und aus Pflanzen solcher Arten gewonnene Erzeugnisse von Verboten der §§ 20f und 21 Abs. 5 ausgenommen werden, soweit der Schutzzweck dadurch nicht gefährdet wird und

Rechtsakte des Rates oder der Kommission der Europäischen Gemeinschaften oder Verpflichtungen aus internationalen Artenschutzübereinkommen nicht entgegenstehen. In Rechtsverordnungen nach Satz 1 kann auch näher bestimmt werden, welche Teile von Tieren oder Pflanzen oder aus ihnen gewonnene Erzeugnisse als ohne weiteres erkennbar im Sinne des § 20a Abs. 2 Satz 1 anzusehen sind.

. . . .

(3) Besonders geschützte Arten sind auch die in den Anhängen I und II des Washingtoner Artenschutzübereinkommens in der Fassung des Anhangs A der Verordnung (EWG) Nr. 3626/82 sowie in Anhang C dieser Verordnung aufgeführten Arten. Vom Aussterben bedroht sind die in Anhang I des Washingtoner Artenschutzübereinkommens aufgeführten Arten. Der Bundesminister für Umwelt, Naturschutz und Reaktorsicherheit wird ermächtigt, durch Rechtsverordnung mit Zustimmung des Bundesrates weitere Arten im Sinne des Satzes 1 als vom Aussterben bedroht zu bezeichnen.

. . . .

§ 20 f
Schutzvorschriften für besonders geschützte Tier- und Pflanzenarten

(1) Es ist verboten,
1. wildlebenden Tieren der besonders geschützten Arten nachzustellen, sie zu fangen, zu verletzen, zu töten oder ihre Entwicklungsformen, Nist-, Brut-, Wohn- oder Zufluchtstätten der Natur zu entnehmen, zu beschädigen oder zu zerstören,

. . . .

(2) Es ist ferner verboten, Tiere und Pflanzen der besonders geschützten Arten
1. in Besitz zu nehmen, zu erwerben, die tatsächliche Gewalt über sie auszuüben oder sie zu be- oder verarbeiten (Besitzverbote),
2. zu verkaufen, zum Verkauf vorrätig zu halten, anzubieten oder zu befördern oder zu kommerziellen Zwecken zur Schau zu stellen (Vermarktungsverbote), sofern sich inhaltsgleiche Vermarktungsverbote nicht bereits aus Artikel 6 Abs. 1 oder 2 der Verordnung (EWG) Nr. 3626/82 ergeben,

3. zu anderen als den in Nummer 2 genannten Zwecken in den Verkehr zu bringen, zu befördern oder zur Schau zu stellen (sonstige Verkehrsverbote).

. . . .

§ 20 g
Ausnahmen

(1) Von den Besitz-, Vermarktungs- und sonstigen Verkehrsverboten sind, soweit sich aus Satz 2, Absatz 2 oder einer Rechtsverordnung nach § 26 Abs. 2 nichts anderes ergibt, ausgenommen
1. Tiere, die im Geltungsbereich dieses Gesetzes in Übereinstimmung mit den Vorschriften zum Schutz der betreffenden Art gezüchtet worden und nicht herrenlos geworden sind,

. . . .

4. Tiere und Pflanzen, die vor dem 1. Januar 1987 in Übereinstimmung mit den Vorschriften zum Schutz der betreffenden Art oder vor deren Unterschutzstellung im Geltungsbereich dieses Gesetzes der Natur entnommen worden sind,
5. Tiere und Pflanzen, die in Übereinstimmung mit den Vorschriften zum Schutz der betreffenden Art in den Geltungsbereich dieses Gesetzes gelangt sind.

Satz 1 gilt nicht, soweit die Tiere und Pflanzen am 31. Dezember 1986 landesrechtlichen Besitz-, Vermarktungs- und sonstigen Verkehrsverboten unterlagen.

(2) Tiere und Pflanzen der vom Aussterben bedrohten Arten oder der in Anhang C Teil 1 der Verordnung (EWG) Nr. 3626/82 aufgeführten Arten, die der Natur entnommen worden sind, dürfen nicht verkauft, zum Verkauf vorrätig gehalten, angeboten oder befördert oder zu kommerziellen Zwecken zur Schau gestellt werden, auch wenn die in Absatz 1 Satz 1 Nr. 3 bis 5 genannten Voraussetzungen vorliegen.

. . . .

(4) Abweichend von den Verboten des § 20f Abs. 1 Nr. 1 sowie den Besitzverboten ist es vorbehaltlich jagdrechtlicher Vorschriften ferner zulässig, verletzte oder kranke Tiere aufzunehmen, um sie gesund zu pflegen. Die Tiere sind unverzüglich in die Freiheit zu entlassen, sobald sie sich dort selbständig erhalten können. Im üb-

rigen sind sie an die von der nach Landesrecht zuständigen Behörde bestimmte Stelle abzugeben. Handelt es sich um Tiere der vom Aussterben bedrohten Arten, so hat der Besitzer die Aufnahme des Tieres der nach Landesrecht zuständigen Behörde zu melden. Die nach Landesrecht zuständige Behörde kann die Herausgabe des aufgenommenen Tieres verlangen.

(5) Die nach § 21 c oder nach Landesrecht zuständigen Behörden können Ausnahmen von den Besitz-, Vermarktungs- und sonstigen Verkehrsverboten zulassen, soweit dies für die Verwertung beschlagnahmter oder eingezogener Tiere und Pflanzen erforderlich ist.

(6) Die nach Landesrecht zuständigen Behörden können im Einzelfall, die Landesregierungen allgemein durch Rechtsverordnung weitere Ausnahmen von den Verboten des § 20f Abs. 1 und den Besitz-, Vermarktungs- und sonstigen Verkehrsverboten zulassen, soweit dies

1. zur Abwendung erheblicher land-, forst-, fischerei-, wasser- oder sonstiger gemeinwirtschaftlicher Schäden,
2. zum Schutz der heimischen Tier- und Pflanzenwelt oder
3. für Zwecke der Forschung, Lehre, Zucht, des Anbaus oder der Ansiedlung

erforderlich ist, der Bestand und die Verbreitung der betreffenden Population oder Art dadurch nicht nachteilig beeinflußt wird und sonstige Belange des Artenschutzes sowie Vorschriften einer Rechtsverordnung nach § 26 Abs. 2, Rechtsakte des Rates oder der Kommission der Europäischen Gemeinschaften oder Verpflichtungen aus internationalen Artenschutzübereinkommen nicht entgegenstehen. Die Landesregierungen können die Befugnis nach Satz 1 durch Rechtsverordnung auf oberste Landesbehörden übertragen.

. . . .

§ 21
Ein- und Ausfuhr

(1) Es ist verboten, Tiere und Pflanzen der Arten, die der Verordnung (EWG) Nr. 3626/82 unterliegen, ohne die nach Artikel 5 Abs. 1 oder 2, Artikel 10 oder 12 dieser Verordnung vorgeschriebenen Genehmigungen, Bescheinigungen oder sonstigen Dokumente (Dokumente) aus einem Drittland einzuführen, in ein Drittland auszuführen oder aus dem Meer einzubringen.

(2) Als vorgeschriebene Dokumente im Sinne des Absatzes 1 gelten

1. im Falle der Einfuhr von Tieren und Pflanzen der nicht im Anhang I des Washingtoner Artenschutzübereinkommens oder Anhang C der Verordnung (EWG) Nr. 3626/82 aufgeführten Arten auch eine Einfuhrbescheinigung nach Artikel 10 Abs. 2 dieser Verordnung,

. . . .

Die Einfuhrbescheinigung wird erteilt, wenn nachgewiesen wird, daß die Ausfuhr oder Wiederausfuhr in Übereinstimmung mit den Vorschriften des Washingtoner Artenschutzübereinkommens erfolgt. Bei der Wiederausfuhr aus Staaten, die nicht Vertragsparteien des Washingtoner Artenschutzübereinkommens sind, ist zusätzlich die Ausfertigung einer vergleichbaren Ausfuhrgenehmigung des Ursprungsstaates vorzulegen, wenn er nicht Vertragspartei dieses Übereinkommens ist.

(3) Es ist verboten, Tiere und Pflanzen der Arten, die der Verordnung (EWG) Nr. 3626/82 unterliegen, ohne die nach Artikel 29 Abs. 1 der Verordnung (EWG) Nr. 3418/83 vorgeschriebenen Dokumente aus einem Mitgliedstaat einzuführen oder in einen Mitgliedstaat auszuführen.

. . . .

(5) Es ist verboten, Tiere und Pflanzen der nicht der Verordnung (EWG) Nr. 3626/82 unterliegenden besonders geschützten Arten ohne Genehmigung nach § 21 b ein- oder auszuführen. Pflanzen, die durch Anbau gewonnen worden sind, dürfen ohne Genehmigung ausgeführt werden, wenn ein Pflanzengesundheitszeugnis vorgelegt wird.

. . . .

§ 21 b
Ein- und Ausfuhrgenehmigung

(1) Eine nach § 21 Abs. 5 oder einer Rechtsverordnung nach § 21 a Abs. 1 Satz 1 Nr. 1 bis 3 erforderliche Ein- oder Ausfuhrgenehmigung wird nur für

1. Tiere, die gezüchtet, oder Pflanzen, die durch Anbau gewonnen worden sind,
2. aus Pflanzen gewonnene Erzeugnisse,
3. Tiere oder Pflanzen, die für Zwecke der Forschung oder Lehre bestimmt sind,
4. Tiere oder Pflanzen, die für Zwecke der Zucht, des Anbaus oder der Ansiedlung bestimmt sind,

erteilt. In Rechtsverordnungen nach § 20e Abs. 1 Satz 1 und § 21a Abs. 1 Satz 1 Nr. 1 bis 3 können von Satz 1 abweichende Regelungen getroffen werden.

(2) Die Erteilung der Genehmigung setzt ferner voraus, daß die Tiere oder Pflanzen rechtmäßig der Natur entnommen, gezüchtet oder durch Anbau gewonnen worden sind und

1. im Falle der Einfuhr
   a) von Tieren oder Pflanzen, die der Natur entnommen worden sind, die Entnahme den Bestand und die Verbreitung der betreffenden Population oder Art nicht nachteilig beeinflußt,
   b) lebender Tiere gewährleistet ist, daß der vorgesehene Empfänger über geeignete Räumlichkeiten und Einrichtungen verfügt, die den tierschutzrechtlichen Anforderungen genügen, und die Tiere fachgerecht betreut und gepflegt werden,
   c) die Ausfuhr in Übereinstimmung mit den Rechtsvorschriften des Herkunftslandes erfolgt und
   d) sonstige Belange des Artenschutzes im Geltungsbereich dieses Gesetzes, insbesondere die Gefahr einer Verfälschung der heimischen Tier- oder Pflanzenwelt oder eine Gefährdung des Bestandes oder der Verbreitung heimischer wildlebender Tier- oder Pflanzenarten oder von Populationen solcher Arten, sowie Vorschriften einer Rechtsverordnung nach § 26 Abs. 2, Rechtsakte des Rates oder der Kommission der Europäischen Gemeinschaften oder Verpflichtungen aus internationalen Artenschutzübereinkommen nicht entgegenstehen,
2. im Falle der Ausfuhr
   a) lebender Tiere gewährleistet ist, daß die Vorbereitung für den Transport und die Versendung in Übereinstimmung mit den tierschutzrechtlichen Vorschriften erfolgt und
   b) keine Vermarktungs- und sonstigen Verkehrsverbote entgegenstehen.

(3) Der Antragsteller hat nachzuweisen, daß die in den Absätzen 1 und 2 genannten Voraussetzungen erfüllt sind, soweit dies nicht offensichtlich ist; im Falle des Absatzes 2 Nr. 1 Buchstabe a genügt die Glaubhaftmachung. Der Bundesminister für Umwelt, Naturschutz und Reaktorsicherheit macht im Bundesanzeiger das Muster für einen Vordruck bekannt, auf dem die Ein- oder Ausfuhrgenehmigung zu beantragen ist.

§ 21 e
Verfahren bei der Ein- und Ausfuhr

(1) Tiere und Pflanzen sind zur Ein- oder Ausfuhr unter Vorlage der nach § 21 Abs. 1 oder 5 oder einer Rechtsverordnung nach § 21a Abs. 1 Satz 1 für die Ein- oder Ausfuhr vorgeschriebenen Genehmigungen oder sonstiger Dokumente bei einer nach § 21d Abs. 3 bekanntgegebenen Zollstelle anzumelden und auf Verlangen vorzuführen. Die nach § 21 Abs. 3 vorgeschriebenen Dokumente sind der zuständigen Zollstelle auf Verlangen vorzulegen.

(2) Die voraussichtliche Ankunftszeit lebender Tiere ist der abfertigenden Zollstelle unter Angabe der Art und Zahl der Tiere mindestens 18 Stunden vorher mitzuteilen.

§ 22
Nachweispflicht, Einziehung

(1) Wer
1. lebende Tiere oder Pflanzen der besonders geschützten Arten, ihre Entwicklungsformen oder im wesentlichen vollständig erhaltene tote Tiere oder Pflanzen der besonders geschützten Arten oder
2. ohne weiteres erkennbare Teile von Tieren oder Pflanzen der vom Aussterben bedrohten Arten oder der in Anhang C Teil 1 der Verordnung (EWG) Nr. 3626/82 aufgeführten Arten oder ohne weiteres erkennbar aus ihnen gewonnene Erzeugnisse

besitzt oder die tatsächliche Gewalt darüber ausübt, kann sich gegenüber den nach Landesrecht zuständigen Behörden auf eine Berechtigung hierzu nur berufen, wenn er auf Verlangen diese Berechtigung nachweist oder nachweist, daß er oder ein Dritter die Tiere oder Pflanzen vor dem 31. August 1980 in Besitz hatte.

. . . .

(4) Tiere oder Pflanzen, für die der erforderliche Nachweis oder die erforderliche Glaubhaftmachung nicht erbracht wird, können von den nach Landesrecht zuständigen Behörden eingezogen werden. § 21f Abs. 2 bis 6 gilt entsprechend.

. . . .

§ 30
Bußgeldvorschriften

(1) Ordnungswidrig handelt, wer vorsätzlich oder fahrlässig

1. entgegen § 20f Abs. 1 Nr. 1 wildlebenden Tieren einer besonders geschützten Art nachstellt, sie fängt, verletzt oder tötet oder ihre Entwicklungsformen, Nist-, Brut-, Wohn- oder Zufluchtstätten der Natur entnimmt, beschädigt oder zerstört,

. . . .

3. entgegen § 20f Abs. 2 Nr. 2 oder Artikel 6 Abs. 1 der Verordnung (EWG) Nr. 3626/82 Tiere oder Pflanzen einer besonders geschützten Art verkauft, sie zum Verkauf vorrätig hält, anbietet oder befördert oder sie zu kommerziellen Zwecken zur Schau stellt,

4. entgegen § 21 Abs. 1 Tiere oder Pflanzen einer der Verordnung (EWG) Nr. 3626/82 unterliegenden Art ohne die vorgeschriebenen Dokumente aus einem Drittland einführt, in ein Drittland ausführt oder aus dem Meer einbringt oder

5. entgegen § 21 Abs. 5 Satz 1 Tiere oder Pflanzen einer nicht der Verordnung (EWG) Nr. 3626/82 unterliegenden besonders geschützten Art ohne Genehmigung nach § 21b ein- oder ausführt.

(2) Ordnungswidrig handelt auch, wer vorsätzlich oder fahrlässig

1. einer Rechtsverordnung nach
   a) § 20d Abs. 4 Satz 1 Nr. 1,
   b) § 20d Abs. 4 Satz 1 Nr. 2 oder § 26 Abs. 1 oder 3 Satz 1 Nr. 1, 3 oder 4,
   c) § 21a Abs. 1 Satz 1,
   d) § 21d Abs. 2,
   e) § 26 Abs. 2 oder
   f) § 26 Abs. 3 Satz 1 Nr. 2

zuwiderhandelt, soweit sie für einen bestimmten Tatbestand auf diese Bußgeldvorschrift verweist,

. . . .

4. entgegen § 20f Abs. 2 Nr. 1 Tiere oder Pflanzen einer besonders geschützten Art in Besitz nimmt, erwirbt, die tatsächliche Gewalt über sie ausübt oder sie be- oder verarbeitet,

5. entgegen Artikel 6 Abs. 2 der Verordnung (EWG) Nr. 3626/82 Tiere oder Pflanzen einer dort genannten Art verkauft, sie zum Verkauf vorrätig hält, anbietet oder befördert oder sie zu kommerziellen Zwecken zur Schau stellt,

6. entgegen § 20f Abs. 2 Nr. 3 Tiere oder Pflanzen einer besonders geschützten Art zu anderen als den in § 20f Abs. 2 Nr. 2 genannten Zwecken in den Verkehr bringt, befördert oder zur Schau stellt,

7. entgegen § 21e Abs. 1 Satz 1 Tiere oder Pflanzen nicht zur Ein- oder Ausfuhr anmeldet oder nicht auf Verlangen vorführt,

8. entgegen § 21e Abs. 2 die voraussichtliche Ankunftszeit lebender Tiere nicht, nicht richtig, nicht vollständig oder nicht rechtzeitig mitteilt,

9. entgegen § 23 Abs. 1 eine Auskunft nicht, nicht richtig oder nicht vollständig erteilt,

10. entgegen § 23 Abs. 2 Satz 2 eine Maßnahme nicht duldet, beauftragte Personen nicht unterstützt oder geschäftliche Unterlagen nicht vorlegt oder

11. entgegen einer in einer Einfuhrgenehmigung nach § 21b oder nach Artikel 10 Abs. 1 der Verordnung (EWG) Nr. 3626/82 enthaltenen vollziehbaren Auflage Tiere oder Pflanzen einer besonders geschützten Art in den Verkehr bringt, befördert oder zur Schau stellt.

(3) Die Ordnungswidrigkeit kann in den Fällen

1. der Absätze 1 und 2 Nr. 1 Buchstabe c und e, Nr. 4 bis 6 mit einer Geldbuße bis zu hunderttausend Deutsche Mark,

2. des Absatzes 2 Nr. 1 Buchstabe a, b, d, f, Nr. 2, 3, 7 bis 11 mit einer Geldbuße bis zu zwanzigtausend Deutsche Mark geahndet werden.

§ 30a
Strafvorschriften

(1) Mit Freiheitsstrafe bis zu drei Jahren oder mit Geldstrafe wird bestraft, wer eine in § 30 Abs. 1 bezeichnete vorsätzliche Handlung gewerbs- oder gewohnheitsmäßig begeht.

(2) Mit Freiheitsstrafe bis zu fünf Jahren oder mit Geldstrafe wird bestraft, wer eine in § 30 Abs. 1 bezeichnete vorsätzliche Handlung begeht, die sich auf Tiere oder Pflanzen einer vom Aussterben bedrohten Art bezieht.

(3) Wer in den Fällen des Absatzes 2 die Tat gewerbs- oder gewohnheitsmäßig begeht, wird mit Freiheitsstrafe von drei Monaten bis zu fünf Jahren bestraft.

(4) Handelt der Täter fahrlässig, so ist die Strafe Freiheitsstrafe bis zu sechs Monaten oder Geldstrafe bis zu einhundertachtzig Tagessätzen.

§ 30b
Einziehung

Ist eine Ordnungswidrigkeit nach § 30 oder eine Straftat nach § 30a begangen worden, so können
1. Gegenstände, auf die sich die Straftat oder die Ordnungswidrigkeit bezieht, und
2. Gegenstände, die zu ihrer Begehung oder Vorbereitung gebraucht worden oder bestimmt gewesen sind,

eingezogen werden. § 23 des Gesetzes über Ordnungswidrigkeiten und § 74a des Strafgesetzbuches sind anzuwenden.

§ 30c
Befugnisse der Zollbehörden

Die zuständigen Verwaltungsbehörden und die Staatsanwaltschaft können bei Ordnungswidrigkeiten und Straftaten nach diesem Gesetz, die im Zusammenhang mit der Ein- oder Ausfuhr von Tieren und Pflanzen begangen werden, Ermittlungen (§ 161 Satz 1 der Strafprozeßordnung) auch durch die Hauptzollämter oder die Zollfahndungsämter vornehmen lassen. § 42 Abs. 2 bis 5 des Außenwirtschaftsgesetzes gilt entsprechend.

§ 31
Befreiungen

(1) Von den Verboten und Geboten dieses Gesetzes, ausgenommen § 21 Abs. 1 und 3, und den auf Grund dieses Gesetzes erlassenen Rechtsvorschriften kann auf Antrag Befreiung gewährt werden, wenn
1. Die Durchführung der Vorschrift im Einzelfall
   a) zu einer nicht beabsichtigten Härte führen würde und die Abweichung mit den Belangen des Naturschutzes und der Landschaftspflege zu vereinbaren ist

. . . .

Satz 1 gilt entsprechend für die Verbote des Artikels 6 Abs. 1 und 2 der Verordnung (EWG) Nr. 3626/82, sofern zusätzlich einer der dort für die Zulassung von Ausnahmen genannten Gründe vorliegt, und für die Verordnungen, die auf Grund des Reichsnaturschutzgesetzes erlassen worden sind, soweit sie nach Landesrecht weiter gelten.

Verordnung zum Schutz wildlebender Tier- und Pflanzenarten

(Bundesartenschutzverordnung–BArtSchV)

Vom 19. Dezember 1986 (BGBl. I, S. 2705)
(Auszug – Punktzeilen bedeuten ausgelassene Abschnitte)

Der Bundesminister für Umwelt, Naturschutz und Reaktorsicherheit verordnet

auf Grund des § 20d Abs. 4 Satz 1 Nr. 1, des § 26 Abs. 3 Satz 1 Nr. 2 und des § 26a des Bundesnaturschutzgesetzes vom 20. Dezember 1976 (BGBl. I S. 3574; 1977 I S. 650), zuletzt geändert durch das Gesetz vom 10. Dezember 1986 (BGBl. I S. 2349), im Einvernehmen mit den Bundesministern der Finanzen und für Wirtschaft, auf Grund des § 20d Abs. 4 Satz 1 Nr. 2, des § 20e Abs. 1 und 3 Satz 3, des § 21b Abs. 1 Satz 2, des § 26 Abs. 2 und des § 26a des Bundesnaturschutzgesetzes,

auf Grund des § 21a Abs. 1 Satz 1 Nr. 1 bis 3 und Satz 2, des § 21b Abs. 1 Satz 2 und des § 26a des Bundesnaturschutzgesetzes im Einvernehmen mit dem Bundesminister der Finanzen und

auf Grund des § 26 Abs. 1 und 3 Satz 1 Nr. 4 des Bundesnaturschutzgesetzes im Einvernehmen mit dem Bundesminister für Wirtschaft,

im Einvernehmen mit dem Bundesminister für Ernährung, Landwirtschaft und Forsten mit Zustimmung des Bundesrates:

Erster Abschnitt
Nicht der Verordnung (EWG) Nr. 3626/82 unterliegende besonders geschützte Arten

§ 1
Unterschutzstellung
(zu § 20e Abs. 1 Satz 1 und 2, § 26a BNatSchG)

Die in Anlage 1 Spalte 1 aufgeführten wildlebenden Tier- und Pflanzenarten werden unter besonderen Schutz gestellt. Vom Aussterben bedroht sind die in Spalte 1 durch Fettdruck besonders hervorgehobenen Arten.

. . . .

§ 3
Besondere Bestimmungen
für die Ein- und Ausfuhr
(zu § 21b Abs. 1 Satz 2 BNatSchG)

(1) Die in § 21b Abs. 1 Satz 1 des Bundesnaturschutzgesetzes genannten Beschränkungen für die Erteilung der Ein- oder Ausfuhrgenehmigung gelten nicht für die in Anlage 1 Spalte 2 mit einem Kreuz (+) bezeichneten Arten.

(2) Die Ein- oder Ausfuhrgenehmigung darf, wenn in Anlage 1 Spalte 3 eine entsprechende Beschränkung vermerkt ist, nur in den dort bezeichneten Fällen erteilt werden.

§ 4
Zusätzliche Unterschutzstellung
(zu § 20e Abs. 1 Satz 1 und 2 und Abs. 3 Satz 3 BNatSchG)

Die in Anlage 2 Spalte 2 mit einem Kreuz (+) bezeichneten wildlebenden Tier- und Pflanzenarten werden zusätzlich zu den in § 20e Abs. 3 Satz 1 des Bundesnaturschutzgesetzes genannten Arten unter besonderen Schutz gestellt. Vom Aussterben bedroht sind neben den in § 20e Abs. 3 Satz 2 des Bundesnaturschutzgesetzes genannten Arten die in Anlage 2 Spalte 3 mit einem Kreuz (+) bezeichneten Arten.

§ 5
Zusätzliche Ein- und Ausfuhrbeschränkungen
(zu § 21a Abs. 1 Satz 1 Nr. 1
und § 21b Abs. 1 Satz 2 BNatSchG)

(1) Für Tiere und Pflanzen der in Anlage 2 Spalte 4 mit einem Kreuz (+) bezeichneten Arten ist bei der Ein- oder Ausfuhr zusätzlich zu den gemeinschaftsrechtlich vorgeschriebenen Dokumenten eine Genehmigung nach § 21b des Bundesnaturschutzgesetzes erforderlich.

(2) Die in § 21b Abs. 1 Satz 1 des Bundesnaturschutzgesetzes genannten Beschränkungen für die Erteilung der Ein- oder Ausfuhrgenehmigung gelten nicht für die in Anlage 2 Spalte 5 mit einem Kreuz (+) bezeichneten Arten.

(3) Die Ein- oder Ausfuhrgenehmigung darf, wenn in Anlage 2 Spalte 6 eine entsprechende Beschränkung vermerkt ist, nur in den dort bezeichneten Fällen erteilt werden.

Dritter Abschnitt
Nicht besonders geschützte und nicht der Verordnung (EWG) Nr. 3626/82 unterliegende Tier- und Pflanzenarten

§ 6
Ein- und Ausfuhrbeschränkungen
(zu § 21a Abs. 1 Satz 1 Nr. 2 und 3
und § 21b Abs. 1 Satz 2 BNatSchG)

(1) Tiere und Pflanzen der in Anlage 3 Spalte 1 aufgeführten Arten dürfen nur mit einer Genehmigung nach § 21b des Bundesnaturschutzgesetzes ein- oder ausgeführt werden.

(2) Die in § 21b Abs. 1 Satz 1 des Bundesnatur-

schutzgesetzes genannten Beschränkungen für die Erteilung der Ein- oder Ausfuhrgenehmigung gelten nicht für die in Anlage 3 Spalte 2 mit einem Kreuz (+) bezeichneten Arten.

(3) Die Ein- oder Ausfuhrgenehmigung darf, wenn in Anlage 3 Spalte 3 eine entsprechende Beschränkung vermerkt ist, nur in den dort bezeichneten Fällen erteilt werden.

. . . .

§ 9
Kennzeichnungspflicht
(zu § 26 Abs. 3 Satz 1 Nr. 2 BNatSchG)

(1) Wer
1. lebende oder im wesentlichen vollständig erhaltene tote Wirbeltiere der besonders geschützten Arten oder
2. Teile von Wirbeltieren der besonders geschützten Arten oder aus ihnen gewonnene Erzeugnisse

in den Verkehr bringt, hat diese vorher zu kennzeichnen. Satz 1 gilt nicht für lebende Greifvögel heimischer Arten, die nach § 3 Abs. 2 und 3 der Bundeswildschutzverordnung gekennzeichnet sind.

(2) Zur Kennzeichnung sind vom Bundesminister für Umwelt, Naturschutz und Reaktorsicherheit festgelegte und von der nach Landesrecht zuständigen Stelle ausgegebene Kennzeichen zu verwenden. Die ausgebende Stelle kann verlangen, daß die Kennzeichnung unter ihrer Aufsicht vorzunehmen ist. Die Kennzeichen müssen
1. dauerhaft und unverwechselbar und so beschaffen sein, daß sie nur einmal verwendet werden können und
2. mit dem abgekürzten Namen des Landes, in dem die Kennzeichnung vorgenommen wird, der Bezeichnung der ausgebenden Stelle und einer fortlaufenden Nummer aus einem in jedem Land einzurichtenden Nummernsystem beschriftet sein.

(3) Ist die Kennzeichnung nach Absatz 2 wegen der Beschaffenheit der Tiere nicht möglich, so stellt die nach Landesrecht zuständige Behörde statt dessen eine zur Identitätskontrolle geeignete Bescheinigung aus. Sind Tiere in Vollzug des Washingtoner Artenschutzübereinkommens zu kennzeichnen, so ist eine Kennzeichnung nach dieser Verordnung nicht erforderlich.

(4) Die Kennzeichnung und deren Beschriftung (Absatz 2 Satz 3 Nr. 2) sind in den zum Besitz berechtigenden Dokumenten fälschungssicher einzutragen.

§ 10
**Halten von Wirbeltieren
besonders geschützter Arten**
(zu § 26 Abs. 2 Nr. 1
und Abs. 3 Satz 1 Nr. 2 und 4 BNatSchG)

(1) Wirbeltiere der besonders geschützten Arten, ausgenommen Greifvögel heimischer Arten, dürfen nur gehalten werden, wenn sie keinem Besitzverbot unterliegen und der Halter
1. die erforderliche Zuverlässigkeit und ausreichende Kenntnisse über die Haltung und Pflege der Tiere hat und
2. über die erforderlichen Einrichtungen zur Gewährleistung einer den tierschutzrechtlichen Vorschriften entsprechenden Haltung der Tiere verfügt.

Das Vorliegen der Anforderungen nach Satz 1 Nr. 1 und 2 ist der nach Landesrecht zuständigen Behörde auf Verlangen nachzuweisen.

(2) Wer Wirbeltiere der besonders geschützten Arten einschließlich deren Hybridformen hält, hat diese nach Maßgabe des § 9 Abs. 2 zu kennzeichnen. Für die Kennzeichnung von Greifvögeln und Eulen sind Fußringe zu verwenden; die nach Landesrecht zuständige Behörde kann im Einzelfall eine andere Kennzeichnung zulassen, wenn diese den Anforderungen des § 9 Abs. 2 Satz 3 entspricht. Im übrigen gilt für die Kennzeichnung der Tiere § 9 Abs. 3 entsprechend.

(3) Wer Tiere der in Absatz 2 Satz 1 genannten Arten hält, hat der nach Landesrecht zuständigen Behörde spätestens bis zum 1. Juli 1987, bei späterem Beginn der Haltung binnen vier Wochen nach Begründung des Eigenbesitzes, den Bestand der Tiere und nach der Bestandsanzeige jeweils unverzüglich den Zu- und Abgang von Tieren schriftlich anzuzeigen; die Anzeige muß Angaben enthalten über Zahl, Art, Alter, Geschlecht, Herkunft, Verbleib, Standort, Ver-

wendungszweck und Kennzeichen der Tiere. Die Verlegung des regelmäßigen Standorts der Tiere ist ebenfalls unverzüglich anzuzeigen. Das durch den Tod eines Tieres freigewordene Kennzeichen ist mit der Anzeige über den Abgang zurückzugeben.

(4) Die Absätze 1 bis 3 gelten nicht für zoologische Einrichtungen juristischer Personen des öffentlichen Rechts. Die nach Landesrecht zuständige Behörde kann für andere zoologische Einrichtungen Ausnahmen von den Absätzen 1 bis 3 zulassen, sofern Belange des Artenschutzes nicht entgegenstehen.

§ 11
Zucht
(zu § 26 Abs. 2 Nr. 1 BNatSchG)

Tiere der besonders geschützten Arten dürfen nur gezüchtet werden, wenn
1. die Elterntiere in Übereinstimmung mit den Vorschriften zum Schutz der betreffenden Art
   a) im Geltungsbereich dieser Verordnung der Natur entnommen oder dort gezüchtet worden oder
   b) in den Geltungsbereich dieser Verordnung gelangt sind,
2. der Züchter ausreichende Kenntnisse über die Zucht der Tiere hat und
3. die Haltung der Tiere und der Elterntiere dem § 10, bei Greifvögeln heimischer Arten dem § 3 der Bundeswildschutzverordnung entspricht.

Das Vorliegen der Anforderungen nach Satz 1 Nr. 2 ist der nach Landesrecht zuständigen Behörde auf Verlangen nachzuweisen.

§ 12
Vermarktung gezüchteter Tiere
(zu § 26 Abs. 2 Nr. 2 BNatSchG)

(1) Abweichend von § 20g Abs. 1 Satz 1 des Bundesnaturschutzgesetzes dürfen gezüchtete Wirbeltiere der besonders geschützten Arten nicht verkauft, zum Verkauf vorrätig gehalten, angeboten oder befördert oder zu kommerziellen Zwecken zur Schau gestellt werden.

(2) Absatz 1 gilt nicht für Tiere der in Anlage 6 aufgeführten Arten.

(3) Die nach Landesrecht zuständige Behörde kann im Einzelfall weitere Ausnahmen von den Verboten des Absatzes 1 zulassen,
1. wenn der Verkauf oder das Vorrätighalten, Anbieten oder Befördern zum Verkauf für Zwecke der Forschung oder Lehre, zur Nachzucht für einen dieser Zwecke oder zur Nachzucht für die Ansiedlung in der freien Natur erforderlich ist,
2. wenn die Elterntiere in der Gefangenschaft gezeugt und geboren worden sind,
3. für Tiere der nicht unter die Verordnung (EWG) Nr. 3626/82 fallenden Arten, die vor dem 1. Januar 1987 in Übereinstimmung mit den Vorschriften zum Schutz der betreffenden Art gezüchtet worden sind,
4. für Greifvögel heimischer Arten, die in Übereinstimmung mit der Bundeswildschutzverordnung gehalten werden,

sofern Belange des Artenschutzes nicht entgegenstehen.

. . . .

§ 14
Ordnungswidrigkeiten
(zu § 30 Abs. 2 BNatSchG)

Ordnungswidrig im Sinne des § 30 Abs. 2 Nr. 1 Buchstabe a, b, c, e oder f des Bundesnaturschutzgesetzes handelt, wer vorsätzlich oder fahrlässig
1. entgegen § 5 Abs. 1 oder § 6 Abs. 1 ein Tier oder eine Pflanze ohne die erforderliche Genehmigung ein- oder ausführt,
2. einer Vorschrift des § 8 Abs. 1 Satz 1, Abs. 3, 4 oder 5 über die Führung, Form, Aushändigung oder Aufbewahrung von Aufnahme- und Auslieferungsbüchern oder Belegen zuwiderhandelt,
3. entgegen § 9 Abs. 1 Satz 1, § 9 Abs. 2 Satz 1, auch in Verbindung mit § 10 Abs. 2 Satz 1, oder § 10 Abs. 2 Satz 2 ein Tier nicht, nicht richtig, nicht in der vorgeschriebenen Weise oder nicht rechtzeitig kennzeichnet,
4. einer Vorschrift des § 10 Abs. 3 über die Anzeigepflicht oder die Pflicht zur Rückgabe eines Kennzeichens zuwiderhandelt oder
5. entgegen § 13 Abs. 1 in der dort bezeichneten Weise einem wildlebenden Tier nachstellt, es anlockt, fängt oder tötet.

Erläuterungen zu den Anlagen 1 und 2

1. Die in diesen Anlagen aufgeführten Arten werden bezeichnet
   a) mit dem Namen der Art oder
   b) als Gesamtheit der einem höheren Taxon (Ordnungsstufe der Systematik) oder einem bestimmten Teil derselben angehörenden Arten.
2. Die Abkürzung »spp.« wird zur Bezeichnung aller Arten eines höheren Taxons verwendet.
3. Sonstige Bezugnahmen auf höhere Taxa als Arten dienen nur der Information oder Klassifikation.
4. Durch Aufnahme einer Art in die Anlagen 1 und 2 werden auch Bastarde dieser Art mit anderen Arten erfaßt. Sind beide an der Bastardierung beteiligten Ausgangsarten geschützt, so richtet sich der Schutz nach den für die am strengsten geschützte Art geltenden Vorschriften.
5. »Europäisch« ist eine wildlebende Tier- oder Pflanzenart, die ihr Verbreitungsgebiet oder regelmäßiges Wanderungsgebiet ganz oder teilweise
   a) in Europa hat oder in geschichtlicher Zeit hatte oder
   b) auf natürliche Weise nach Europa ausdehnt.

Europa umfaßt im Osten und Südosten jenen Teil Eurasiens, der vom Uralgebirge und der Kaspisee, dem Kaukasus, dem Schwarzen Meer, dem Bosporus, dem Marmarameer und den Dardanellen begrenzt wird, dazu alle Ägäischen Inseln und Kreta; im Süden und Südwesten Malta, Sizilien, die Balearen und die Iberische Halbinsel; im Westen die Britischen Inseln und im Norden Skandinavien mit Island, sowie Spitzbergen, Franz-Joseph-Land und Nowaja Semlja.

Anlage 1 (zum Ersten Abschnitt)
Nicht der Verordnung (EWG) Nr. 3626/82 unterliegende besonders geschützte Arten

Besonders geschützte Arten Vom Aussterben bedrohte Arten sind durch Fettdruck hervorgehoben		Besondere Bestimmungen für die nach § 21 Abs. 5 BNatSchG erforderliche Ein- oder Ausfuhrgenehmigung	
		Die Beschränkungen des § 21 Abs. 1 Satz 1 BNatSchG für die Erteilung der Ein- oder Ausfuhrgenehmigung gelten nicht	Die Ein- oder Ausfuhrgenehmigung darf nur im Falle der nachstehenden Nummern des § 21 b Abs. 1 Satz 1 BNatSchG erteilt werden
(zu § 1)		(zu § 3 Abs. 1)	(zu § 3 Abs. 2)
1		2	3
Fauna			
Reptilia	**Kriechtiere**		
Ablepharus kitaibelli	**Johannisechse**		
Algyroides marchi	**Spanische Kieleidechse**		
Amphibolurus spp.	Bartagamen – alle Arten	+	
Aprasia parapulchella	Schmuckflossenfuß		
Chlamydosaurus kingili	Kragenechse	+	
Ctenotus lancelini	Lancelin-Streifenskink		
Coluber hippocrepis	**Hufeisennatter**		
Cyrtodactylus kotschyi	**Ägäischer Nacktfingergecko**		
Diplodactylus spp.	Australische Geckos – alle Arten	+	
Egernia spp.	Stachelskinke – alle Arten	+	
Elaphe longissima	**Äskulapnatter**		
Elaphe quatuorlineata	**Vierstreifennatter**		
Elaphe situla	**Leopardnatter**		
Emys orbicularis	**Europäische Sumpfschildkröte**		
Enhydris spp.	Choury-Schlangen – alle Arten		
Gallotia atlantica	Atlantische Kanareneidechse		

Anlage 1 (zum Ersten Abschnitt)
Nicht der Verordnung (EWG) Nr. 3626/82 unterliegende besonders geschützte Arten

Besonders geschützte Arten Vom Aussterben bedrohte Arten sind durch Fettdruck hervorgehoben		Besondere Bestimmungen für die nach § 21 Abs. 5 BNatSchG erforderliche Ein- oder Ausfuhrgenehmigung	
		Die Beschränkungen des § 21b Abs. 1 Satz 1 BNatSchG für die Erteilung der Ein- oder Ausfuhrgenehmigung gelten nicht	Die Ein- oder Ausfuhrgenehmigung darf nur im Falle der nachstehenden Nummern des § 21b Abs. 1 Satz 1 BNatSchG erteilt werden
(zu § 1)		(zu § 3 Abs. 1)	(zu § 3 Abs. 2)
1		2	3
Gallotia galloti	Kanareneidechse		
Gallotia simonyi	Hierro-Rieseneidechse		
Gallotia stehlini	**Riesen-Kanareneidechse**		
Gehyra australis	Australischer Hausgecko	+	
Homalopsis spp.	Boa-Wassertrugnattern – alle Arten	+	
Lacerta lepida	**Perleidechse**		
Lacerta parva	**Zwerg-Zauneidechse**		
Lacerta princeps	**Zagros-Eidechse**		
Lacerta viridis	**Smaragdeidechse**		
Lerista lineata	Australischer Skink	+	
Mauremys caspica	**Spanische Sumpfschildkröte**		
Moloch horridus	Dornteufel	+	
Natrix tesselata	**Würfelnatter**		
Nephrurus spp.	Knopfschwanz-Geckos – alle Arten	+	
Oedura spp.	Samtgeckos – alle Arten	+	
Ophidiocephalus taeniatus	Australischer Flossenfuß		
Phrynosoma spp. [7]	Krötenechsen – alle Arten		
Phyllurus spp.	Blattschwanzgeckos – alle Arten	+	
Physignathus lesueurii	Gewöhnlicher Wasserdrachen	+	
Podarcis filfolensis	**Malta-Eidechse**		
Podarcis lilfordi	**Balearen-Eidechse**		
Podarcis muralis	**Mauereidechse**		
Podarcis pityensis	**Pityusen-Eidechse**		
Podarcis sicula	**Ruinen-Eidechse**		
Pseudemoia palfreymani	Australischer Skink		
Terrapene spp. [8]	Dosenschildkröten – alle Arten		
Tiliqua spp.	Blauzungenskinke – alle Arten	+	
Trachydosaurus rugosus	Tannenzapfenechse		
Underwoodisaurus spp.	Rübenschwanzgeckos – alle Arten	+	
Vermicella annulata	Australische Giftnatter		
Vipera ammodytes	**Sandotter**		
Vipera aspis	**Aspisviper**		
Vipera berus	**Kreuzotter**		
Vipera kaznakovi	**Kaukasus-Otter**		
Vipera latasti	**Stülpnasenotter**		
Vipera lebetina	**Levante-Otter**		
Vipera ursinii	**Wiesenotter**		
Vipera xanthina	**Bergotter**		
Reptilia spp. [2]	Kriechtiere – alle europäischen Arten, soweit nicht im einzelnen aufgeführt		

[2] Nicht erfaßt werden die der Verordnung Nr. 3626/82 (EWG) unterliegenden Arten.
[7] Nicht erfaßt wird Phrynosoma coronatum blainvillei als eine der Verordnung (EWG) Nr. 3626/82 unterliegende Art.
[8] Nicht erfaßt wird Terrapene coahulla als eine der Verordnung (EWG) Nr. 3626/82 unterliegende Art.

Anlage 2 (zum Zweiten Abschnitt)
Zusätzliche Vorschriften für der Verordnung (EWG) Nr. 3626/82 unterliegende Tier- und Pflanzenarten

Der Verordnung (EWG) Nr. 3626/82 unterliegende Arten, für die zusätzliche Vorschriften gelten	Zusätzlich besonders geschützter Arten	Zusätzlich vom Aussterben bedrohte Arten	Die Ein- oder Ausfuhr ist nur mit einer zusätzlichen Genehmigung nach § 21b BNatSchG zulässig	Die Beschränkung des § 21b Abs. 1 Satz 1 BNatSchG für die Erteilung der Ein- oder Ausfuhrgenehmigung gelten nicht	Die Ein- oder Ausfuhrgenehmigung darf nur im Falle der nachstehenden Nummern des § 21b Abs. 1 Satz 1 BNatSchG erteilt werden
(zu § 4)	(zu § 4 Satz 1)	(zu § 4 Satz 2)	(zu § 5 Abs. 1)	(zu § 5 Abs. 2)	(zu § 5 Abs. 3)
1	2	3	4	5	6
Fauna					
Reptilia **Kriechtiere**					
Chamaeleo chamaeleon[1]) Gewöhnliches Chamäleon		+	+		
Chamaeleonidae spp. – alle Arten, soweit nicht im einzelnen aufgeführt			+		
Crocodilurus lacertinus[3]) Krokodilschwanzechse			+	+	
Crocodylus intermedius Orinoko-Krokodil			+		3
Dracaena guianensis[3]) Krokodilteju			+	+	
Geochelone yniphora Madagassische Schnabelbrustschildkröte			+		3
Cerberus rhynchops[4]) Hundskopf-Wassertrugnatter	+		+	+	
Iguana spp.[5]) Grüne Leguane	+		+	+	
Naja naja[4]) Brillenschlange			+	+	
Phrynosoma coronatum blainvillei Texaskröte			+		3

Anlage 2 (zum Zweiten Abschnitt)
Zusätzliche Vorschriften für der Verordnung (EWG) Nr. 3626/82 unterliegende Tier- und Pflanzenarten

Der Verordnung (EWG) Nr. 3626/82 unterliegende Arten, für die die zusätzliche Vorschriften gelten (zu § 4)		Zusätzlich besonders geschützter Arten (zu § 4 Satz 1)	Zusätzlich vom Aussterben bedrohte Arten (zu § 4 Satz 2)	Die Ein- oder Ausfuhr ist nur mit einer zusätzlichen Genehmigung nach § 21b BNatSchG zulässig (zu § 5 Abs. 1)	Die Beschränkung des § 21b Abs. 1 Satz 1 BNatSchG für die Erteilung der Ein- oder Ausfuhrgenehmigung gelten nicht (zu § 5 Abs. 2)	Die Ein- oder Ausfuhrgenehmigung darf nur im Falle der nachstehenden Nummern des § 21b Abs. 1 Satz 1 BNatSchG erteilt werden (zu § 5 Abs. 3)
1		2	3	4	5	6
Ptyas mucosus [4])	Rattennatter	+		+	+	
Testudo graeca	Maurische Landschildkröte		+	+		
Testudo hermanni	Griechische Landschildkröte		+	+		
Testudo horsfieldii	Vierzehen-Landschildkröte			+		
Testudo marginata	Breitrandschildkröte		+	+		
Tupinambis spp. [6])	Großtejus			+	+	
Vipera russellii [4])	Kettenviper	+		+	+	
Xenochrophis piscator [4]) (Natrix piscator)	Fischnatter	+		+	+	

[1]) Nur europäische Populationen.
[3]) Nur Populationen von Brasilien und Guyana.
[4]) Nur Populationen von Indien, Bangladesch, Thailand und Indonesien.
[5]) Nur Populationen von Mittelamerika und Guyana.
[6]) Nur Populationen von Argentinien und Guyana.

Tierschutzgesetz

in der Bekanntgabe der Neufassung vom 18.8.1986 (BGBl. I, S. 1319). (Auszug – Punktzeilen bedeuten ausgelassene Abschnitte).

§ 2

Wer ein Tier hält, betreut oder zu betreuen hat,
1. muß das Tier seiner Art und seinen Bedürfnissen entsprechend angemessen ernähren, pflegen und verhaltensgerecht unterbringen,
2. darf die Möglichkeit des Tieres zu artgemäßer Bewegung nicht so einschränken, daß ihm Schmerzen oder vermeidbare Leiden oder Schäden zugefügt werden.

§ 2a

(1) Der Bundesminister für Ernährung, Landwirtschaft und Forsten (Bundesminister) wird ermächtigt, durch Rechtsverordnung mit Zustimmung des Bundesrates, soweit es zum Schutz der Tiere erforderlich ist, die Anforderungen an die Haltung von Tieren nach § 2 näher zu bestimmen und dabei insbesondere Vorschriften zu erlassen über Anforderungen
1. hinsichtlich der Bewegungsmöglichkeit oder der Gemeinschaftsbedürfnisse der Tiere,
2. an Räume, Käfige, andere Behältnisse und sonstige Einrichtungen zur Unterbringung von Tieren sowie an die Beschaffenheit von Anbinde-, Fütterungs- und Tränkvorrichtungen,
3. hinsichtlich der Lichtverhältnisse und des Raumklimas bei der Unterbringung der Tiere,
4. an die Pflege einschließlich der Überwachung der Tiere; hierbei kann der Bundesminister auch vorschreiben, daß Aufzeichnungen über die Ergebnisse der Überwachung zu machen, aufzubewahren und der zuständigen Behörde auf Verlangen vorzulegen sind.

(2) Der Bundesminister wird ermächtigt, im Einvernehmen mit dem Bundesminister für Verkehr und, soweit die Beförderung mit der Deutschen Bundespost berührt wird, mit dem Bundesminister für das Post- und Fernmeldewesen durch Rechtsverordnung mit Zustimmung des Bundesrates, soweit es zum Schutz der Tiere erforderlich ist, ihre Beförderung zu regeln. Er kann hierbei insbesondere
1. bestimmte Transportmittel und Versendungsarten für die Beförderung bestimmter Tiere, insbesondere die Versendung als Nachnahme, verbieten oder beschränken,
2. bestimmte Transportmittel und Versendungsarten für die Beförderung bestimmter Tiere vorschreiben,
3. vorschreiben, daß bestimmte Tiere bei der Beförderung von einem Betreuer begleitet werden müssen,
4. Vorschriften über das Verladen, Entladen, Unterbringen, Ernähren und Pflegen der Tiere erlassen.

§ 3

Es ist verboten,
. . . .
3. ein im Haus, Betrieb oder sonst in Obhut des Menschen gehaltenes Tier auszusetzen oder es zurückzulassen, um sich seiner zu entledigen.
4. ein gezüchtetes oder aufgezogenes Tier einer wildlebenden Art in der freien Natur auszusetzen oder anzusiedeln, das nicht auf die zum Überleben in dem vorgesehenen Lebensraum erforderliche artgemäße Nahrungsaufnahme vorbereitet und an das Klima angepaßt ist; die Vorschriften des Jagdrechts und des Naturschutzrechts bleiben unberührt.
. . . .

Register

Anmerkung: **Halbfett** gesetzte Seitenangaben verweisen auf ausführlichere Texte, *kursiv* gesetzte auf Abbildungen, ein A auf Rechtsbestimmungen im Anhang.

Aalmolche 10, **84**
Acanthixalus 35
Acris 12, 34, 130
– crepitans 130
– gryllus 130
Adelotus 35, **134**
– brevis **134**
Adenomera 35
Afrixalus dorsalis 12, 35, **110**
Agalychnis 36, **126**
– annae *127*
– callidryas **126**, *127*
– moraletti *127*
– saltator *127*
spurelli *127*
Alligatorsalamander 70
Allobates 99
Alpensalamander 79
Alytes obstetricans 30, 32, 35
Ambystoma 10, 34, 36, 37, **61**
– annulatum **64**
– californiense A
– dumerilli A
– fluvinatum 63
– lermaensis 62, A
– macrodactylum A
– maculatum 63
– mexicanum **61**, *61, 62*, A
– opacum 34, **63**, *64*
– rosaceum 63
– talpoideum 63
– texanum 63

– tigrinum 63
– subsalvum 63
Ambystomatidae 10, **61**
Amphibien 9
Amphiuma **84**
Amphiumidae 10, **84**
Amphodes **123**
Amplexus **30**
– axialis 30
– lumbalis 30
Andrias 9, 29, 34, **85**
– davidianus **85**, A
– japonicus 32, 85, A
Aneides 10, 29, 34, **69**
– aeneus **69**
– ferreus 70
– hardii 70
– lugubris *68, 69,* **70**
Anodonthyla 34
Anotheca spinosa 34, 130
Anura 9
Apoda 9
Armmolche 10, 84
Artenschutz A
Arthroleptinae 12, 26
Ascaphidae 10, 30, 135
Ascaphus truei 31, 34, 135
Assa 35
Atelopus 34, **116**
– flavescens **116**
– spumarius 116
– varius 116
– – zeteki 116
Axolotl **61**

Bachsalamander 65
–, Brauner 65

Bananenfrösche **110**
Batrachophrynus macrostomus A
Batrachoseps 9, 10, **70**
– aridus A
– attenuatus **70**
– simatus A
– stebbinsi A
Batrachuperus **60**
– karlschmidti **61**
– musteri 61
Baumfrösche **123**
Baumsalamander 69
– Gewölkter 70
– Grüner 69
Baumsteiger 10, 11, 15, **99, 103**
–, Amazonas- **104**
–, Blauer **104**
–, Dreifarbiger **104**
–, Dreigestreifter **104**
–, Gelbstreifiger **104**
–, Gemalter **104**
–, Genetzter **104**
–, Glänzender **104**
–, Gold- **104**
–, Granulierter **104**
–, Marmorierter **104**
–, Punktierter **104**
–, Roter **104**
–, Rubinroter **104**
Befruchtung **30**
Behältertypen **14**
Bergbachmolche 82
Beutelfrösche **124**
Blattsteiger **100**
–, Blaubäuchiger **102**
–, Düsterer **102**
–, Gestreifter **102**
–, Schrecklicher **102**
–, Zweifarbiger **102**
Blindwühlen 58
Bolitoglossa 10, **70**
– mexicana **70**
Bolitoglossidae 10
Bombina 12, 26, 32, 34, 37, **90**
– bombina **91**
– maxima **91**
– orientalis **91**
– variegata **91**, 91

– – kolombatovici **91**
– – pachypus **91**
– – scabra **91**
Breviceps 113
– adspersus 31
Brillensalamander **83**
Buergeria **108**
Bufo 12, 26, 28, 32, 34, **114**
– blombergi **114**, *115*
– bufo 26, 114, *115*
– borea nelsoni A
– calamita 114
– exsul A
– gargarizans *114*
– houstoensis A
– marinus **114**
– parvus **114**
– periglenes A
– regularis **114**
– retiformis A
– viridis 114, *115*
Bufonidae 10, 11, 14, 30, 46, **113**

Caeciliidae 58
Caudata 9
Centrolenella 35, **135**
Centrolenidae 135
Ceratophrys 34, 46, **130**
– cornuta **131**
– ornata 133
– varia 133
Chioglossa 10
– lusitanica A
Chiromantis 35, **109**
– petersi 109
– rufescens 109
– xerampelina 109
Chiropterotriton 10
Colostethus 35, **99**
– inguinalis 31, **99**
– nubicola 99
– pratti 99
– saulii 99
– talamancae 99
– trinitatis **99**, *99*
Crinia 12
Cryptobranchidae 9, 10, **85**
Cryptobranchus 25, 29, 34, **85**

– alleganiensis 10, **85**
Cynops 10, 25, 29, 34, **73**
– chinensis 9
– cyanurus 74
– ensicauda 74
– orientalis 74
– pyrrhogaster **73**
– shataukokensis 74

Dendrobates 26, 35, 43, 44, 46, **103**, *104*
– anthonyi **104**
– auratus 12, 34, 37, **104**, *104*
– azureus 26, **104**, *105*
– bassleri **104**
– boulengeri **104**
– espinosai **104**
– fantasticus **104**
– femoralis **104**
– granuliferus 31, **104**
– histrionicus **104**, *104*
– imitator **104**, *105*
– lehmanni **104**
– leucomelas **104**
– minutus **104**, *104*
– parvulus **104**
– pictus **104**
– pulchripectus **104**
– pumilio 37, 46, **104**, *105*
– quinquevittatus **104**
– reticulatus **104**
– silverstonei **104**
– speciosus **104**
– tinctorius **104**, *104*
– tricolor 31, *101*, **104**
– trivittatus **104**
– variabilis **104**
Dendrobatidae 10, 11, 15, 28, 30, **99**
Dendrophryniscus 116
Desmognathus 10, 29, **65**
– aeneus 66
– fuscus 34, **65**
– ochrophaeus 66
– quadramaculatus 66
Dicamptodon 10
Discoglossidae 30, **90**
Discoglossus 32, 34, **92**
– nigriventer 92, A

– pictus **92**
– sardus **92**, 92
Dokumentation **52**
Dyscophus antongilii 34, **112**, *113*

Ei 31, **36**
Eiablage **31**
– Oviparie 31
– Ovuliparie 31
– Vivioviparie 34
Eibetreuung **41**
– Dunkelhaltung 103
– Separierung 41
– Temperierung 41
– Verpilzung 42
– Wasserqualität 41
Eientwicklung **36**
– Furchungsstadien 36
Eleutherodactylus 11, 35, **133**
– coqui *132*
– jasperi 35, A
Embryonalentwicklung **36**
– Dottersack 36
Engmaulfrösche 112
Ensatina 10, **70**
– eschscholtzii **70**
Entwicklung der Lurche **24**, 36
– Geschlechtsreife 47
Entwicklungsstadium 36, **54**
– Kodierung 54
Epipedobates 99
Erdbeerfrosch **104**
Erdwühlen 58
Ernährung **21**, 44, 47
– Mineralstoffe 44, 47
– Nahrungserwerb 21
– Vitamine 44, 47
Euproctus 10, 34, **74**
– asper 32, 75
– montanus 75
– platycephalus 75
Eurycea 10, 29, **66**
– bislineata **66**
– fuga **66**
– longicauda **66**
– nana A
– neotenes **66**
– quadrididitata 66

Färberfrosch 99, **104**
Ferkelfrösche 135
Feuerbauchmolche 14, 73
– Japanischer 73
Feuersalamander **78**
Fischwühlen 58
Flectonotus 12, 35, 126
– pygmaeus *126*
Flugfrösche **108**
Fortpflanzung **24**
Fortpflanzungsstimulierung **40**
Fortpflanzungsstrategien **28**
Fortpflanzungsweisen **34**
Fritziana 35, **126**
– fissilis *126*
– goeldii **126**, *126*
Frösche, Echte 10, 11, 14, **95**
Froschlurche 10, 26, **85**
Froschzahnmolche **61**
Furchenmolch 10, 84
Fütterung **21**, 47

Gastrotheca 12, 26, 30, 35, 36, **124**
– ceratophrys *125*
– marsupiata **125**, *125*
– oviferum 126
Gebirgsmolche 60, 74
–, Korsischer 75
–, Pyrenäen- 75
–, Sardischer 75
Gelbbauchmolche 76
–, Kalifornischer 78
–, Rauhhäutiger 78
Gelbsalamander 66
–, Zweistreifiger 66
Gelbschenkelfrösche 111
Geschlechtsorgane **27**
Geschlechtsunterschiede **25**
– äußere (sekundäre) 25
– innere (primäre) 27
Gespenstfrosch **129**
–, Mexikanischer **129**
Glasfrösche 135
Glyphoglossus molossus 113
Goldfröschchen **98**
Grabfrosch **97**
Grasfrosch 10
Greiffrösche **109, 188**

Grillenfrösche 130
Grottenolm 10, **84**
Gymnophiona 9
Gyrinophilus 10, **68**
– palleucus 68
– porphyriticus **68**

Harlekinfrösche **116**
Hellbender **85**
Heleioporus 35
Helmkopffrösche 130
Hemiphractus 35, 130
Hemisidae 135
Hemisus 35, 135
Heuschreckenfrösche 130
Höhlensalamander 66, 68
–, Sardischer 70
–, Tennessee- 68
–, Texas- 66
Hornfrosch 130
–, Großer **130**
–, Schild- **133**
–, Schmuck- 133
Hydromantes 10, 26, **70**
– brunus A
– genei 10, **70**
– italicus 10
– shastae A
Hyla 12, 15, 26, 27, 28, 34, 44, **117**
– acuminata 117
– arborea 32, **117**, *119*
– arenicolor **117**, *119*
– boans 34, 117
– cadaverina **117**, *119*
– cinerea **117**
– crepitans 26, 117, *119*
– ebraccata 35, **117**, 118, *119*
– faber 30, 118
– miotympanum 32
– pulchella 117
– raddiana 117
– regilla **117**, *119*
– robertsorum 26
– rosenbergi 118
– sarda **117**
– savignyi **117**, *119, 120*
– variabilis 117
Hylidae 10, 11, 30, 41, 46, **117**

Hymenochirus 26, **89**, *90*
– boettgeri **89**, *90*
– curticeps **89**, *90*
Hynobiidae 9, **59**
Hynobius 9, 29, 34, **59**
– keyserlingii 32, **59**, 59
– lichenatus **60**
– nebulosus **60**
– retardus **60**
Hyperoliidae 10, **110**
Hyperolius 12, 15, 27, 30, 34, 35, **110**, *111*
– concolor **111**
– fusciventris **111**
– marmoratus **111**
– puncticulatus **111**
– viridiflavus **111**
Hypselotriton 10

Ichthyophiidae 58

Jungtieraufzucht **46**

Kaloula 34, **112**
– pulchra **112**
Karpatenmolch 81
Kassina 34, **110**
– maculata 110
– senegalensis **110**
Knoblauchkröte **93**, *93*
Kongoaal 111
Korallenfinger **121**
Krallenfrosch 14, **88**
–, Glatter **88**
–, Kap- **88**
Krallenmolch **60**
Krokodilmolche 75
–, Burma- 75
–, Japanischer 76
Kröte 10, 11, 14, **113**
–, Aga- **114**
–, Augen- 133
–, Baum- 116
–, Grab- 135
–, Kolumbianische Riesen- **114**
–, Nasen- 135
–, Panther- **114**
Krötenfrösche **92**
Kurzfußmolch 84

–, Chinesischer 84
Kurzkopffrösche 113

Laich **31**
Langschwanzsalamander 66
Larve **39**
Larvenbetreuung **42**
Laubfrosch 10, 11, 17, **117**
–, Antillen- **120**
–, Australischer **121**
–, Australischer Riesen- **122**
–, Canon- **117**
–, Europäischer **117**
–, Gold- **117**
–, Kalifornischer **117**
–, Karolina- **117**
–, Kleinasiatischer **117**
–, Knickzehen- **121**
–, Königs- **117**
–, Kronen- **130**
–, Kröten- **130**
–, Kuba- **120**
–, Riesen- **117**
–, Schüsselrücken- **126**
Leiopelma A
– archeyi A
– hamiltoni A
– hochstetteri A
Leiopelmatidae A
Leopardfrosch 96
Leptodactylidae 10, 11, 41, **130**
Leptodactylus 12, 26, 35, **133**
– pentadactylus 133
Leptopelis 35, 111
Licht **17**
Limnodynastes 12, 35, **134**
– peronii **134**
– tasmaniensis 41, **134**, *134*
Litoria 34, **121**
– aurea **122**
– caerulea **121**, *122*
– infrafrenata **122**
Lungenlose Salamander 64
Lurche 9

Makifrösche **128**
Mantella 35, **97**
– aurantiaca 17, **98**

– betsileo **97**
– cowani **98**
– madagascariensis *97,* **98**
Mantidactylus liber 31
Megistolotis 35
Megophrys 26, 34, 37, **93**
– monticola nasuta **93**, *94*
Melanophryniscus 116
Mertensiella 10, 25, **82**
– caucasica **83**
– luschani **82**
Messerfuß **93**
Metamorphose **37**
– klimatische Phase 37
– Prämetamorphose 37
– Prometamorphose 37
Microhyla 113
– melli 113
– pulchra 113
Microhylidae 30, 41, **112**
Minyobates 99
Molch **70**
–, Aal- **84**
–, Arm- **84**
–, Band- 25, **80**
–, Berg- 81
–, Bergbach- **82**
–, Faden- 25, 81
–, Feuerbauch- **73**
–, Froschzahn- **61**
–, Furchen- **84**
–, Gebirgs- **60, 74**
–, Gelbbauch- **76**
–, Kamm- 81
–, Karpaten- 81
–, Krallen- **60**
–, Krokodil- **75**
–, Kurzfuß- **84**
–, Marmor- 81
–, Rippen- **72**
–, Teich- 81
–, Tüpfel- 74
–, Schwertschwanz- 74
–, Urmia- 82
–, Wasser- **71, 80**, 81
–, Winkelzahn- **59**
–, Zwerg- 74
Myobatrachidae 133

Nachkommen 24
Nachzucht 24
Nasenfrösche 135
Nectophryne 116
Nectophrynoides occidentalis 31, A
Necturus 10, 37, **84**
– maculosus **84**
Neotenie 37
Nesomantis thomasseti A
Neurergus 10, 34, **82**
– crocatus 82
– strauchii **82**, *82*
– kaiseri 82
– microspillatus 82
Notophthalmus 10, 25, **71**
– meridionalis 72
– perstriatus 72
– viridescens **71**

Ochsenfrosch 30
–, Afrikanischer **97**
–, Amerikanischer **96**
–, Asiatischer **112**
–, Indischer **112**
Oedipina 10
Olme 17, **84**
Ololygon **121**
– boulengeri **121**
Onychodactylus 9, **60**
– fischeri **60**
– japonicus 60
Osteocephalus **122**
– verruciger **122**
Osteopilus 12, 26, 34, **120**, 120
– septentrionalis 38, **120**, *120*

Paarungsverhalten, Froschlurche 30
– Revierkämpfe 40, 100, 103
Paarungsverhalten, Schwanzlurche 29
Pachymedusa 35, **129**
– dacnicolor **129**, *129, 130*
Pachypalaminus 9
Pachytriton 10, **84**
– breviceps **84**
Paramesotriton 10, **83**
– chinensis 83
– delonstali 83
– hongkongensis 84

Pelobates 26, 32, 44, **92**
– cultripes **92**
– fuscus 26, 31, **92**, *92*
– – insubricus A
– syriacus **92**
Pelobatidae 30, 41, **92**
Pelodytes 32, **95**
– caucasicus **95**
– punctatus **95**
Pelodytidae 10, **95**
Pelophryne 34
Pfeiffrösche, Antillen- **133**
Pfützenfrösche 99
Phaeognathus 10
– hubrichti A
Philoris frosti A
Phlyctimantis 111
Phobobates 99
Phrynobatrachus 12, 99
Phrynohyas 130
Phrynomerus 11, 113
– bifasciatus 113
Phyllobates 35, **100**
– azureiventris **102**
– bicolor **102**
– lugubris **102**
– terribilis 101, **102**, *102*
– vittatus 38, 46, **100**, *101*, **102**, *102*
Phyllodytes 34, **123**
– luteolus **123**
Phyllomedusa 35, 43, 44, **128**
– burmeisteri **128**
– cochranae **128**
– exilis **128**
– guttata **128**
– hypocondrialis 32, 38, **128**
– lemur **128**
– marginata **128**
– rhodei **128**
– tomopterna **128**
Physalaemus 35
Pipa 26, 30, **85**, *87*
– carvalhoi 35, **85**, *86*
– parva **85**
– pipa 35, **85**
Pipidae 10, 14, 30, **85**
Platymantis 35
Plethodon 10, 26, 34, **66**

– cinereus **67**, *67*
– dorsalis 67
– glutinosus 67
– larzelli A
– neomexicanus A
– richmondi A
– welleri 67
Plethodontidae 10, **64**
Pleurodeles 10, 25, **72**
– poireti 72
– waltl **72**
Pleurodema 10, 35, 133
Polypedates **108**
– leucomystax 12, **108**, *109*
Porphyrsalamander 68
Proteidae 10, 84
Proteus **84**
– anguineus 10, **84**, A
Pseudis paradoxus 135
Pseudidae 135
Pseudoeurycea 10
Pseudophryne 35
Pseudotriton **64**
– montanus 65
– ruber **64**
Ptychohyla 26
Pyxicephalus 26, **97**
– adspersus *96*, **97**

Querzahnsalamander 10, **61**
–, Flecken- **63**
–, Marmor- **63**
–, Maulwurf- **63**
–, Ringel- **64**
–, Texas- **63**
–, Tiger- **63**

Rana 12, 26, 28, 32, 34, 36, **95**
– arvalis 31
– catesbeiana **96**, *96*
– esculenta *96*
– japonica **96**
– latastei *96*, A
– pipiens **96**
– – fisheri A
– silvatica 10
– temporaria 10, 26
Ranidae 10, 11, 14, 30, 41, **95**

Ranodon 9, 29, **61**
Rechtsbestimmungen A
Regenfrösche 113
Rennfrösche **110**
Rhacophoridae 10, 11, 30, 46, **108**
Rhacophorus 26, 32, 35, **108**
– buergeri **108**
– leucomystax 12, **108**
– reinwardtii 109
Rheobatrachus 34
– silus A
Rhinoderma 35, 135
– darwini 135
Rhinodermatidae 135
Rhinophrynidae 30, 135
Rhinophrynus 135
– dorsalis 135
Rhyacosiredon 10
Rhycotriton 10
Riedfrösche 10, 15, **110**
Riesensalamander 9, 85
Rippenmolch 14, **72**
–, Spanischer **72**
Rotaugenfrösche **126**
Rotsalamander 64
Ruderfrosch 10, 11, **108**
–, Weißbart- **108**

Salamander 9, **70, 78**
–, Alligator- **70**
–, Alpen- **79**
–, Bach- **65**
–, Baum- **69**
–, Brillen- **83**
–, Eschscholtz- **70**
–, Feuer- 78
–, Gelb- **66**
–, Höhlen- 68, **70**
–, Kaukasus- 83
–, Langschwanz- **66**
–, Lungenlose 10, **64**
–, Lykischer 82
–, Pilzzungen- **70**
–, Porphyr- 61
–, Querzahn- 61
–, Riesen- **85**
–, Rot- **64**
–, Schlamm- 65

–, Schleuderzungen- 70
–, Wald- **66**
– – Rotrücken- **67**
–, Warzen- **70**
–, Wurm- **70**
Salamandra 9, 25, 29, 34, **78**
– atra 24, 34, **79**
– salamandra **78**, *78*
– – bernadezi 34
– – giglioli *79*
Salamandrella 9, 34
– keyserlingii **59**
Salamandridae 10, **70**
Salamandrina 10, **83**
– terdigitata **83**
Salientia 9
Scaphiophryne 113
– marmorata 113
Scaphiopus 11, 95
Schaufelfußkröten 11, 95
Schaufelkröten **92**
–, Syrische **93**
Schaufelnasenfrösche 135
Scheibenzüngler **90, 92**
–, Gemalter **92**
–, Sardischer **92**
Schlammsalamander 65
Schlammtaucher 10, **95**
–, Kaukasischer **95**
–, Westlicher **95**
Schlammteufel 10, 85
Schleichenlurche 58
Schleuderzungensalamander 70
Schüsselrücken-Laubfrosch **126**
Schwanzfrösche 10
Schwanzlurche 9, 14, 25, **59**
Schwertschwanzmolch 74
Schwimmwühlen 58
Scolecomorphidae 58
Selektion 24, 40
Siren 85
Sirenidae 10, **84**
Smilisca 34, **128**
– baudinii **123**, *124*
– phaeota **123**, *124*
Sooglossis 35, A
– gardineri A
– seychellensis A

Springfrosch, Japanischer **96**
Stummelfußfrösche **116**
Südfrösche 10, 11, **130, 133**
Sumpffrösche, Australische **134**, *134*

Tachycnemis seychellensis A
Taricha 10, 36, **76**
– granulosis *77*, **78**, *78*
– rivularis 78
– torosa 78
Terrarieneinrichtung **16**
Terrarienklima **17**
Thorius 10
Tomatenfrosch **112**
Triturus 10, 25, 28, 29, 32, 34, 36, **80**, *81*
– alpestris 81
– boscai 81
– cristatus 81
– helveticus 81
– italicus 81
– marmoratus 81
– montandoni 81
– vittatus **80**, *80*
– vulgaris 81
Trommelfrosch 134
Tüpfelmolch 74
Tylototriton 10, **75**
– andersoni 76
– asperrimus 76
– spelaeus A
– verrucosus **75**, *76*
Typhlomolge 10
– rathbuni A
Typhlonectidae 58

Unken 30, **90**
–, Berg- **91**
–, Gelbbauch- **91**
–, Riesen- **91**
–, Rotbauch- **91**
–, – Orientalische **91**
–, Tiefland- **91**
Unkenfrosch, Australischer **134**
Urmiamolch 82
Urodela 41

Verbreitungsgebiete 9
– Froschlurche 10
– Schwanzlurche 9
Vermehrung **24, 39**

Wabenkröte 14, **85**
–, Große **85**
–, Kleine **85**
–, Surinam- **85**
Waldfrosch 10
Waldsalamander 66
–, Rotrücken- 67
Waldsteigerfrösche 111
Wärme **18**
Warzensalamander 83
–, Chinesischer 83
Washingtoner Artenschutzabkommen A
Wassermolch 71, 80
–, Gestreifter 72
–, Grünlicher 71
–, Italienischer 81
–, Schwarzgefleckter 72
–, Spanischer 81
Wendehalsfrösche 11
Winkelzahnmolche 9, **59**
–, Flechten- **60**
–, Nebel- **60**
–, Sibirischer **59**
Wurmsalamander 70

Xenopus 12, 26, 34, 43, 46, **88**
– fraseri 88
– gilli 88, A
– laevis 26, **88**, *89*
– muelleri 88
– tropicalis 88

Zipfelfrosch **93**
Zucht 24
Zuchtgruppe 40
Zungenlose 10, **85**
Zwergkrallenfrosch **89**
Zwergmolch 74
–, Chinesischer 9, 74